中国民用航空工业年鉴
2016

工业和信息化部装备工业司　编

航空工业出版社

北京

内 容 提 要

《中国民用航空工业年鉴》是我国民用航空工业首部具有综合性、资料性、史册性的编年性工具书，集中全面地反映了我国民用航空工业年度发展状况，真实记载了我国民用航空工业发展进程。《中国民用航空工业年鉴2016》内容包括中国民用航空工业发展综述、主要民用航空工业地区发展概况、主要集团和重点企业发展概况，以及中国民用航空工业统计信息等几部分。

本书内容翔实、丰富，有助于国内外有关人士了解中国民用航空工业发展概况，并与之建立经济技术合作关系。

图书在版编目（CIP）数据

中国民用航空工业年鉴. 2016/工业和信息化部装备工业司编. --北京：航空工业出版社，2016.11

ISBN 978-7-5165-1106-0

Ⅰ. ①中… Ⅱ. ①工… Ⅲ. ①民用航空—航空航天工业—中国—2016—年鉴 Ⅳ. ①F426.5-54

中国版本图书馆CIP数据核字（2016）第239907号

中国民用航空工业年鉴2016
Zhongguo Minyong Hangkong Gongye Nianjian 2016

航空工业出版社出版发行
（北京市朝阳区北苑2号院 100012）
发行部电话：010-84936597 010-84936343

北京京华虎彩印刷有限公司印刷 全国各地新华书店经售
2016年11月第1版 2016年11月第1次印刷
开本：889×1194 1/16 印张：12.5 字数：373千字
印数：1—1300 定价：120.00元

《中国民用航空工业年鉴2016》

前　　言

《中国民用航空工业年鉴》是具有权威性、综合性特征的编年体工具书，力求全面系统、客观准确地反映中国（未包括港、澳、台地区，下同）民用航空工业年度发展概况，记载中国民用航空工业发展脉络，以供读者借鉴和参考。自2010年起，《中国民用航空工业年鉴》已连续出版6年。

民用航空工业作为国家战略性高技术产业，是国民经济发展、科学技术创新的重要推动力量。大力发展民用航空工业，是满足民航运输快速增长需要的根本保证，是引领科技进步、带动产业升级、提升综合国力的重要手段。《中国民用航空工业年鉴2016》（简称《年鉴》（2016））作为全面反映2015年我国民用航空工业发展综合信息的大型行业工具书，承载着记录与宣传我国民用航空工业发展的重要使命。

《年鉴》（2016）是2015年度我国民用航空工业发展的一个缩影，收录范围包括中国民用航空工业发展综述、主要地区发展概况、企业发展概况、中国民用航空工业统计数据四个部分。第一部分是中国民用航空工业发展综述，主要从发展规模与产业布局、航空产品研发与制造、经济运行与资金投入、国际合作与对外交流、产业促进与行业管理五个方面全面回顾2015年度总体发展情况。第二部分是主要地区发展概况，介绍全国25个省、自治区及直辖市的民用航空工业基本情况、生产经营、主要产品、产品开发与技术进步、对外贸易与合作、重大基础设施建设和行业管理等情况。第三部分是企业发展概况，包括全国涉及民用航空工业领域的4大集团公司和19家重点民用航空工业企业，4大集团公司主要论述各集团公司基本情况、生产经营情况、主要产品、新产品开发、航空科研、航空零部件转包生产、国际经济技术合作、重大设施建设、机构调整和体制改革；重点企业主要介绍企业基本情况、生产经营情况、主要产品、产品开发与技术进步、国际经济技术合作、重大设施建设等。

《年鉴》（2016）的第四部分为中国民用航空工业统计数据，是经国家统计局批准，根据工业和信息化部办公厅《关于开展民用航空工业行业统计和年鉴编制工作的通知》（工信厅装函［2016］155号），通过各省、自治区、直辖市航空工业管理部门，中国航空工业集团公司，中国商用飞机有限责任公司，中国航天科工集团公司和中国电子科技集团公司等进行调查统计的结果。其统计范围包括从事民用航空器、民用航空发动机、机载系统和设备、零部件、地面设备、随机工具等研发、制造和修理的规模以上企事业单位。中国民用航空工业统计数据主要内容包括综合情况，生产交付、新增和储备订单及转包生产，生产销售总值，主要经济指标等数据。

鉴于近几年我国民用无人机行业发展迅速，在行业统计和年鉴编制工作中，统计了主要的民用无人机（包括警用等所有非军用、在研无人机等）的产品和企业情况。《年鉴》（2016）中的全国性统计数据包括规模以上民用航空工业企业，部分数据合计或相对数由于单位取舍不同而产生的计算误差均未进行调整，表中“空格”表示无该项数据，提供的信息、数据时间截止到2015年12月31日。此外，在《年鉴》（2016）编辑过程中，为了行文一致及体现年度新变化，对材料做了必要修改和删减。特此说明。

《年鉴》（2016）是在工业和信息化部装备工业司主持下，在国家统计局指导下，在各有关省、自治区、直辖市民用航空工业管理部门，中国航空工业集团公司，中国商用飞机有限责任公司，中国航天科工集团公司，中国电子科技集团公司和各重点企业提供素材的基础上，在国家国防科技工业局信息中心的协助下，由中国航空工业经济技术研究院编辑完成。在本版《年鉴》出版之际，谨向关心支持我国民用航空工业年鉴编辑工作的各界人士表示衷心感谢！

《中国民用航空工业年鉴 2016》编委会

2016 年 9 月

目　　录

第一部分

综　　述

中国民用航空工业发展综述

2015年，中国经济结构调整和产业升级不断深入，民用航空工业处于前所未有的良好发展环境，取得重要进展。中国民用航空产业规模继续扩大，产值持续增长，民用飞机（不含无人机）整机交付量下降幅度较大、新增订单大幅增长，转包生产交付有所下降，国际合作持续深入，行业管理有效加强。重点产品研制稳步推进，C919大型客机进入工程研制阶段，首架机总装下线；ARJ21－700支线客机正式交付首家用户；大型灭火/水上救援水陆两栖通用飞机AG600全面进入总装阶段，运12F多用途通用飞机取得中国民用航空管理局型号合格证，即将推向市场；无人机快速发展，交付量从2014年的30多万架大幅增长到60多万架，增长率达96%；CJ－1000AX大涵道比商用航空发动机验证机基本完成初步设计阶段任务，全面启动核心机试验件研制。未来，随着《中国制造2025》以及“十三五”规划的实施，中国民用航空工业面临着重大发展机遇，具有广阔的发展空间。

一、发展规模与产业分布

（一）发展规模

2015年，全国民用航空工业统计调查单位145个，年末从业人员人数32.8万人。这些单位主要分布在23个省、直辖市；按三大经济地带分，东部地区87家，中部地区24家，西部地区34家。按注册登记类型分，内资企业130家，港澳台商投资企业7家，外商投资企业8家。按从业人员分，2000人以上单位52家，1000～2000人单位23家，300～1000人单位30家，300人以下单位40家。

2015年，中国民用航空工业企业工业总产值2356.7亿元，其中民用航空产品产值740.6亿元（见图1），民用航空产品产值同比增长23.1%。民用飞机（不含无人机）整机产值372亿元，同比增长33.4%（其中，引进总装线生产的空客A320飞机产值300亿元，同比增长38.9%）；民用飞机零部件产值112.7亿元，同比增长3.5%；民用航空发动机产品产值1.8亿元，同比增长1116.3%；民用航空发动机零部件产值34.2亿元，同比增长7.9%；民用飞机机载系统和设备产值0.2亿元，同比下降85.1%；其他民用航空产品及零部件产值27.2亿元，同比增长10.6%；民用飞机修理产值88.4亿元，同比增长1.4%；民用航空发动机修理产值44.5亿元，同比增长14%；其他民用航空产品及零部件修理产值9.3亿元，同比增长1.9%；无人机产品产值50.2亿元，同比增长142%。

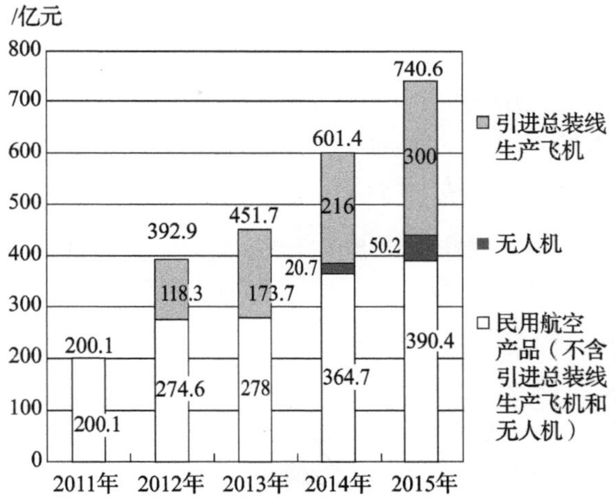

图1　2011—2015年中国民用航空产品产值情况

从各地区（不含天津市）情况看，排名前三位的是广东省（134.5亿元）、陕西省（84.5亿元）、福建省（55.7亿元），见图2。

（二）产业分布

2015年，在纳入全国民用航空工业统计调查的145家企事业单位中，63家隶属于中国航空工业集团公司（简称中航工业），其产值占全国民用航空产品产值的21.2%，同比26.1%略有减少；6家隶属于中国商用飞机有限公司（简称中国商飞公司），产值占6.6%，同比6.7%

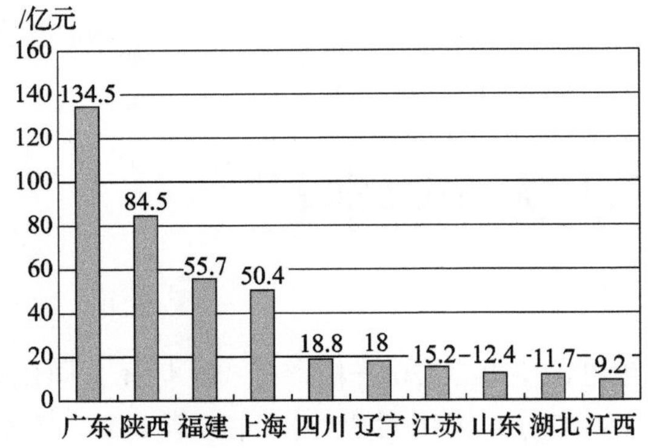

图 2　2015 年民用航空产品产值
前十名省、直辖市
（不含天津市）

略有减少；2 家隶属于中国电子科技集团公司（简称中国电科），产值占 0.4%；3 家隶属于中国航天科工集团公司，产值占 0.2%。其余 71 家产值占 71.6%，同比 66.5% 有所提高。

与 2014 年相比，2015 年民用航空产品收入排名前十的企业稍有变化（见表 1，不含空中客车（天津）总装有限公司），新进入前十名的企业有 2 家，即上海飞机制造有限公司和通用电气航空系统（苏州）有限公司。这十家企业的民用航空产品收入占全国民用航空产品收入的 43.6%，同比 49.7% 集中度降低 6.1 个百分点，集中度小幅度降低。

表 1　2015 年民用航空产品收入前十名企业

名次	单位名称	民用航空产品收入/万元	2014 年排名
1	中航工业西安飞机工业（集团）有限责任公司	667771	1
2	厦门太古飞机工程有限公司	557146	4
3	上海飞机制造有限公司	485263	—
4	深圳市大疆创新科技有限公司	447250	5
5	珠海保税区摩天宇航空发动机维修有限公司	444347	2
6	广州飞机维修工程有限公司	217273	3
7	中航工业西安航空发动机（集团）有限公司	125485	7
8	深圳中集天达空港设备有限公司	124511	9
9	中航工业沈飞民用飞机有限责任公司	85335	8
10	通用电气航空系统（苏州）有限公司	81310	11
注：不含空中客车（天津）总装有限公司			

在产品地域分布方面，我国已基本形成干支线飞机、通用飞机、直升机、特种飞机的产业布局。具体分布如下：以上海、陕西及天津为基地，依托现有骨干企业发展民用干支线飞机；依托哈尔滨、石家庄、珠海、成都和荆门等优势地区发展大中型通用飞机、公务机和特种飞行器；依托景德镇、哈尔滨和天津等优势地区发展大中型直升机；多地航空产业园区和企业发展轻小型通用飞机和直升机。此外，我国形成了以深圳、北京、天津和武汉等地为中心的无人机研制生产格局。

在国家政策引导和市场需求推动下，各地发展航空产业的热情不断高涨。目前，国家发展和改革委员会（简称国家发改委）批准建设了 10 家国家级航空产业园区，分别是西安阎良国家航空高技术产业基地、珠海航空产业园、北京航空产业园、长春航空产业园、南昌航空工业城、天津滨海航空城、成飞航空高科技产业园、沈阳航空产业园、宝鸡航空装备产业园、株洲航空城等，这些航空产业园区运行良好。

二、航空产品研发与制造

2015 年，民用航空工业研发与产销均延续了此前的较好趋势。C919 大型客机在上海正式下线，为下一步首飞奠定了坚实基础；ARJ21－700 支线客机正式交付给成都航空公司，标志着国内航线将首次拥有国产喷气式支线客机；大型灭火/水上救援水陆两栖飞机（AG600）机身段完成对接，全面进入总装阶段。目前，除了在研的 C919 大型客机外，我国已经基本形成了涡扇支线飞机、涡桨支线飞机、中型货运飞机、小型直升机、中型直升机、大型直升机、客货混装多用途飞机、农林专用飞机、小型通用飞机、教练机、无人机等自主产品系列。

（一）产品交付

2015 年，中国民用航空产品交付金额显著增长，交付金额总计 660.5 亿元，同比增长 16.4%。其中，民用飞机（不含引进总装线生产飞机、无人机）整机交付金额 19.6 亿元，占比 3.0%，同比下降 36.1%；引进总装线生产飞机 300 亿元，占比 45.4%，同比增长 38.9%；民用航空发动机整机 4948 万元，占比 0.1%，同比增长227.5%；民用飞机零部件83.3亿元，占比12.6%，同比下降15.7%；民用发动机零部件35.1亿元，占比5.3%，同比增长0.9%；其他民用航空产品及零部件16.7亿元，占比2.5%，同比下降40.8%；民用飞机修理（不含发动机）79.3亿元，占比12%，同比增长1.8%；民用航空发动机修理44.5亿元，占比6.7%，同比增长13.9%；其他民用航空产品及零部件修理17.7亿元，占比2.7%，同比增长33.3%；无人机产品交付63.8亿元，占比9.7%，同比增长124.3%。如图3所示。

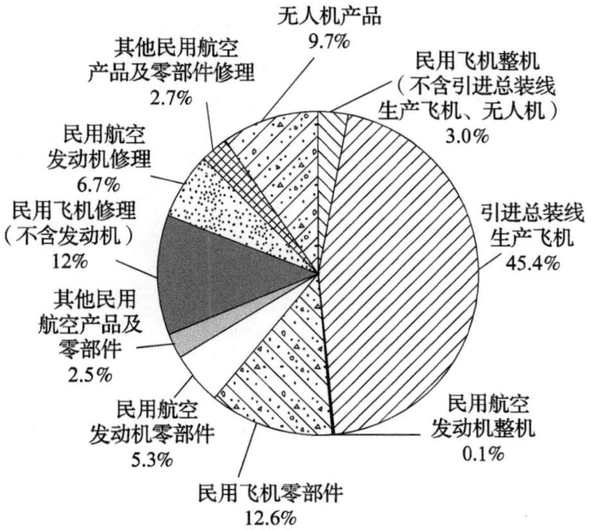

图3　2015年民用航空产品交付金额构成

自2007年至2015年底，累计交付民用飞机（不含无人机）1353架。2015年，全年实现民用飞机（不含无人机）交付140架，在产在销机型主要包括：空客A320引进总装线生产干线客机；"新舟"60涡桨、ARJ21－700等支线客机系列；运12E多用途双发涡桨、运5B单发活塞、"小鹰"500轻型多用途、赛斯纳208B轻型多用途、DA40 TDI轻型、"空中国王"350涡桨多用途、A2C超轻型水上飞机等通用飞机系列；2吨级AC311、4吨级AC312、13吨级AC313等民用直升机。其中，空客A320交付49架，累计交付249架；支线客机交付7架，同比下降50%，累计交付233架；通用飞机交付74架，同比下降26.7%，累计交付742架；直升机交付10架，同比下降41.2%，累计交付108架。另据不完全统计，无人机在2015年交付61.2万架，同比增长96%。

中国民用飞机交付量与世界航空强国相比差距较大（见图4、图5）。

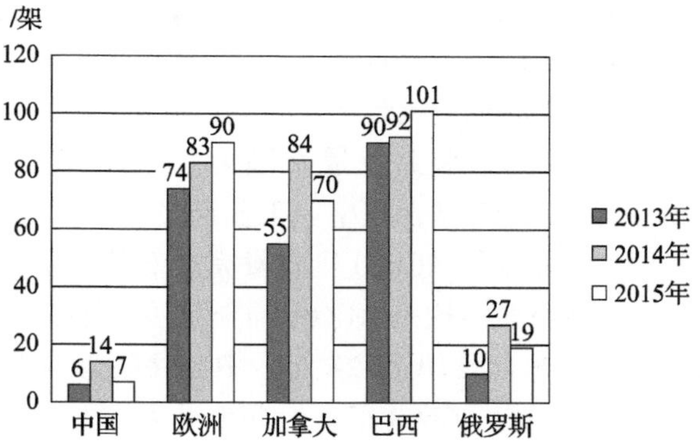

图4　近三年中外支线飞机交付量对比
（数据来源：航升公司（Ascend），国防科工局信息中心）

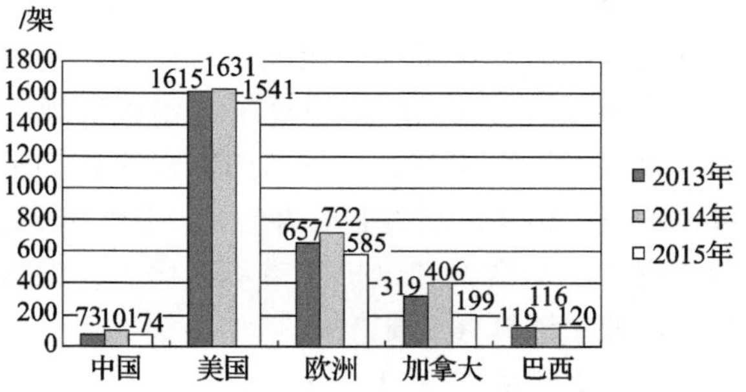

图5　近三年中外通用飞机交付量对比
（数据来源：航升公司，通用航空制造商协会（GAMA），国家国防科技工业局信息中心）

（二）产品研发

2015年，我国民用飞机多机种、多机型研发取得重大突破。国产民用飞机研发进入收获期，C919大型客机和AG600完成总装，ARJ21－700支线客机正式交付并试运行。

C919大型客机。2015年11月2日，我国自主研制的C919大型客机首架机在上海正式下线。这不仅标志着C919首架机的机体大部段对接和机载系统安装工作正式完成，已经达到可进行地面试验的状态，更标志着C919大型客机项目工程发展阶段研制取得了阶段性成果，为下一步首飞奠定了坚实基础。

ARJ21－700支线客机。2015年11月29日，我国首款完全按照国际适航标准研制的涡扇喷气支线客机——国产ARJ21－700支线客机从上海飞往成都，正式交付给成都航空公司，进入试运行阶段。这是继11月2日C919大型客机总装下线后，我国航空工业又一重大突破，标志着国内航线将首次拥有国产喷气式支线客机，更标志着我国走完了喷气式支线客机设计、试制、试验、试飞、取证、生产、交付全过程，具备了喷气式支线客机的研制能力和适航审定能力。中国民用航空局向成都航空公司颁发了单机适航证、无线电台执照和国籍登记证。

大型灭火/水上救援水陆两栖飞机项目。2015 年 7 月 17 日，在中航工业通飞珠海基地，我国自主研制的 AG600 机身段完成对接，全面进入总装阶段。这是 AG600 研制进程中的又一个重要里程碑。10 月 27 日，中国民用航空局上海审定中心 AG600 审查组向申请人颁发了批准放行证书/适航批准标签。

运 12F 多用途通用飞机项目。2015 年 12 月 12 日，由我国自主研制的新一代先进涡桨通用支线飞机运 12F 获得由中国民用航空局颁发的型号合格证；12 月 16 日通过了中国民航航空器评审（AEG）审查，已具备向客户交付的条件。这是中国民机制造业取得的又一重大成果，对于进一步提高国产民机的市场竞争力，促进民机产业发展具有重要意义。

AC352 型 6 ~ 7 吨级先进中型多用途直升机项目。2015 年 9 月 9 日，AC352 直升机亮相第三届中国天津国际直升机博览会，展会上中信海洋直升机股份有限公司（中信海直）成为 AC352 直升机的启动用户，首架飞机预计 2018 年交付。

“海鸥”300 轻型水陆两栖飞机项目。2015 年，“海鸥”300 轻型水陆两栖飞机正在进行申请人的科研试验试飞工作，完成了外方试飞员飞行品质评估工作，准备进入尾旋等高风险试飞科目。

农 5B 农林飞机项目。农 5B 农林飞机完成了中国民用航空局取证要求的全部科研试验试飞，在审定试飞前的型号合格审定委员会（TCB）会议后，将进行中国民用航空局组织的验证试飞。

（三）产品订单

2015 年，民用飞机（不含无人机）新增订单 310 架，其中，新增确认订单 142 架，新增意向订单 168 架。截至 2015 年底，储备订单 1007 架，其中，确认储备订单 401 架，意向储备订单 606 架，包括 ARJ21－700 支线客机确认储备订单 120 架，“新舟”60 确认储备订单 59 架，C919 干线客机确认储备订单 196 架，见图 6。另外，无人机新增订单 64 万多架，其中，新增确认订单 61 万多架，新增意向订单 3 万多架。

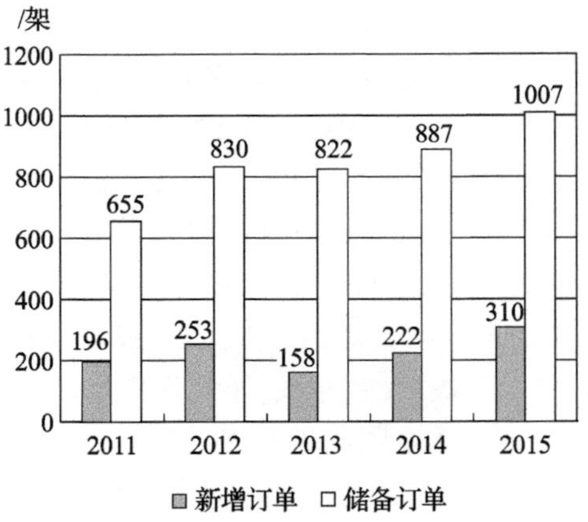

图 6　2010—2015 年中国民用飞机订单情况

从储备订单情况看，中国支线飞机确认储备订单有所下降，而其他国家和地区均有所增加；干线飞机确认储备订单没有变化，与处于垄断地位的美国和欧洲地区相比差距悬殊，见图 7 和图 8。

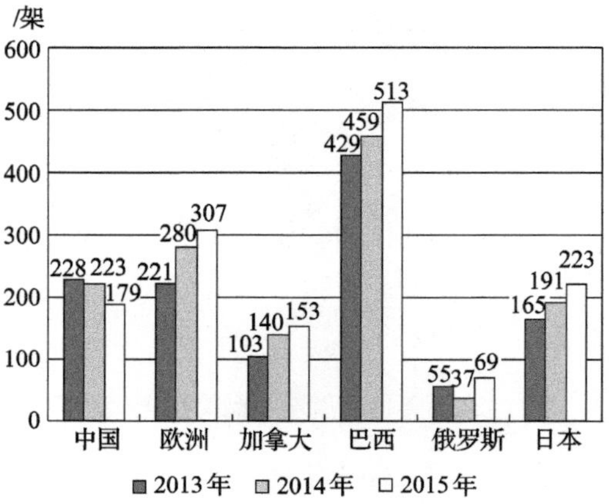

图 7　近三年中国与国外支线飞机确认储备订单对比

（数据来源：航升公司，国家国防科技工业局信息中心）

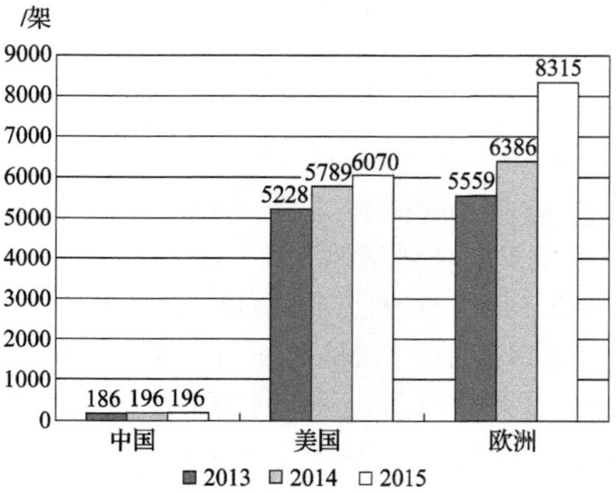

图 8　近三年中国与国外干线飞机确认储备订单对比

（数据来源：航升公司，国家国防科技工业局信息中心）

（四）转包生产

2015 年，转包生产年交付金额 15.6 亿美元，同比下降 8%（见图 9），其中飞机零部件 9.9 亿美元，同比下降 5%；发动机零部件 5.2 亿美元，同比增长 3.2%；其他民用航空产品及零部件 0.5 亿美元，同比下降 66.1%。转包生产新增订单 10.4 亿美元，同比增长 1.1%。截至 2015 年底，储备订单 35.1 亿美元，同比增长 26.1%。

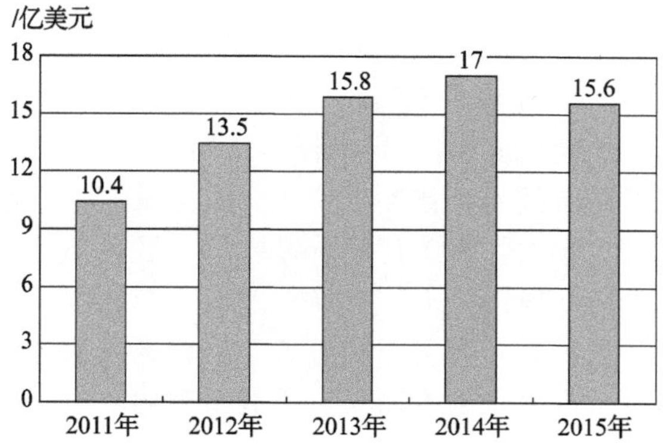

图 9　2011—2015 年中国民用航空产品转包生产交付金额

从各地区情况看，民用航空产品转包生产主要集中在陕西、辽宁、四川，转包生产交付金额分别占全国的 22.7%、15.5%、10.2%。

三、经济运行与资金投入

（一）经济运行效益

2015 年，民用航空工业企业资产总计 4365.3 亿元，负债合计 2728.2 亿元，所有者权益合计 1636.0 亿元，资产负债率 62.5%。实现主营业务收入 2285.8 亿元，同比下降 11.2%，其中民用航空产品收入 613.4 亿元，同比上升 3.3%，民用航空产品收入占主营业务收入的 26.8%，同比 22.3% 增加 4.5 个百分点。利润总额 130.4 亿元，同比上升 1.3%。

（二）固定资产投入

2015 年，民用航空工业企业固定资产投资额 178.5 亿元，其中民用航空产品投资额 46.2 亿元，同比下降 24.9%，民用航空产品投资额占企业全部投资的 25.9%，比上年 30.2% 略有下降。

2015 年，民用航空工业企业研究与试验发展经费 227.8 亿元，其中民用航空产品 92.9 亿元，同比增长 38.1%，研究与试验发展经费支出占主营业务收入比重为 10.0%。

2015 年，工程技术人员占全部从业人员的比重为 23.7%。

四、国际合作与对外交流

2015 年，中国民用航空工业领域的国际交流与合作继续深入。政府间的交流与沟通机制更加紧密，工业合作领域不断拓展，科技合作层次不断提升，企业间合作项目稳步推进。

（一）政府间对话与合作机制

2015 年，中俄、中欧、中法、中荷在民用航空工业领域的交流与合作成果显著。

中俄民用航空合作分委会是中俄总理定期会晤委员会下设的分委会之一，成立于 2006 年，主要职责是推动中俄两国民用航空领域的交流与合作。2015 年 6 月 11 日，中俄民用航空合作分委会第十次会议在俄罗斯圣彼得堡召开，双方通报了一年来中俄两国民用航空领域的发展情况，回顾了分委会下设的飞机、直升机、发动机、科技、机载设备和适航 6 个工作组的合作情况，确定了下一步合作计划。

在中国与欧盟科技合作的框架下，工业和信息化部及欧盟委员会研究与创新总署联合对等资助中国航空研究机构和欧盟科研机构合作开展航空领域科技研究课题。2015 年 5 月 5 日，工业和信息化部、欧盟委员会研究与创新总署在西安共同组织召开了中欧绿色航空应对全球挑战开放式学术论坛暨 GRAIN2（绿色航空交流平台）项目中期评估会议。会议围绕绿色航空推进技术、飞行物理和降噪技术、环境友好型材料与结构健康监测、导航/空中交通管理 4 个方面，研讨了绿色航空关键技术的发展现状和趋势，探索共同感兴趣的科研领域和方向。双方联合开展了 4 个国际合作研究项目评估，分别是“航空用生物质与多功能复合材料及其制件开发与应用技术研究（ECO－COMPASS）”“增材制造、近净成形热等静压及精密铸造高效率制造技术研究（EMUSIC）”“降低飞机噪声源及其辐射的创新方法与技术研究（IMAGE）”和“基于湍流边界层流动控制的减阻技术研究（DRAGY）”。

中法民用航空工业合作工作组会议是根据

工业和信息化部与法国民航总局于 2010 年 8 月签署的《中法民用航空工业合作谅解备忘录》确定的，旨在交流两国民用航空工业发展情况，促进双方交流与合作的会议，每年定期在两国轮流举办。2015 年 9 月，中法民用航空工业合作工作组第四次会议在北京召开，中法双方交流了正在合作的 C919、WZ16 发动机、机载系统及空管设备、飞艇、直 15 直升机等项目，相互介绍了航空领域的规划，探讨了中欧航空科技、适航合作等议题。

中荷双方航空工业企业、科研机构和高等院校在空管技术、空气动力、航空材料等方面已经开展了卓有成效的合作，为推动中荷航空科技领域合作，加强双方交流和探寻后续合作方向，工业和信息化部与荷兰经济事务部于 2015 年 9 月 14—15 日在北京共同组织召开 2015 年中荷航空科技论坛，围绕空管技术、航空材料技术和航空科技创新三个方面，中荷双方研讨了相关领域技术和发展趋势，并商讨了合作政策和今后合作领域。2015 年 10 月 27 日，在国家主席习近平和荷兰国王威廉 - 亚历山大共同见证下，工业和信息化部部长苗圩与荷兰外交大臣贝尔特·孔德尔斯在人民大会堂共同签署《中华人民共和国工业和信息化部与荷兰经济事业部关于民用航空工业领域开展合作的谅解备忘录》，该备忘录旨在进一步加强中荷民用航空工业领域合作，促进两国航空工业的繁荣。双方将成立民用航空工业合作工作组，促进双方相关企业、科研机构加强沟通，支持航空科技合作，鼓励民用航空工业项目合作，推动合作研制生产更加先进、高效、环保、安全的航空产品。

（二）企业间国际交流与合作

为了加强民用航空工业企业间国际交流与合作，工业和信息化部支持民用航空工业企业和研究机构在航空基础和前沿技术领域开展国际合作研究；支持企业采用多种形式扩大航空转包生产，鼓励国际合作研制民用航空产品，支持国内企业参与国际航空工业风险合作和分工，鼓励国外供应商参与国内航空项目的风险合作。2015 年，中国民用航空工业企业在努力提升自主创新能力的同时，不断提升国际合作层次和水平，积极融入世界航空产业链。

中航工业与世界著名民用航空工业企业合作关系良好。2015 年，中法两国航空企业签署了多项合作协议。7 月 2 日，中方联合体（中航工业和天津保税区管委会）与空客公司签署了 A330 宽体机完工中心合作协议、中航工业与空客公司签署的客舱发展合作协议；7 月 2 日，中航通用飞机有限责任公司与法国飞鲸控股公司签署了战略合作协议，拟共同投资成立合资公司，开展重载飞艇项目合作，新公司总部将设在法国巴黎；8 月 25 日，中航飞机西安制动分公司与法国赛峰（Safran）旗下 MBD（Messier - Bugantti - Dowty）公司举行了“新舟”700 飞机刹车系统技术合作签字仪式，该协议的签订标志着“新舟”700 刹车系统技术项目合作进入实质性阶段；11 月，中航工业南方与法国斯奈克玛股份有限公司正式签署合资合同，双方将合资成立北京南方斯奈克玛股份公司，主要在民用涡桨发动机动力涡轮和火焰筒领域开展技术研究并提供产品。

2015 年，中美民用航空领域企业合作取得突破性进展。9 月 22 日，中航工业与波音公司签署了波音 747 - 8 飞机结构件工作包的合作文件，波音将授予中航工业增加有关工作包和组建的生产量，这将大大提升中航工业制造能力，加强基础设施建设和供应链管理，为双方带来互利的合作成效。中国商飞与美国波音公司签署了关于在中国建立波音 737 飞机完工中心的合作文件。该项目标志着波音公司与中国企业的合作层次进一步提升，同时也是波音公司首次将其总装生产系统的一部分延伸到海外，使中国有关企业成为波音一级供应商，提升了中国民机产业链在全球的地位。

2015 年，在巴黎、莫斯科和迪拜等国际航展上，以中航工业、中国商飞等为代表的中国民用航空工业企业向世界展示了中国民用航空工业的整体实力和最新成果，促进了民用航空领域的国际合作与交流。C919 在第 51 届巴黎航展成功获得 57 架订单，从而使订单总数超过具有里程碑意义的 500 架（包括确认订单和意向订单）；中航工业在第 14 届迪拜航展推出了具有较高科技含量和国际竞争力的 TD220 民用无人直升机。

五、产业促进与行业管理

目前，中国民用航空工业面临难得的发展机遇。国家在《中国制造 2025》规划以及“十三五”规划中明确表示对航空产业的支持，积极培育发展战略性新兴产业，继续实施大型飞机重大专项，促进通用航空发展。同时，各项配套政策也相继出台，地方政府发展通航产业热情提高。

（一）国家积极促进民用航空工业发展

2015 年 10 月 29 日，中共中央在《关于制定国民经济和社会发展第十三个五年规划的建议》提出，实施网络强国战略，加快构建高速、移动、安全、泛在的新一代信息基础设施。加快完善水利、铁路、公路、水运、民航、通用航空、管道、邮政等基础设施网络。

2015 年 5 月 13 日，国务院发布《国务院关于推进国际产能和装备制造合作的指导意见》，提出了加强对外合作，推动航空装备对外输出。大力开拓发展中国家航空市场，在亚洲、非洲条件较好的国家探索设立合资航空运营企业，建设后勤保障基地，逐步形成区域航空运输网，打造若干个辐射周边国家的区域航空中心，加快与有关国家开展航空合作，带动国产飞机出口。积极开拓发达国家航空市场，推动通用飞机出口。支持优势航空企业投资国际先进制造和研发企业，建立海外研发中心，提高国产飞机的质量和水平。

2015 年 5 月 8 日，由工业和信息化部会同国家发展和改革委员会、科技部、财政部、国家质量监督检验检疫总局、工程院等部门和单位联合编制的《中国制造 2025》规划由国务院正式发布。《中国制造 2025》涉及整个制造业，重点发展航空航天装备在内的十大领域。规划提到：加快大型飞机研制，适时启动宽体客机研制，鼓励国际合作研制重型直升机；推进干支线飞机、直升机、无人机和通用飞机产业化。突破大推重比、先进涡桨（轴）发动机及大涵道比涡扇发动机技术，建立发动机自主发展工业体系。开发先进机载设备及系统，形成自主、完整的航空产业链。

为落实《中国制造 2025》，2015 年 8 月，工业和信息化部发布《工业和信息化部贯彻落实<深入实施国家知识产权战略行动计划（2014—2020 年）>实施方案》，提出在航空航天装备等重点发展领域，以及“互联网 +”的关键环节积累和储备一批核心技术知识产权，提升制造业创新能力。2015 年 12 月 30 日，工业和信息化部与国家标准化管理委员会联合发布《国家智能制造标准体系建设指南》，主旨在于优先在《中国制造 2025》中提出的包括航空航天装备行业在内的十大重点领域率先实现突破，制定重点行业的智能制造标准。

为推动重大技术装备创新应用，2015 年 10 月 19 日，工业和信息化部发布了《首台（套）重大技术装备推广应用指导目录》（2015 年第二版），民用航空装备领域共八大类 21 个产品入选目录。

为满足应急救灾、森林防火、环境监测、科研试验等对无人驾驶航空器系统的需求，规范无人驾驶航空器系统频率使用，2015 年 4 月 14 日，工业和信息化部发布《工业和信息化部关于无人驾驶航空器系统频率使用事宜的通知》。同时，工业和信息化部组织开展了民用无人机系统标准体系建设规划工作。

为大力推进通用航空产业健康发展，统筹资源，围绕通用飞机制造、机场及航空港建设、运营服务等形成政策合力，工业和信息化部、国家发展和改革委员会、中国民用航空局于 2015 年 4 月在广东珠海召开了全国通用航空产业发展研讨会，会议介绍了相关部委在通用航空方面的现有政策，听取了各地方、企业有关通用航空产业发展的政策诉求和建议，为国家制定推进通用航空产业发展的政策措施提供了支持。

（二）各地呈现发展民用航空工业的高度热情

2015 年，面对我国民用航空产业良好的发展环境与氛围，各地政府根据自身的基础与发展条件，积极制定民用航空产业发展规划与计划，以促进本地区民用航空产业的发展。如天津市政府编制印发了《天津市民用航空产业发展三年行动计划（2015—2017 年）》和《天津市建设全国先进制造研发基地实施方案（2015—2020 年）》，明确了航空产业发展的重点工作任务和具体措施；辽宁省出台《辽宁省人民政府关于促进通用航空和航空零部件制造产业快速发展的实施意见》，明确了到 2020 年，形成国内领先的全产业链协调发展的产业格局，经济规模达到 1000 亿元以上的发展目标；江西省国防科工办对外发布《江西省通用航空产业发展规划（2015—2020 年）》，航空产业被江西省列为十大战略性新兴产业之一；湖北省发布《湖北省航空产业发展规划（2015—2020 年）》和《湖北省人民政府关于加快航空产业发展的意见》，以及《湖北省航空产业政策法规指南》，引导航空产业规范发展；湖南省出台《湖南省航空航天装备制造业产业发展五年行动计划（2016—2020）》，将航空航天产业作为对接《中国制造 2025》建设、制造强省的十二大重点领域进行重点扶持；重庆市编制并印发《重庆市高端交通装备产业集群发展规划（2015—2020 年）》，明确了重庆市通用航空产业发展的思路和目标，提出了发展重点和主要任务，以及相应的政策措施；内蒙古自治区人民政府出台《关于发展空港经济的指导意见》，提出“十三五”期间，依托空港经济开放和聚集优势，打造高端临空产业体系，积极发展航空航材、航天装备产业，将临空经济区打造成智能制造装备基地。

为推动民用航空产业的发展，一些地区重点发展通用航空产业，打造具备自身特色的产业聚集区。《安徽省国民经济和社会发展第十三个五年规划纲要（草案）》中指出，到 2020 年，将合肥打造成为区域性航空货运枢纽；浙江省绍兴市已编制完成《绍兴航空产业园发展规划》，计划打造集通航零部件制造、服务运营、整机制造、技术研发于一体的通航产业集聚区；河南省政府出台了《服务郑州航空港经济综合试验区发展的意见》，并结合实际提出了《关于把河南建设成为我国通用航空事业暨“低空经济”科学发展试验区的方案》，充分利用河南的区位优势和通用航空基础，大力发展航空产业及与航空产业关联的高端装备制造及旅游业、物流业等；广东省广州市出台了《广州市人民政府办公厅关于进一步加快民航业发展的实施意见》《广州市通用航空发展规划（2016—2030 年）》等文件，大力推动发展以航空枢纽和航空运输为依托的高新技术产业和现代服务业，引导产业集群发展，打造国家级航空器和零部件维修产业基地，以及全球最大的航空维修基地。此外，陕西汉中还提出了航空智慧新城的设想，陕西省政府印发了《关于支持汉中航空智慧新城建设的意见》，在资金、土地、基础设施配套、社会事业项目等方面全力支持汉中航空智慧新城建设。

第二部分

主要地区发展概况

北京市

一、本地区基本情况

截至2015年底，北京地区民用航空工业企事业单位超过40家。其中中航工业所属企业17家，地方企业30余家。

主要航空企事业单位：中航发动机控股有限公司、中航发动机有限责任公司、北京航空材料研究院、中航空天发动机研究院、中航动力精密铸造科技有限公司、北京航科发动机控制系统科技公司、北京长空机械有限责任公司、中航动力科技工程公司、北京航动科技有限公司、中航复合材料有限责任公司、北京青云航空仪表有限公司、北京青云航电科技有限公司、北京曙光航空电气有限责任公司、北京航空制造工程研究所、北京航空精密机械研究所、北京百慕航材高科技股份有限公司、中航天地激光科技有限公司等。其他整机及配套企业：北京通用航空有限公司、中俄直升机制造（北京）有限公司、北京科源轻型飞机实业有限公司、北京臻迪智能科技有限公司、北京金朋达航空科技有限公司、北京中航智科技有限公司、铱格斯曼航空科技集团有限公司、北京北摩高科摩擦材料有限责任公司、北京韦加航通科技有限责任公司、北京浩天翼航空技术有限公司等。维修及保障企业：北京飞机维修工程有限公司、泰雷兹航空电子（北京）有限公司、北京金轮坤天特种机械有限公司、北京凯兰航空技术有限公司、北京安达维尔科技有限公司、北京丰荣航空科技有限公司、海航湾流（北京）技术服务有限公司、北京科荣达新技术有限公司、北京欧拓技术有限公司、北京华安天诚科技有限公司、北京锐创信通科技股份有限公司等。

二、生产经营情况

2015年，北京地区民用航空工业规模以上企业19家，实现工业总产值约81.56亿元（不含中航工业下属单位）。

三、主要产品

（一）民用飞机

北通航P750飞机，科源公司“蓝鹰”AD200系列轻型多用途飞机，北航FH系列无人直升机，中航智公司TD220、TC型无人直升机，韦加航通公司“开拓者”“瞭望者”系列无人机，金朋达WD100、WD200型无人直升机，浩天翼HW13小型无人机等。

（二）航空发动机

航空发动机单晶叶片、复合材料叶片、复合材料机匣、钛合金铸件、民用直升机发动机燃油调节系统等。

（三）航空设备及系统

自动飞行控制系统、机载设备综合检测系统、综合显示设备、航空陀螺仪表、加速度计、无线电高度表、无线电罗盘、吊舱等。

（四）其他民用航空产品

钢制、粉末冶金及碳/碳复合材料刹车产品。

各种异型、薄壁支板，各种轴承支承座、飞机机身肋板等钛合金铸件。

航空隐身座舱玻璃、驾驶员抗坠毁座椅、驾驶员座椅、操作员座椅、旅客座椅等。

空域管理和机场调度平台、机场塔台辅助指挥信息系统、自动激光驱鸟器等地面设备。

有杆、无杆两大系列共十余种牵引车及电动牵引车、系列挂装车等特种车辆产品。

（五）相关产业的产品及服务

空域规划评估和管理服务、航空器机载设备及部附件维修、地面测试设备研发制造维护、飞机加改装业务等。

四、产品开发与技术进步

北京航空材料研究院基于自主知识产权的

石墨烯制备技术，开发了一系列高性能石墨烯材料，有望在航空航天、环境净化、动力电池等领域带来革命性变化。

北京金朋达航空科技有限公司通过加强产学研合作，研制小型航空涡喷发动机，主要应用于无人机领域。公司已启动了产业化项目建设工作，预计2017年建成发动机生产厂房并投入生产。

五、对外贸易与合作

2015年6月19日，北京国际通用航空博览会在北京平谷区举办。博览会规模近20000米^2，重点展示了各类航空器20余架，包括新西兰P750、意大利泰克南P200、奥地利“钻石”DA-40、瑞士皮拉图斯PC6等固定翼飞机，以及直升机、旋翼机和无人机等。参展的22家企业中有15家企业已入驻北京通用航空产业基地。

六、重大基础设施建设

北京通用航空产业基地是2011年12月由北京市经济和信息化委员会、北京市发展和改革委员会、北京市科学技术委员会批准挂牌的通用航空产业园区。将发展以通航研发、制造为核心，集通航维修、运营飞行、会展销售、教育培训于一体的通用航空现代服务业集聚区。

基地按照“一基地、多园区”的发展思路，建立金海湖、马坊等园区。金海湖园区拥有800米^{2}机库、管理办公用房、塔台等设施，本场空域近600千米^2，划设6条进离场航线和3条低空旅游航线，以休闲旅游为主题，开展直升机体验观光、私商照培训、无人机飞行等业务。马坊园区以马坊石佛寺临时起降点为核心，配套建有北京通航大厦，主营固定翼飞机体验、销售、交付、维修、培训等业务，建成近8000米^{2}机库、800米跑道，拥有本场空域和训练空域总计300千米^2。

北京通用航空产业基地现有泛亚通航、博翼通航、华安通航、领航通航、海航航校等多家通航公司驻场运营，入驻各类通航公司70余家，累计飞行时间千余小时，交付新西兰P750飞机、瑞士皮拉图斯PC6飞机、意大利泰克南P2002、P2006等十余架飞机。

在落实京津冀协同发展的国家战略过程中，平谷区和河北三河市多次沟通，计划共同推进通用航空产业整体合作与发展。双方遵循“共建、共管、共享、共赢”原则，创新体制机制，统一规划、分块实施，共建跨地域的京冀通航产业园区，实现产业互补、资源共享。2015年11月20日，北京市平谷区与河北省廊坊市、三河市签署了战略合作协议，将对接各自现有产业规划，统一编制京冀通航产业园区总体规划，共同打造集研发、制造、销售、运营、维修、培训、展示的通航全产业链。

七、行业管理主要工作

一是通过发展通用航空，提供首都特大城市功能保障新通道。提升城市应急响应保障能力、治理作业保障能力和商务飞行保障能力。

二是推动提升首都低空安全保障能力。推进建设完备的技术支撑体系、可靠的安全监控体系、高效的应急处置体系。

三是推动建设首都通用航空科技创新中心。推进通用航空创新发展、绿色发展和标准建设。

四是推动建立以首都为核心的通用航空网络化运营服务体系。推动通用机场互联互通，建设通用航空运营服务网络体系，推动通用航空产业一体化布局。

（北京市经济和信息化委员会）

天津市

一、本地区基本情况

2015年，天津市民用航空工业整机制造和配套规模以上企业有8家，主要包括：空中客车（天津）总装有限公司、中航直升机有限责任公司、航天神舟飞行器有限公司、西飞国际航空制造（天津）有限责任公司、古德里奇航空结构服务中国有限公司、PPG航空材料（天津）总装有限公司、天津航空机电有限公司、天津航天中为数据系统科技有限公司等。

二、生产经营情况

2015年天津市民用航空工业企业实现工业总产值309.9亿元，实现利润41.1亿元。

三、主要产品

（一）民用飞机

空客A320系列飞机：空中客车天津总装线主要总装A319和A320飞机，生产速率为每月4架，2015年全年共交付A320系列飞机49架，累计交付249架。

直升机：中航工业直升机天津生产基地已建成AC311、AC312两条生产线，基本具备年产70架AC312、AC311两型机的总装能力。

无人机：包括“彩虹”系列无人机、“双头鹰”无人机、“蝠鲼”无人机、“信天翁”无人机、“雷鸟”无人机、四旋翼无人机、六旋翼无人机等整机产品，飞控与地面站系列产品，小型光电吊舱产品等。

（二）航空设备与系统

产品包括飞机配电系统、飞机环控系统、飞机点火系统和飞机防火系统的各种电磁继电器、温度继电器、高能点火装置、火警探测器、温度控制盒、力臂自动调节器、无人机数据链系统等。

（三）航空配套产品

空客A319/A320系列飞机机翼、缝翼的总装生产，应用于航空领域的钛合金类紧固件、高温合金发动机及发动机类紧固件等；应用于航空器的涂料、密封胶及相关产品、风挡玻璃、客舱玻璃、座椅、复合材料次结构件和内装饰件等。

（四）航空维修改装及服务

为空客提供飞机短舱组装及维修服务的古德里奇公司项目；提供空客A320深度检测和飞机深度大修的海特飞机维修基地；应用于ARJ21－700、“新舟”600、C919、A320、波音737等航空器模拟训练的飞行训练设备、工程仿真平台和维护训练设备；飞机租赁服务等。

四、产品开发与技术进步

天津市航空配电系统企业重点实验室成立，该重点实验室依托天津航空机电有限公司，主要开展航空智能配电系统研究与验证、航空关键电气保护装置研究、航空电源变换技术研究、航空配电系统仿真技术研究等。天津大学联合航天十一院等单位自主研制的轻型航空发动机试飞成功并应用于“彩虹3”无人机，打破了国外在该领域的技术垄断。天津大学完成了C919座舱环境控制系统中空气分配系统的数值仿真和优化设计，使座舱内的空气新鲜程度比主流传统大飞机提高20%，填补了国内技术空白。

五、对外贸易与合作

空客A330宽体飞机完成和交付中心项目落户，一期工程包括飞机机库、喷漆车间等建设，建成后将负责完成A330系列飞机客舱内饰装配、喷漆、发动机试车、飞机试飞和交付等工作。同时，该项目还将对空客天津交付中心进行扩建，使其能够同时满足A320和A330飞机交付任务的需求。A330 项目是空客在欧洲以外的首个宽体飞机合作项目，合作期限十年，自 2017 年 9 月至 2027 年底，预计 2017 年第一架“天津产” A330 飞机将向客户交付，2018 年可达到月产 2 架的稳定生产速率，届时天津市将成为继法国图卢兹、德国汉堡和美国西雅图之后，全球第四个同时生产单通道和双通道飞机的城市。

六、重大基础设施建设

2015 年，庞巴迪公务机维修项目落户天津，该项目主要为庞巴迪及其关联方生产的飞机提供维护、维修、整修、保税仓储、部件进出口、机队技术管理以及停泊和清理服务，项目占地面积 2.6 万$米^2$，建筑面积约 1 万$米^2$，总投资约 3000 万美元。

七、行业管理主要工作

一是积极做好产业发展规划，编制印发了《天津市民用航空产业发展三年行动计划（2015—2017 年）》和《天津市建设全国先进制造研发基地实施方案（2015—2020 年）》，明确了航空产业发展的重点工作任务和具体措施。

二是成功举办第三届中国天津国际直升机博览会，为全球直升机厂商提供了全方位的国际化、专业化展示交流平台。

三是加大招商引资力度不断拓展、完善航空产业链，空客 A330 项目、庞巴迪公务机维修中心等一批项目落户、开工，航空租赁快速发展，推动天津航空产业链不断完善。

四是行业基础管理工作扎实推进，一方面积极开展民用航空统计年报和民用航空工业年鉴编撰工作，加强行业统计管理和经济运行监测，另一方面积极协调有关部门，加强项目建设和科研生产中土地、资金等协调保障，为企业做好服务。

（天津市国防科技工业办公室）

河北省

一、本地区基本情况

截至2015年年底，河北省民用航空企业整机制造和配套规模以上企业共3家，主要包括：中航通飞华北飞机工业有限公司（简称中航通飞华北公司，隶属于中国航空工业集团通用飞机有限责任公司）、惠阳航空螺旋桨有限责任公司（简称中航工业惠阳，隶属于中国航空工业集团公司，直属于中航直升机有限责任公司）、保定向阳航空精密机械有限公司（简称中航工业向阳，是中国航空工业集团的子公司）。

河北省从事航空关联产业人员近5000人，拥有国家级企业技术中心。

二、生产经营情况

2015年河北省主要民用航空工业企业主营业务收入13.40亿元，同比增长13.1%；工业增加值4.50亿元，同比增长10.4%；实现利润8677万元，同比增长48.1%。

三、主要产品

（一）民用飞机

运5B系列多用途飞机、“小鹰”500轻型飞机、“海鸥”300型水陆两栖飞机、赛斯纳208B飞机、“空中国王”350飞机。

（二）航空产品研发和制造

航电设备研发和制造，运12和运8飞机部件研发和制造，航空螺旋桨研发和制造，直升机旋翼毂、尾桨、调速器、顺桨泵等动力部件的研发和制造；航标（HB）系统组合夹具的研发和制造；中航工业数控设备修理改造和技术支持；航空精密机械机构研发与制造（系列挂架产品、航空仪表零部件、救生装备零部件）。

（三）航空维修及服务

通航作业和相关服务、运5/运5B飞机大修业务。

四、产品开发与技术进步

中航通飞华北公司致力于产品研发和改进改型。运5B飞机、“小鹰”500飞机形成了产品谱系化，具有各种型号和序列，可满足用户的需求。运5B飞机改进了内饰、航电、发动机系统；“小鹰”500飞机具备仪表型、综显型、四座机、两座机等系列。开发了通用飞机低成本训练系统，开展搅拌摩擦焊项目。重视技术进步，实现“小鹰”500飞机移动生产线试运行。

中航工业惠阳着重于民机螺旋桨及直升机动部件开发和研制工作方面，分别进行了FWS20发动机复合材料静子叶片应用、CJ－1000AX发动机复合材料风扇叶片、“蛟龙”600六叶复合材料螺旋桨、AC311直升机跷跷板式无轴承尾桨、“翼龙”1无人机螺旋桨、AC312C型直升机尾桨等产品的研制和开发。风机系列产品开发方面，研制出JS－6型一体式抗扭减速器，达到国外同类产品技术水平；推出了7.0米直径铝合金叶片风机；投入新式钢制模具研发新一代水冷风机复合材料叶片，并研制耐高温碳纤维压缩机风扇叶片，取得市场突破，开拓了新的领域。

中航工业向阳2015年度开发的新产品项目有液压自定心机构系列化研发项目、柔性制造单元（FMC）智能夹具项目、新型航空精密机械机构研制（挂架）项目、新型全膝关节置换手术器械的研发项目、组合式薄壁曲面夹具系统项目、精密液压平口钳核心技术及智能化应用方案研究项目、液压夹具项目、零点定位系统核心技术及智能化应用方案研究项目。2015年，公司获得发明专利1项，实用新型专利10项。

五、对外贸易与合作

中航通飞华北公司与美国赛斯纳公司合作，

引进“空中国王”350 双发涡桨高性能飞机，在合资公司合作生产。赛斯纳 208B 飞机总计生产交付 37 架、“空中国王”350 飞机交付 2 架。同时，合资公司取得 CCAR－145 部维修能力。针对中国市场区域特点，按不同的主题组织全国范围的客户大会，扩大产品知名度和市场影响力。积极开拓国际市场，在国家“一带一路”战略的大背景下实现了新突破。“小鹰”500 飞机出口老挝等东南亚国家，出口南非取得阶段性进展。

中航工业向阳加强与意大利吉拉蒂公司的合作，出口金额达到 335 万美元，创历史新高。面对复杂多变的经济市场，公司认真研究国家应对金融危机采取的一系列政策，以市场为导向，强化自主创新能力建设，加快发展方式转变和生产结构优化，加大技术开发投入及技改项目投资建设，加强质量体系完善，加强市场调研，强化用户观念、营销观念，通过调整产品结构，发挥整体优势，加大新市场、新用户的开发力度，并取得良好效果。

六、重大基础设施建设

目前河北省在建三个航空产业园区（基地）。

中航通飞华北通用航空产业基地项目二期建设项目，建设重点为：通用飞机整机产品的系列发展；通用航空机场改扩建、停机坪扩建工程；通勤航空、公务航空运营基地建设；飞机维修能力建设；飞行员培训、人工影响天气、飞机托管服务和私人飞机、固定运营基地（FBO）等能力扩建；后续国际合作和自主研发机型的整机制造能力建设等。项目建成后将形成通用飞机研发制造、通航运营、通航服务等全产业链发展的一流能力，成为国内领先的通用航空制造、运营、服务中心，成为国内规模最大的通用航空全产业发展示范园区。

惠阳科技工业园项目。该项目占地 455 亩①，规划总建筑面积 151930 米^2，安排新建建筑面积 130080 米^2，预留 21850 米^2，批复建设费用 161257 万元。到 2015 年底，一期工程的工业 CT 厂房、复材厂房、机加厂房、研发中心楼、倒班宿舍、总装厂房、动力中心、配电站等主要用于航空产品生产的 16 个单体建筑和室外工程已完成工程建设并投入运营，建设面积共计 8.8 万米^2，满足了航空产品的生产和交付任务需求。

中航工业向阳新建航空科技装备产业园制造项目。项目建设总投资 18 亿元，规划建设用地 500 亩，总建筑面积 15.38 万米^2。一期工程规划建筑面积 5.76 万米^2，目前正开展搬迁计划。

（河北省工业和信息化厅）

① 1 亩＝666.67 米^2。

山西省

一、本地区基本情况

2015年，山西省从事民用航空工业的企业共有4家，分别是太原航空仪表有限公司、太原太航科技有限公司、山西微风思普瑞无人系统有限公司（原单位名称为：山西江川国威无人系统科技有限公司）和山西青云集团有限公司。其中，太原航空仪表有限公司和太原太航科技有限公司隶属于中国航空工业集团公司，山西微风思普瑞无人系统有限公司已系列化小批量生产无人机，山西青云集团有限公司仍处于建设阶段。

山西省民用航空工业企业公司中，太原航空仪表有限公司建有着力于大气数据测量、综合显示和告警系统技术研发的省级电子系统中心，建有先进传感与测试技术的联合实验室，以及一个省级企业技术中心。

二、生产经营情况

2015年，山西省民用航空企业实现营业收入6亿元。

三、主要产品

山西省民用航空工业主要产品为无人机和各类航空仪表。

（一）民用飞机

无人机主要由山西微风无人系统科技有限公司研制生产。山西微风无人系统科技有限公司拥有WH30、WH80、WX04、WX06、WX08、MG－1等自主研发的无人机系列机型，已成功应用于航拍航摄、农药喷洒、高压线巡查、地质勘探、救灾救援等诸多领域。

（二）航空设备与系统

航空仪表主要由太原航空仪表有限公司、太原太航科技有限公司研发生产，航空仪表广泛用于各类轻型、运动型飞机。主要产品包括：座舱飞行仪表；传感器与弹性敏感元件；大气受感系统；智能振动筒压力传感器系列；振动筒气压仪系列；气压仪器检定系统等。

四、产品开发与技术进步

太原航空仪表有限公司仪器仪表系统正向智能化、小型化、数字化、综合化的航空电子技术方向迈进。民用航空业务，以自我技术延伸与对外合作为手段，围绕民机项目，积极跟进，重点突破，已实现在“新舟”700上的配套。民品领域主要涉及气象等领域，公司研发的探空气球释放装置已成功配套于气象领域；依托太航公司传感器技术的优势，研发了风、雨及湿度传感器，并积极开拓气象市场；自动气象站已完成了样机研制。

太原太航科技有限公司现有专利11项，该公司开发的便携式压力控制器开发和全自动加载气体活塞式压力计验证现已进入主机验证阶段，已进入小批生产阶段。

五、对外贸易与合作

太原航空仪表有限公司外贸航空仪表、空气压力受感器、敏感元件及传感器类产品多年来已出口欧洲、北美、韩国、中国台湾等多个国家和地区，应用于轻小型飞机、通用航空、仪器仪表等领域，享有良好的声誉。太原太航科技有限公司公司正积极扩大国际市场，出口印度约2万美元设备。

山西微风无人系统科技有限公司与国防科技大学、军民融合协同创新研究院、国防科技大学、吕梁学院、航模协会等各大科研院所建立了全面的合作关系，积极推进产、学、研协同发展。

六、重大基础设施建设

2015年，太原航空仪表有限公司建设厂区综合改造项目基础设施改造工程总承包（EPC）、厂区综合改造项目基础设施改造变配电专业工程等6个项目，其中，两个重大项目已完成综合验收。

太原太航科技有限公司基于现代化和专业化生产的需求，对厂房和生产线进行现代化升级。建设活塞压力实验室、大气数据标定间、高低温间等试验检测专用间；建设专用装配线2条，机械加工车间1条。投资约为50万元。

山西微风无人系统科技有限公司自2013年7月1日开工，完成168米^{2}配电室工程，并配置1000KVA变压器一台、600米深水井一口，保障生产生活用水、用电。完成23000米^{2}联合厂房工程，1~4号宿舍楼地基处理工程，1610米厂区管道排水工程，2200米边坡防护工程，以及1927米明渠排水工程等。

（山西省经济和信息化委员会）

辽宁省

一、本地区基本情况

2015年，辽宁省共有各类从事航空器及零部件生产、设计开发的企事业单位120余家，高级科技人员4000多人，从业人员5万余人。其中，规模以上工业企业30家、国家级技术中心2个、省级技术中心5个、高校及科研院所15所、民用航空运输企业4户、航空产业基地及园区7个，其中沈阳是国家发改委批准建设的民用航空产业国家高技术产业基地。

（一）航空工业研发及制造单位

骨干航空企业有：中航工业沈阳飞机工业（集团）有限公司（简称中航工业沈飞）、中航沈飞民用飞机有限责任公司（简称中航工业沈飞民机）、中航工业沈阳黎明航空发动机（集团）有限公司（简称中航工业黎明）、中航（沈阳）高新技术发展有限公司、沈阳中体轻型飞机制造有限公司、中航工业沈阳兴华航空电器有限公司、辽宁联合航空发展有限公司、辽宁锐翔通用飞机制造有限公司、中澳航空科技公司等。

地方主要航空配套企业有：沈阳西子航空产业有限公司、沈阳新宝路航空机械制造有限公司、沈阳航达机载设备有限公司、沈阳松辽电子仪器有限公司、三橡有限公司、辽宁迪克航宇通用设备有限公司、大连四达高技术发展有限公司、大连长之琳科技发展有限公司、瓦房店轴承股份公司、东北特钢集团抚顺特钢股份有限公司、辽宁瀚海工业机电设备有限公司等。

高校及科研院所有：沈阳航空航天大学、大连理工大学、辽宁通用航空研究院、中航工业沈阳飞机设计研究所、中航工业沈阳发动机设计研究所、中航工业沈阳空气动力研究院、中科院沈阳自动化研究所、中国电子科技集团第四十七研究所、中国电子科技集团第五十三研究所等。其中，沈阳航空航天大学“航空制造工艺数字化”实验室为全国国防重点学科实验室，辽宁通航研究院通用航空重点实验室为辽宁省“十二五”重大学科平台。

（二）航空维修企业

航空维修企业主要有：南方航空公司沈阳维修基地、南方航空公司大连维修厂、沈阳凯特航空发动机维修公司、沈阳威宇航空维修工程公司等。

（三）航空产业基地及园区

航空产业基地及园区主要有：沈阳民用航空产业国家高技术产业基地及其下设的法库通航产业园、沈北航空产业园、浑南航空产业园；大连通用航空城、盘锦市通用航空产业园、朝阳通用航空基地。总规划用地约55千米^2。其中，法库已成为东北第一个正式开放使用的通航机场，半径达10千米的低空试点报告空域及航空服务站完善的服务体系足以满足通用航空飞行需求，成为全国首家低空空域航空服务站试点地区，并已成功举办四届“沈阳法库国际飞行大会”。

2015年，辽宁省民用航空企业生产有了进一步发展，民用航空产品产业链的完整性得到了进一步提高和优化。从初期的波音公司、空客公司、美国通用公司等零部件转包生产，扩展到飞机整个机身大部件、机身对接、通用轻型运动飞机、电动轻型飞机整机的生产，国产新型民用支线飞机研发设计制造及适航取证等。

二、生产经营情况

2015年，辽宁省航空制造业实现工业总产值305亿元，同比增长12.1%，占全省装备制造业的2.6%；民机、发动机等大部件转包出口交货25.1亿元，同比增长9%。其中，沈阳市航空航天制造业实现产值291亿元，同比增长7%；实现出口交货24.7亿元，同比增长7.5%。

三、主要产品

（一）通用飞机整机制造

氢燃料电池动力无人机 LN60F 和电动双座轻型飞机“锐翔”（RX1E）由辽宁通用研究院——辽宁通用航空协同创新中心研制，均具有自主知识产权。其中，电动双座轻型飞机“锐翔”（RX1E），完成了“尾旋”飞行试验，成为中国民航总局正式审定的第一个轻型电动飞机型号、第一个批准生产的轻型电动型飞机，是世界上仅有的按照美国材料试验协会（ASTM）标准进行适航审定的飞机之一。

（二）民用飞机零部件制造

辽宁骨干民用飞机制造企业与波音、空客、庞巴迪、中国商飞等世界知名航空制造企业均建立了稳定的合作关系，现有主要产品包括 A320、波音 737、波音 787、Q400、ARJ21、C919 等世界主要大中型飞机的机体结构部件，C919 大型客机 FTB 吊挂试验件，庞巴迪 C 系列飞机前机身、中机身、后机身尾锥和舱门，ARJ21－700 飞机吊挂、尾段、电源中心、全机身电缆，波音 787－9 飞机垂尾前缘、单（多）金属膜盘联轴器、飞机座舱电子综合显示仪表、飞机传感器等。在国内大中型飞机市场上处于领先地位，在国际民用航空产业内也初步具备了一定的知名度和影响力。

（三）航空发动机

航空发动机及关键零部件研发制造和国际转包生产，微、轻、重型等多个燃气轮机成套设备的研制、批量生产等，主要产品有机匣组件、轴类零件、环形件、槽形件、钣金件整流罩、静子壳体等。

（四）相关产业的产品及服务

航空复合材料、航空紧固件和配线材料、航空数字化制孔压铆系统、柔性装配系统、AGV 智能输送系统和飞机数字化装配生产线、液压控制系统、飞机语音告警系统、航空地面保障设备、模具，以及机场管理、飞机销售、通航维修、航材引进、航校培训、融资租赁、航空俱乐部、通航运营等服务。

（五）航空维修服务

南方航空公司沈阳维修基地，主要承担民航客机维修安全保障任务，基地先后取得 MD90、A300 和 A320 系列飞机的全级别检修能力以及整机喷漆能力，获得了机体维修美国联邦航空局（FAA）资质、民用航空器改装设计委任单位代表（DMDOR）授权资质，为民航东北地区首家进口航空器授权单位。

四、产品开发与技术进步

2015 年，中航工业沈飞民机成功交付 C919 大型客机首架后机身前段，该项目是以新型复合材料为主体的主要机体结构，是大面积复合材料制造主体结构在国产民用飞机上的首次应用，标志着拥有自主知识产权的中国 C919 大型客机研制又取得了重大阶段性成果。

辽宁通航研究院研制的电动双座轻型运动飞机“锐翔”（RX1E）是国内第一个具有自主知识产权的电动清洁能源、全复合材料轻型运动飞机，飞机以稀土永磁同步电动机为动力，高能锂电池为能源，采用全复合材料机体结构，高效气动设计，具有环保静音、无污染、安全舒适、易操纵、运营成本低等优点，可广泛用于飞行员培训、观光旅游飞行等用途。同时，4 座电动飞机和太阳能飞机等新能源通用飞机的研制正在进行中，4 座载人油动飞机已通过工艺审查，轻型旋翼飞行器设计工作已结束，现已进入制造阶段。

大连长之琳科技发展有限公司成功研制采用 PEEK 高分子复合材料的航空紧固件系列产品，包括卡箍、螺栓、支撑座等，作为一种可替代金属的高分子材料，由于其独特的重量轻、强度高、耐腐蚀等特性，PEEK 高分子复合材料已在国外波音、空客等公司广泛应用。目前，该公司已取得中国商用飞机有限责任公司颁发的工程批准书，并进入中国商飞合格供应商名录。

五、对外贸易与合作

庞巴迪 C 系列舱门首架份交付。2015 年 9 月 2 日，在沈飞国际浑南厂区 A03 装配现场举行了 C 系列舱门首架份交付仪式。此次 C 系列舱门工作包首架份的成功交付，证明了沈飞国际部件装配的能力，为后续工作包的转回、研制奠定了坚实基础。

中航工业－波音制造创新中心沈阳分部挂

牌。2015年9月17日，中航工业－波音制造创新中心（简称MIC）沈阳分部正式挂牌，这是波音公司在中国设立的第一个区域性研发制造中心，将成为沈阳引进、消化、吸收和再创新的平台，为今后与波音公司在更广泛领域开展合作奠定坚实基础。

中航工业沈飞民机Q400机身连接第100架成功交付。2015年12月1日，Q400机身连接第100架交付仪式在中航工业沈飞民机A01厂房生产现场举行。Q400机身连接第100架的成功交付，标志着中航工业沈飞民机从民用飞机大部段转包生产向整机装配及整机系统安装领域迈出了更加坚实的一步，沈阳市也通过Q400机身连接工作包的合作，与庞巴迪公司建立了战略性合作伙伴关系，为双方进一步扩大合作奠定了坚实基础。

第四届沈阳法库国际飞行大会成功举办。2015年8月20—23日，第四届沈阳法库国际飞行大会暨2015中国沈阳国际通用航空产品博览会成功举办，航展面积达10万米^2，包括飞行器航材和航空嘉年华两大展区。飞行器航材展区包括飞行器静态展区部分，涵盖直升机、固定翼、水上飞机、动力伞、三角翼、高科技无人机等各型航空器50架左右；航空器材展区部分包括来自美国、德国、英国、法国、捷克、瑞士等多个国家，国内多个地区的航空零部件企业、通航公司、航校等参展。航空嘉年华展区包括飞行体验、模拟飞行、娱乐风洞、飞机模特、航模展销、航空摄影、豪车房车等几个分展区。本届大会邀请了国内外顶尖特技飞行表演队进行惊险、华丽的空中特技表演，大会参展企业及参观人数再创历史新高。

盘锦中澳航空科技有限公司成立J230－D型飞机组装工厂。与澳大利亚佳宝飞机私人有限公司合作，引进J230－D型飞机，现已完成该机型的适航取证申请、评审。目前正在组织完成申请生产许可证的相关工作，已经采购了4架机配套散件，完成了工装、夹具的设计工作，采购了装配专用工具，开始进行组装工厂车间改造。

六、重大基础设施建设

推进通用机场基础设施建设。2015年，沈阳市财政拨付1亿元专项资金用于通用机场基础设施建设，并优先启动沈北、法库和康平三个通用机场的新（扩）建工作。11月4日，沈阳创投公司完成对法库天道通用航空机场管理有限公司的尽职调查和评估审计工作；沈北二台子机场土地预审件已报省国土厅审核，沈北新区政府正在研究组建机场管理公司作为机场建设投资主体；康平机场已完成选址报告和飞行程序报告初稿，并报沈阳军区空军待批复。

大连市启动登沙河通用航空产业园建设，起步区14千米^2，基础设施建设投资20亿元，计划5年内建成以通用航空服务业为主导、通用航空工业为基础、海滨航空小镇为依托的通用航空之城。同时，在该地区，大连汇程铝业高强度航空铝板项目稳步推进，项目总投资4.4亿美元，设计生产能力20万吨/年，现已完成总投资12亿元，80%产品实现出口。

盘锦建设通用航空产业园，坐落在盘山县陈家镇，总体规划面积10千米^2。目前，一期规划已经由沈阳金翼飞翔民用航空技术管理咨询有限公司设计完成。几年来，园区已投入1.5亿元基础设施建设资金，完成了3000米^{2}的综合办公楼、7000米^{2}的机库、5栋空勤公寓、1200米跑道扩建工程及联络道和滑行道、停机坪、塔台等工程项目。

辽宁通用航空制造有限公司投资5亿元，建设螺旋桨飞机研发制造项目（辽宁联航神燕飞机有限公司通用飞机研发制造项目）。项目占地33公顷，打造集飞机研发、零部件生产及飞机总装为一体的产业集群，建设总装厂房、机库、交付中心、展示厅等。

七、行业管理主要工作

2015年，辽宁省经济和信息化委员会以航空重点项目为载体，深入调研，积极跟踪项目建设进程，加大对航空产业发展支持力度，全面推进辽宁省航空产业健康平稳发展。

一是辽宁省出台了《辽宁省人民政府关于促进通用航空和航空零部件制造产业快速发展的实施意见》（辽政发［2015］80号），明确了到2020年，建成相对完善的产业推进、市场开发、生产运营、金融保障和服务网络，形成国内领先的全产业链协调发展的产业格局，经济规模达到1000亿元以上的发展目标，并从制订发展规划突出市场牵动、推进试点工作、加快军民融合、完善创新体系等17个方面部署了重点任务。

二是沈阳市政府深入实施《沈阳市通用航空产业发展规划（2014年—2020年）》，明确了沈阳市发展通航产业的指导思想和战略定位，提出了当前及长远的发展目标，并对产业、机场、运营等进行了总体规划布局。同时，成立了航空领导小组，制订了年度工作方案，全面推进航空产业的发展。

三是筹备组建沈阳航空产业发展有限公司。以中航工业沈飞2015年“高档数控机床与基础制造装备”国家科技重大专项（简称04专项）为契机，组建沈阳航空产业发展有限公司。公司成立后首先作为04专项实施主体，与中航工业沈飞密切合作，完成04专项任务；后续要作为全市航空产业技术创新和体制创新平台、整合航空产业资源和航空产业发展投融资平台，成为政府引导、市场化运作的航空产业发展平台和重要抓手。

四是形成通航机场运营服务保障能力。沈阳法库通航机场是东北地区首个正式开放使用的通用航空机场，划设有高500米、半径10千米的报告空域。先后被国家空管委办公室确定为低空空域管理改革试点、通用航空飞行服务站试点、东北地区通用航空ADS－B安全运行试点，成功举办了四届国际飞行大会；辽宁通飞通用航空有限公司、亿家通用航空有限公司、辽宁锐翔通用航空有限公司等通航运营公司入驻园区，2015年总飞行量达1165小时。

（辽宁省国防科技工业办公室）

吉林省

一、本地区基本情况

吉林省民用航空工业规模较小、集中度较低，目前正处于起步阶段。吉林省国遥博诚科技股份有限公司（原珲春国遥博诚科技有限公司），主要从事无人机独立设计生产及基于无人机的远距离宽带数据传输服务，2016 年纳入全国民用航空工业统计信息管理系统。公司具有软件开发、数据处理、测绘测量、网络工程、市场营销等方面的综合能力。2011 年公司成立了吉林省国遥博诚院士工作站，为公司项目发展及主要产品提供技术攻关和指导。

二、生产经营情况

2015 年，吉林省民用航空工业企业实现产值 6580 万元，同比下降 4.3%，主营业务收入 6580 万元，净利润 1390 万元。

三、主要产品

（一）民用飞机

海斯特系列无人机，包括："要塞""工程兵""燕鸥""火影监察者""袋鼠"等无人机。

海斯特"要塞"于 2012 年 4 月试飞成功，是可持续飞行 3000 千米的新一代中型无人机。该无人机系统具有续航时间长、影像实时传输、高危地区探测、成本低、机动灵活等特点。

海斯特"工程兵"无人机系统，气动布局良好、稳定性优异、机动灵活、经济快速，具有高精度、高时效性、高可靠性。工程兵无人机系统采用模块化设计可快速拆装和更换，便于运输安装；采用轻便、可重复使用的弹射架，弹射起飞，不受起飞场地限制；具有伞降保护功能，配备符合军用标准的降落伞，自助完成开伞着陆，保障作业飞行安全。

海斯特"燕鸥"无人机系统具有机动快速、使用成本低、维护操作简单等技术特点，具有对地快速实时巡察监测能力，是一种新型的中低空实时电视成像和红外成像快速获取系统。弹射起飞与伞降/阻拦网降落方式，在对车、人无法到达地带的资源环境监测、森林火灾监测及救援指挥等方面具有独特的优势，也可应用在警用监控和野生动物监测等领域。

（二）其他民用航空产品及服务

基于无人机的远距离宽带数据传输服务。

四、产品开发与技术进步

国遥博诚无人机产品主要应用于石油、电力、林业、水利、公安消防等行业，可为用户提供无人机系统及解决方案，在区域监控、管道巡线、遥感测绘、航空摄影、抢险救灾、应急通信等领域能够满足用户对无人机的使用需求。未来将进一步开展以下工作：一是进一步完善海斯特"工程兵"无人机系统，培训相关生产及飞行器操作人员，为进一步量产及无人机航拍业务做好准备。二是继续与森林防火部门及边境安全相关部门进行联系，推广燕鸥无人机的优越性能，为新机型开辟市场。三是继续多方寻找农药喷洒无人直升机机型合作伙伴，完成开发设想，进一步优化性能，降低成本，争取早日能推向市场。四是根据无人机技术的不断发展变化及市场需求的转移，适时不断更新自己的产品技术和发展战略，加大研发的投入。

五、行业管理主要工作

正在组建吉林省无人机产业发展战略联盟。长春光学精密机械与物理研究所、大阳科技、吉林山河艮盛等企业无人机产品研制和产业化正在有序推进。

（吉林省工业和信息化厅）

黑龙江省

一、本地区基本情况

黑龙江省民用航空工业起源于“一五”时期，经过60多年发展，初步形成了产品技术研发、生产制造、航空材料、通用航空服务及相关配套产业协调发展的航空产业链条，为快速发展航空工业奠定了良好的基础。黑龙江省民用航空工业已经形成了以中航工业哈尔滨飞机工业集团有限责任公司（简称中航工业哈飞）、中航工业哈尔滨东安发动机（集团）有限公司（简称中航工业东安）为龙头企业，以东北轻合金有限责任公司（简称东轻公司）、中航工业哈尔滨轴承有限公司（简称中航工业哈轴）等为重点配套企业，以中国航空气动研究院、哈尔滨工业大学、哈尔滨工程大学、哈尔滨理工大学、玻璃钢研究院等为科技支撑，以飞龙公司为通航运营核心的民用航空产业格局。省内现有航空科技人员2.5万人，产业技术工人8万多人。

二、生产经营情况

“十二五”期间，黑龙江省航空工业通过转型升级，积极进行产能提升和新产品研发，加大自主开发市场力度，重视民机市场开拓，经济保持了较快增长。2011—2015年，销售收入由81亿元增长到122亿元，增长50.6%；利润总额由1.4亿元增长到2.6亿元，增长85.7%。

三、主要产品

（一）民用飞机

航空制造业以直升机和中小民用飞机为主，民用直升机产量国内居首，产品包括直9系列直升机、运12轻型多用途飞机等。

（二）飞机核心部件

各类飞机、直升机等航空产品大部件、发动机、精密航空轴承传动系统等为核心的通航装备制造。近年在涵道式、多旋翼、固定翼、扑翼式无人机研发制造方面取得了实质性进展，是国内最大的航空复合材料生产基地、铝镁合金加工基地，形成了集飞机、发动机制造、航空材料加工、零部件配套于一体的航空制造产业链。目前在产的国际合作项目主要有H175机体、EC120机体、“银冠”短舱，与法国透博梅卡公司以50：50联合进行先进民用直升机用涡轴发动机研制。

（三）其他民用航空产品

积极参与中国商飞C919大型客机机体制造、辅助动力、风洞试验、材料国产化及试飞测试，以及ARJ21新支线飞机短舱防冰系统机上地面试验等工作。

四、产品开发与技术进步

中航工业哈飞开展的研发项目如下。

（一）H175/AC352直升机研制项目

H175/AC352直升机项目是中航工业哈飞和法国欧洲直升机公司采用项目合作的形式联合研制的一种先进中型多用途直升机。双方在设计、试验、制造、试飞、取证和市场营销等方面进行全面合作。

该项目按照一平台多用、系列化发展的原则，尽量采用成熟的技术、成品、材料和制造工艺，充分利用其他项目的成熟技术和成果，降低研制风险和费用，缩短研制周期，开发优质产品。以全寿命成本最低作为基本原则和指导方针，使用户获得最佳的费效比，从而提升H175/AC352直升机在国内外市场的竞争力。H175/AC352直升机的性能、经济性、可靠性、维修性、保障性、舒适性、安全性等达到当前国际水平。该项目的实施使我国的直升机企业按照国际适航标准的要求走完民用直升机研制的全过程，得到一个先进的通用民用直升机平台。

（二）运12F飞机研制项目

为适应市场需要，提高产品竞争力，中航工业哈飞在运12飞机基础上，研制以短途客运为主兼顾货运的低成本新型多用途飞机运12F。飞机在舒适性和运营成本上形成与竞争机型的相对明显优势。运12F飞机为适应市场的多样性，机身设计除能乘坐19名旅客，还可满足装载3个LD3集装箱的要求。运12F飞机在设计上充分考虑航空公司多种装载需要，采用模块化设计，稍加改装即可用于航空摄影、医疗救护、空投空降等多种用途。该飞机将广泛用于民用客货运输、海洋监测、航空摄影等领域，同时具有较高的军用运输市场前景。随着进口设备、材料国产化工作的推进，可带动黑龙江省材料、化工、电子、机械加工等相关产业的进步和发展。

五、对外贸易与合作

中航工业哈飞、中航工业东安、东轻公司等大企业集团都建立了国家级企业技术中心，与美国波音、欧洲空客、欧直、巴西航空工业公司等知名企业开展了广泛的国际合作。

（黑龙江省工业和信息化委员会）

上海市

一、本地区基本情况

2015 年底，上海市民用航空工业企事业单位共有 40 余家，其中规模以上航空工业企业 24 家，年产值亿元以上企业 17 家。拥有中国航空研究院上海分院、民用飞机模拟飞行国家重点实验室、国家商用飞机制造工程技术研究中心、民用航空先进检测技术实验室、商用航空发动机联合创新中心、国防科技重点实验室（航空电子）和航空科技重点实验室（故障诊断与健康管理技术）等一批科研平台。主要企事业单位有：中国商用飞机有限责任公司（简称中国商飞）及其所属中航商用飞机有限公司、上海飞机设计研究院、上海飞机制造有限公司、上海飞机客户服务有限公司、上海航空工业（集团）有限公司；中国航空工业集团公司所属中航商用航空发动机有限责任公司（简称中航商发公司）、中航通用电气民用航电系统有限责任公司（简称昂际航电公司）、中国航空无线电电子研究所（615 所）、中航工业上海航空测控技术研究所（633 所）、上海航空电器有限公司（118 厂）；上海西科斯基飞机公司。零部件配套企业：上海新华东光电技术研究所、氰特表面技术（上海）有限公司、蒂森克虏伯航空材料（上海）有限公司、上海上飞飞机装备制造有限公司。维修保障企业：东方航空技术有限公司、上海波音航空改装维修工程有限公司、上海普惠飞机发动机维修有限公司、上海科技宇航有限公司、上海东联航空机轮刹车大修工程有限公司、上海柯林斯航空维修服务有限公司、上海凯迪克航空工程技术有限公司、上海航新航宇机械技术有限公司、上海威克特航空地面设备有限公司、上海才才航空设备有限公司等。航空租赁企业：中航国际租赁有限公司等。

上海是国家首批“国家新型工业化产业示范基地（航空产业·上海市）”，重点布局为：干支线飞机设计研发布局在浦东张江，飞机装配、大部件制造与试验试飞等布局在浦东祝桥东部，客户服务布局在闵行紫竹；商用航空发动机设计研发、客户服务布局在闵行紫竹；装配试车、单元体制造与试验验证布局在浦东临港；航空电子系统设计研发、集成验证、客户服务布局在闵行紫竹；航空机电设备研发制造与试验验证布局在浦东临港及相关产业园区；航空维修、飞机改装等以浦东、虹桥国际机场周边和青浦出口加工区等地域为主；航材物流以航空港、保税区等为主；航空营销和运营总部、融资租赁企业等以市及各区县专业化产业集聚区为主。

二、生产经营情况

上海地区民用航空产业 2015 年实现销售收入 198 亿元，同比增长 51%；工业企业完成工业总产值 207 亿元，同比增长 60.7%；年产值亿元以上企业 17 家。

三、主要产品

（一）民用飞机

ARJ21 新支线飞机、在研的 C919 大型客机，以及 S－300CBi、S－300C、S－333 等直升机。

（二）航空发动机和机载系统

CJ－1000A 大涵道比商用航空发动机。

C919 大型客机航电系统综合与试验验证平台（SIVB）、航空电子系统总体与综合、航空电子核心处理与综合应用系统、航空无线电导航系统、飞行信息系统、客舱核心系统、机载娱乐系统、航空故障诊断设备、健康管理设备、数据采集与处理系统、综合测试设备、控制面板及调光控制系统、航空开关、熔断器、照明设备及信号装置、接插件及连接装置、控制电器及告警装置等。

（三）其他民用航空产品

商用飞机机载液晶显示屏，碳纤维环氧树脂合成材料，航空电线、电缆，合金材料，飞机装配工装、型架和模具，各类紧固件、标准件等。

四、产品开发与技术进步

中国商飞公司：2015 年 11 月 18 日，中国民用航空局适航司正式批复 ARJ21 新支线飞机 106 架机注册号申请，首架机于当月 29 日获得“三证”（国籍登记证、适航证和无线电电台执照）并交付成都航空；2015 年 11 月 2 日，C919 大型客机首架机在浦东基地正式总装下线，标志着项目阶段研制取得突破性成果。

中航商发公司：CJ－1000AX 大涵道比商用航空发动机验证机基本完成初步设计阶段任务，全面启动核心机试验件研制。

昂际航电公司：C919 大型客机项目航电系统综合与试验验证平台（SIVB）顺利交付安装，并与中国商飞公司共同启动了航电系统正式试验。

中国航空无线电电子研究所：座舱显示系统、模块化核心处理系统、A664 网络系统、飞行管理系统、中央维护系统、综合信息管理系统、综合环境监视系统等顺利交付安装。

上海航空测控技术研究所：C919 大型客机飞行信息系统顺利交付并开展地面联试；完成电子飞行包软件和电子航图软件的集成和多功能键盘的方案评审；客舱核心系统和机载娱乐系统研制工作按计划推进，并相继通过关键设计评审（CDR）的阶段评审；开展“新舟”700 飞机驾驶舱门监视系统顶层定义工作。

上海航空电器有限公司：完成 C919 大型客机二级配电第一代原理样机研制工作；完成控制面板及调光控制系统首批试验件交付。

上海新华东光电技术研究所：商用飞机航空液晶显示终端 10.4 英寸①、2.4 英寸 ×2.4 英寸模块所需的 TFT－LCD 面板顺利交付安装；15 英寸机载液晶显示模块顺利交付安装。

五、重大基础设施建设

（一）中国商飞公司

在各方的有力支持和推动下，中国商飞公司“一个总部和五大中心”建设顺利推进。

中国商飞总部基地完成建设并投入使用。

设计研发中心：规划用地约 1200 亩，先期规划建筑面积约 20 万米^2，现已建成并投入使用。

总装制造中心：占地约 4000 亩，总建筑面积近 120 万米^2，一期建设规模 36 万米^2，现已建成并投入使用。

客户服务中心：占地近 190 多亩，总建筑面积 10 多万米^2，现已建成并投入使用。

民用飞机试飞中心：于 2012 年 4 月 23 日正式在龙华办公大楼挂牌成立，位于浦东的试飞中心建设项目于 2015 年 10 月 22 日奠基。

（二）中航工业商发公司

研发基地位于闵行紫竹科学园区，占地 450 亩。总部及研发中心大楼、人才公寓等一期建设已完成并投入使用。

装试基地位于临港重装备产业区，占地 1250 亩。一期建设已完成并投入使用，二期建设正在实施中。

（三）民机航电产业园

中航民用航空电子产业园占地 186 亩，一期工程建设已完成并投入使用。

（四）上海机场（集团）有限公司

按照中国商飞公司型号研制节点目标，全力保障浦东机场第四、第五跑道建设。目前，浦东机场第四跑道已全面建成并投入使用，第五跑道正在进行卸载处理，预计 2016 年可以完成建设。

（五）大型客机强度试验项目

2015 年 9 月 29 日，大型客机强度试验项目整体建成并交付使用，标志着作为 C919 全机静力试验承担单位的中国飞机强度研究所已具备在上海承担 C919 大型客机全机静力/疲劳试验任务的条件。

① 1 英寸 =2.54 厘米。

六、行业管理主要工作

围绕大力支持干支线飞机和商用航空发动机等的研制与产业化发展，促进航空产业做大做强，逐步将上海建设成国家民用航空产业的重要基地。一是继续推进落实《上海市民用航空产业“十二五”发展规划（2011—2015 年）》《上海市推进战略性新兴产业“民用航空”专项工程实施方案（2012—2015 年）》；二是正式启动《上海民用航空产业“十三五”发展规划》编制工作；三是积极开展《上海发展通用航空产业切入点研究》《上海空域资源课题研究》《低空开放与上海航空产业发展关联性研究》等课题研究，深入探索上海发展通用航空产业的路径和方法，提出了适应上海民用航空产业发展的政策措施和相关建议；四是积极做好 2015 版自贸区负面清单的修订工作，形成符合自贸区制度创新模式的负面清单；四是支持和鼓励核心企业、高等院校、科研机构承担国家和市级民用航空类研究中心、实验室等建设任务。

（上海市经济和信息化委员会）

江苏省

一、本地区基本情况

江苏省民用航空工业规模以上企业38家，从业人员1.7万余人。其中，纳入中国民用航空工业统计企业14家。2015年，江苏省航空产业体系进一步完善，航空动力、机电系统、航电系统、航空材料、通用航空整机制造、航空维修、机场设施、机舱设施等产业发展良好，航空动力、航空材料、航电系统、通用航空整机制造等方面形成了一定的优势。产业集聚效应明显，发展态势良好，南京、镇江、无锡、苏州等地主动对接大飞机和支线飞机项目，沿沪宁线积极培育航空产业园或航空产业集群；以南通、盐城、常州等地加快培育小型飞机整机制造、通用飞机维修与改装、航空体验等特色的通用航空产业链，通用航空产业园建设稳步推进。

二、生产经营情况

2015年，江苏省民用航空工业实现工业总产值326.41亿元，同比增长15.45%；主营业务收入325.64亿元，同比增长10.60%；营业收入328.40亿元，同比增长10.74%；出口交货值95.11亿元，同比增长11.76%；利税总额29.26亿元，同比增长10.71%；利润总额23.19亿元，同比增长9.70%。

三、主要产品

（一）民用飞机

轻型飞机、公务飞机、无人机。

（二）航空轻型动力

100～500马力①活塞式发动机、800daN以下（重点是500daN以下）推力的涡喷/涡扇发动机、1兆瓦级功率以下燃气轮机、航空动力辅助系统。

（三）航空机电系统技术与产品

航空发动机电子控制系统、航空惯性导航系统、航空发动机参数采集器、航空发动机民用飞机和直升机飞控计算机、液压传动系统、电源/电气系统、燃油系统、环境控制系统、装载及空投系统等。

（四）航空保障技术与产品

航空指挥调度系统、航空灯光电源系统（探冰灯、标志灯、翼尖保护罩、翼根保护罩）、航空检测设备、大型客机客户服务应用系统集成平台软件、市场与客户支援管理系统、飞机状态监控及健康管理系统、信息系统综合测试平台、便携式外场测试仿真系统、适航管理工作平台及登机廊桥、加油车、飞机维护等地面综合保障设备和系统。

（五）其他航空技术与产品

航空安全座椅、航空内饰件、航空新材料（以气凝胶、相变材料等新材料为代表的航空航天保温隔热材料、铝合金型材、航空发动机叶片用铸造母合金、高温合金、碳/碳复合材料、超级纤维、钛合金、镍合金、铜合金、精密不锈钢制品等）、航空精密轴承、飞机轮毂、航空发动机零部件（航空发动机叶片，整体叶盘，静叶片，导叶片，机匣，实心或带陶瓷型芯的透平动叶片、导叶片及结构件等）。

四、产品开发与技术进步

江苏省民用航空企业不断加大研发创新投入，产品开发和技术水平进一步提升。2015年，共有30多家企业参与了国产大型客机C919首架机、新一代支线客机ARJ21、大型民用直升机AC313、AG600等国家民用航空重大工程的配套研制，成为相关项目的协作配套供应商。其中，中航工业南京机电液压工程研究

① 1马力=735.5瓦。

中心为 C919 配套的液压系统正式装机件 AC101 架机通过中国商飞验收交付；航天海鹰（镇江）特种材料有限公司承担了 C919 大飞机后机身后段、后机身前段、副翼复合材料次结构件项目；菲舍尔航空部件（镇江）有限公司承担了 C919 大飞机客舱内饰系统集成项目；江苏美龙航空部件有限公司承担了 C919 货舱内饰、客舱内饰、驾驶舱内饰、平尾项目；江苏捷科彤明航空电器有限责任公司承担了 C919 的航空灯光电源及系列灯光产品项目；江苏金航程航空科技有限公司承担了 C919 头等舱座椅的研发项目；卓达航空工业（江苏）有限公司承担了 C919 生命维持系统用 PSU 板项目；江苏恒神纤维材料有限公司成为中国商飞国内唯一的一家碳纤维复合材料供应商；江苏豪然喷射成形合金有限公司承担了 C919 长桁喷射成形 7055 - T76511 铝合金型材研制及其应用的研究；江苏希西维轴承有限公司承担了 C919 的 5 个型号轴承产品的合作研发项目；江苏锐天信息科技有限公司承担了 C919 空地宽带无线传输关键技术研究与验证项目；爱励铝业（镇江）有限公司成为中国商飞 C919 民用航空铝合金板材指定材料供应商；中航雷华柯林斯（无锡）航空电子设备有限公司为 C919 提供航空综合监视产品、航空电子解决方案以及配套服务；中国电子科技集团公司第 14 研究所 DLD - 100C 型二次雷达取得中国民用航空局颁发的《民用航空空中交通通信导航监视设备使用许可证》，该型雷达打破了国外垄断，填补了国内空白。

五、对外贸易与合作

无锡透平叶片有限公司与英国罗尔斯 - 罗伊斯公司（罗罗公司）先后签署了新型航空发动机的压气机转子叶片和转轴锻件 10 年订单，打破了罗罗公司从未在亚洲采购压气机转子叶片的历史，成为罗罗公司在亚太地区的“战略供应商”，也是当前国内首家且唯一一家向国际航空巨头提供轴类锻件的供应商。无锡航亚科技有限公司成为美国 GE 航空发动机叶片供应商。

六、行业管理主要工作

江苏省围绕“十三五”深化产业结构调整、加快经济转型升级目标，把民用航空产业纳入战略性新兴产业，加强统筹谋划和发展推进，推动民用航空产业快速发展。

一是加强与中航工业集团公司的产业合作。2015 年 8 月，江苏省政府与中航工业集团公司签订了《关于共同推进高端装备制造业发展战略合作框架协议》，着力推动航空装备、绿色电源、通用航空等快速发展。

二是强化行业运行诊断分析。委托南京航空航天大学，组织相关专家开展全省民用航空产业行业诊断工作，深入了解全省民用航空装备行业发展现状和水平，分析民用航空产业存在的问题，提出有针对性的措施和意见，推进全省民用航空装备产业健康有序发展。

三是积极推动民用航空产业基地示范建设。引导各地加快民用航空产业基地新型工业化进程和工业转型升级，推动民用航空产业集聚发展，进一步提高产业核心竞争力。2015 年 12 月镇江市被工信部授予国家新型工业化产业（航空零部件）示范基地。镇江、常州、建湖等地航空装备产业园区被认定为省高端装备制造业特色产业基地。

四是推动航空产业基金建设。建立民用航空企业多元化投融资渠道，鼓励以企业为主体的产业基金健康发展。江苏永瀚特种合金技术有限公司依托自身优势成立了无锡市翔动力产业投资基金管理有限公司，计划分 5 期募集资金，目前第一期 2 亿元已经完成募集。镇江市创新举措，优化服务，成立了规模 2.5 亿元的大路汇昇航空产业基金和总规模 6 亿元的航天高新（镇江）创业投资基金。

（江苏省经济和信息化委员会）

浙江省

一、本地区基本情况

2015年底，浙江省纳入统计口径的民用航空工业企业共16家，全部为民营企业。分别为：浙江圣奇运动器械制造有限公司、浙江金马逊机械有限公司、杭州天扬机械有限公司、浙江西子航空工业有限公司、雅港（嘉兴）复合材料有限公司、浙江中欣动力测控技术有限公司、宁波捷德航空技术有限公司、浙江日发航空数字装备有限责任公司、嘉善永鑫紧固件有限公司、浙江高端紧固件有限公司、七丰精工科技股份有限公司、海宁红狮宝盛科技有限公司、浙江东风飞机制造有限公司、浙江圣翔机械有限公司、浙江智天科技有限公司和宁波市鄞州金鑫轴承五金有限公司，共有从业人员1712人。

全省拥有在册通用机场8个，包括建德千岛湖、东阳横店、舟山五岛（东极、岱山、嵊泗、衢山、桃花）和浙江大学附属二院医疗救援点。全省有在建或规划建设航空相关产业园区、基地3个，其中绍兴航空产业园、横店航空高技术产业基地已开工建设，德清通用航空产业基地正在规划审批过程中。

二、生产经营情况

2015年，浙江省民用航空工业企业实现主营业务产值3.54亿元，完成工业销售总产值11.62亿元，工业增加值完成2.33亿元，营业利润0.11亿元，出口交货金额3.25亿元，占全部销售产值的91.3%。

三、主要产品

（一）民用飞机

AC311直升机、西锐飞机、空客直升机、贝尔直升机等（进口零部件组装）。

（二）其他民用航空产品

零部件生产加工：航空发动机的盘环类零件、机匣壳体类零件、整体叶盘、整流器、叶轮；飞机起落架零部件；飞机机翼前后梁、梁间肋、机身长桁类零件；大型钣金件；飞机紧固件；波音737NG型飞机平尾数控零件、ARJ新支线飞机数控零件；空客前货舱门框；机身板件、机翼板件；空客A320蒙皮的零件机加工；飞机零部件的热表处理等。

材料：芳纶纸蜂窝芯材和蜂窝复合板材、飞机地板、飞机隔板等。

生产、检测设备：数控弯管机、六工位管端成形机、复合材料加工设备、飞机大部件数字化装配生产线、壁板类零件自动钻铆设备、碳纤维自动铺层/辅丝专用设备、润滑油金属屑末检测器等。

（三）航空相关服务

医疗救护、空中游览、航空摄影、工农林业飞行作业、航空模拟培训、航空器租赁等，以及航空技术开发、技术咨询及技术服务。

四、产品开发与技术进步

浙江金马逊机械有限公司的导管数字化加工水平达到世界先进水平，该厂针对飞机的液压、燃油等系统金属导管的三维冷弯曲加工的智能多轴CNC数控弯管机，现已应用在中航工业沈阳飞机工业（集团）有限公司和昌河飞机工业（集团）有限责任公司等多家单位。

杭州天扬机械有限公司掌握了高温合金、钛合金等难加工材料的切削技术，现与中航工业沈阳发动机设计研究所和沈阳黎明航空发动机（集团）有限责任公司等多家航空发动机研制生产单位合作，从事航空发动机机匣、叶盘等核心零部件的研制和生产。

浙江西子航空工业有限公司正联合国内外力量，研发航空铝合金和钛合金零件高效数控加工技术、大尺寸钣金零件高效数控下料及成形技术、航空零件环保型表面处理技术、航空大部件高效制孔及装配技术、数字化检测技术等技术。

浙江圣奇运动器械制造有限公司引进国际先进水平的五轴立式铣削中心，四轴卧式镗铣中心和三轴立式加工中心，建立了三坐标测量、理化分析等检测实验室。目前已承担波音737NG型飞机平尾数控零件、ARJ国产支线飞机数控零件、空客前货舱门框、空客A320蒙皮的零件机加工任务，建立并通过AS 9100C航空航天及ISO 9001质量管理体系认证。

浙江中欣动力测控技术有限公司自主开发研制的滑油在线屑末监测设备可以应用于航空发动机传动系统的在线监测，通过对设备润滑油的连续在线监测，评估机械故障的变化趋势，预测设备重大事故的发生，为机械设备提供可靠的早期预警和寿命预估。公司现已成为中航工业商发、中航工业哈尔滨轴承的供应商。

浙江日发航空数字装备有限责任公司研发的RFMP2060GM/5X蜂窝零件高速加工中心在产品加工性能、工艺过程管理、人机交互界面都达到国际领先水平。基于永磁的固持方式解决了由于传统胶带黏结固持可靠性差所引起的产品合格率低，工序准备时间长所导致的生产效率低下以及后续清理所用溶剂对人体健康的影响。

五、对外贸易与合作

浙江圣奇运动器械制造有限公司销售客户主要为波音公司和空客公司，为波音737NG飞机配套平尾数控零件，为空客A320飞机配套蒙皮的零件机加工。

杭州天杨机械有限公司销售客户主要是德国MTU、英国罗罗、法国斯奈克玛以及美国普惠等欧美航空发动机制造厂商。

雅港（嘉兴）复合材料有限公司的芳纶纸蜂窝芯材多批次出口美国、澳大利亚、巴基斯坦等海外市场。

浙江西子航空工业有限公司与国际先进航空制造企业合作开展关键技术研发，正与法国艾合利亚公司合作研发航空铝合金和钛合金零件高效数控加工技术以及航空零件环保型表面处理技术，与加拿大庞巴迪公司合作研发大尺寸钣金零件高效数控下料及成形技术。

六、重大基础设施建设

（一）绍兴航空产业园

已编制完成《绍兴航空产业园发展规划》，计划打造集通航零部件制造、服务运营、整机制造、技术研发于一体的通航产业集聚区。园区内的精功通航总部基地项目计划总投资52亿元，总用地2300亩左右。目前，一期总投资3.18亿元，总用地600亩的精功通用航空临时起降点工程已增补列入2013年省重点建设项目，工程初步设计已通过浙江省发改委审批。600亩规划用地已出让，机场已开工建设。

（二）横店航空高技术产业基地

横店依托横店通用航空机场，以浙江东华通用航空有限公司、浙江省横店航空体育运动培训学校、横店航空体育活动中心等平台为载体，大力打造航空高技术产业基地。计划着力发展航空器制造、航空器销售和维修、航空培训、通用航空运行、通用航空旅游和包机服务、通用航空高技术产业，建设成一流的通用航空固定运营基地。横店通用机场迁建一期工程已于2012年全面动工，跑道800米×45米，目前正在紧张施工中，将于2016年建成并投入使用。

（三）德清通用航空产业基地

德清通用航空机场建设项目已经浙江省发改委批复同意，预计2015年能够完成其他审批程序。通用航空产业基地总规划面积20.5千米^2，计划成为区域通用航空飞机起降、培训、旅游、会展中心。

（四）西子航空零部件制造基地

基地建设在杭州大江东产业集聚区，一期100亩顺利建成投产，二期100亩正在建设。基地主要进行飞机部件的生产、技术开发、技术服务、技术咨询及飞机零部件生产研发等。

七、行业管理主要工作

一是完善和落实行业规划。已编制完成了《浙江省通用机场发展规划》，宁波、杭州、温州、绍兴等地市都已出台民用航空相关规划，明确了下一步民用航空产业的发展方向。

二是积极搭建合作交流平台。积极邀请中航工业及其下属的中航工业沈飞、中航工业陕飞、中航工业洪都航空工业集团有限责任公司（简称中航工业洪都）、中国商飞公司、幸福通航等企业负责人到浙江投资考察和对接交流。带领园区、企业负责人走访航天科工、航天科技、中航工业、中国商飞公司、上海启德航空、若尔通用航空等单位，探讨双方合作的可能性。

三是加强服务保障，营造良好的发展环境。充分了解省内重点民用航空企业和重大项目发展情况，积极协调解决项目在落地过程中遇到的问题，不断营造良好的发展环境。

（浙江省经济和信息化委员会）

安徽省

一、本地区基本情况

安徽省民用航空工业主要有合肥江航飞机装备有限公司、中科合肥微小型燃气轮机研究院有限责任公司、中国人民解放军第5720工厂芜湖双翼航空装备科技有限公司、安庆市曙光军工有机玻璃有限责任公司、安徽天鹰兄弟无人机科技创新有限公司、安徽天路航空科技股份有限公司等单位，发展航空制氧设备、飞机舱罩、仪表制造和维修服务等军民结合特色明显的相关产业。近年来，无人机行业发展较为迅猛，安徽天鹰兄弟无人机科技创新有限公司、安徽天路航空科技股份有限公司正在逐步发展壮大。安徽省紧紧把握合芜蚌国家自主创新示范区建设契机，精准对接《中国制造2025》，充分发挥军工单位的优势，通过产学研合作，引进国外先进整机生产技术，力争打造具有民用和军民两用特征的关键零配件研发生产、维修服务和整机制造的产业体系，逐步形成由修理到建造的相对完整的航空产业基础。

二、生产经营情况

2015年，合肥市民用航空工业实现营业收入约16000万元，完成工业总产值约94000万元，利润9200万元，转包生产交付550万元。

三、主要产品

（一）民用飞机

天路系列TL-100型、TL-200型、TL-400型工业级固定翼无人机。

（二）其他民用航空产品

微小型燃气轮机、航空仪表、航空供氧系统、飞机副油箱、波纹管、航空结构件、航空钣金产品和航空复合材料等。其中包括：航空有机玻璃系列产品、飞机舱罩、导弹视镜、直升机配套的航空供氧系统、运12飞机配套业务，以及用于民机机组氧气系统的铜合金真空波纹管组件等。

四、产品开发与技术进步

中科合肥微小型燃气轮机研究院有限责任公司开展了0.1MW、0.2MW、1MW和4MW燃气轮机设计、开发与产业化，并在国内率先开展多型号燃气轮机的产品开发与产业化。重点开展0.1MW燃气轮机研制工作，目前生产的两台样机已通过性能验证，输出功率分别达到75千瓦和100千瓦，已配套起飞重量为300~600千克的有人/无人直升机；重点开展0.2兆瓦燃气轮机研发，并积极推动在某型水陆两栖固定翼飞机上的应用。

合肥江航飞机装备有限公司开展了包括空勤员供氧系统、旅客供氧系统、便携式供氧装备等民机产品的研制工作，配套运12F运输机供氧系统产品已交付，进行适航取证；AC313直升机配套供氧系统已进入工程样机研制阶段，产品随机适航；ARJ21配套产品已完成全部研制和交付任务。

安庆市曙光军工有机玻璃有限责任公司自主研发的各种规格涤纶增强丙烯酸酯板材是飞机舱罩连接件的首选材料，可以满足各类机型的需要，被中航工业定为该类材料唯一合格供应商。企业已向国家总装备部国防专利局提出涤纶增强丙烯酸酯板材两项发明专利申请。目前两项国防专利正在受理审核中。

安徽天鹰兄弟无人机科技创新有限公司与美国麻省理工合作研发了人工智能裸眼三维（360度）自动避障控制系统，并以此系统为基础开发研制了第四代全智能电动无人机。此无人机可通过传感器和视觉系统识别作业环境和地形，自动生成三维飞行地图与轨迹，实现高精度避障及仿地飞行功能，具备在复杂环境中作业的能力，并采用GPS差分定位系统，航线误差可控制在5～10厘米以内。

安徽天路航空科技股份有限公司具备独立完成无人机及相关应用服务技术研发和承担重大无人机科研项目的能力，已申请国家专利40余项，其中已授权发明专利一项，实用新型专利20余项。公司联合中国科技大学、中科大先进技术研究院、中国科学院、飞利浦资深图像处理工程师、国内先进图像处理系统研发团队，成立天路图传研发团队；联合中科大国家火灾实验室、安徽省消防总队、淮北市消防支队合作研发“基于无人机高层建筑救援系统”；自主开发阿凡达多功能大型无人机系统，该系统主要应对当前军工市场（如作战无人机）及大型高效作业市场（如农业植保、电力巡线等），计划该项目于2018年之前完成。

五、对外贸易与合作

合肥江航飞机装备有限公司现主要出口产品为铜合金真空波纹管组件，用于民机机组氧气系统。

安徽天路航空科技股份有限公司2015年7月与中国机械进出口（集团）有限公司（CMC）签订战略合作协议，未来几年内天路航空无人机将通过CMC销往全球102个国家和地区；2015年7月与捷克一家运动型载人飞机制造公司商谈引进运动型载人飞机制造技术，并已经进入了实质阶段，计划2016年完成运动型载人飞机制造技术的消化和吸收，2017年完成轻型运动型载人飞机的项目引进及各项审批工作。

六、重大基础设施建设

合肥市合巢经开区已规划了4千米^{2}的燃气轮机产业园，形成集研发、制造、检验检测、展示、销售于一体，配套完善，产业链完整的燃气轮机产业基地。今年将投资6亿元用于产业园基础设施建设。目前已有多家上下游配套企业入驻产业园。继续完善包河区航空产业园相关基础设施建设。

阜阳市民用航空工业先后投入资金3000万元，建设厂房5000米^2，配备了数控加工中心、检测设备、组装设备等设施，具备生产植保无人机零部件和年产组装1000架飞机的能力。同时，建立了无人机操控手培训室，并正在筹建专业无人机操控手培训基地。与阜阳技师学院进行校企联合，开办无人机技术应用专业，旨在为无人机技术的发展培养专业人才。

七、行业管理主要工作

安徽省合肥市为引领智能制造产业发展，编制《合肥市智能制造产业发展规划（2015—2020）》。规划围绕智能产品、智能装备、智能关键部件和智能服务4个方面，紧密结合国家智能制造发展方向，提出实施“2345”工程，重点发展无人机飞控系统、弹射装置、整机设备和无人机非标件3D打印机。加快推进合巢经济开发区燃气轮机研发及产业化项目建设，开展分别适用于不同领域的分布式能源、车船动力和通用航空动力的4兆瓦、1兆瓦和0.1兆瓦级燃气轮机的设计与研发，支持企业把产品功率范围扩展到0.1～10兆瓦，力争3年内部分产品实现产业化。

阜阳市出台《阜阳市民用航空工业发展中长期发展规划（2013—2020年）》《阜阳市民用航空工业发展政策资金补贴办法》《阜阳市民用航空工业的行业发展政策》等若干文件，加强对民用航空工业的管理，促进民用航空工业的发展。

（安徽省国防科学技术工业办公室）

福建省

一、本地区基本情况

福建省民用航空工业目前主要以民用航空维修和零部件加工制造为主，集中在厦门航空工业区和泉州出口加工区。其中，以厦门太古飞机工程有限公司为龙头，在厦门航空工业区内已聚集了厦门太古发动机服务有限公司、厦门霍尼韦尔太古宇航有限公司、厦门豪富太古宇航有限公司、厦门汉胜秦岭宇航有限公司、通用电气发动机现场支援（厦门）有限公司、美捷特（厦门）传感器件有限公司、厦门太古起落架维修服务有限公司、厦门新科宇航科技有限公司等著名国际航空集团（公司），形成了全国最大的民航飞机维修基地，具备了飞机结构维修、老龄客机改货机、发动机维修、起落架维修、辅助动力系统、航电系统的维修能力，并且能为飞机发动机和零部件提供全方位的支援服务。

二、生产经营情况

2015 年，列入福建省统计局统计的 7 家规模以上飞机维修及制造企业拥有总资产 57 亿元。当年全行业累计完成工业总产值 110.08 亿元，同比增长 11.5%，实现出口交货值 105.77 亿元，增长 25.4%；实现主营业务收入 109.97 亿元，增长 18.9%；实现利润 4.44 亿元，增长 17.8%。

三、主要产品

（一）航空维修服务和改装

主要是飞机结构、发动机、起落架、辅助动力系统、航电系统的维修。大修及改装能力涵盖波音 737、波音 747、波音 757、波音 767 和波音 777，空客 A320 系列/A330/A340 及麦道 MD－11 机型。拥有最高级别（D 检）的大型检修/飞机结构改装/客舱内部翻新及改装/航电系统升级/褪漆及喷漆/客机改货机能力等。

厦门太古飞机工程有限公司是中国第一家为 A380 飞机提供航线维修服务的维修机构。

（二）航空零部件制造

完成机加件、钣金件、地板梁组装、电线组装等。

（三）支援服务

为飞机发动机和零部件提供全方位的支援服务。

（四）维修技术培训

为全球新机型飞机维修提供技术培训服务。

四、产品开发与技术进步

（一）客改货技术开发

厦门太古飞机工程有限公司与美国波音公司紧密合作，取得美国联邦航空局（FAA）和波音质量管理系统（BQMS）认证。参与了波音 737－700/－800 和波音 767－300 等新改装机型的开发。客改货科研成果主要有：地板梁整装、货舱门切口定位、货舱门整装、改装流程的改进等，至今共完成了 62 架次的改装工作。下一步还将参与波音 767－300、波音 737－700/－800 等机型客改货的开发。

（二）客舱整装

厦门太古飞机工程有限公司是目前亚洲第一家也是唯一一家同时获得空客和波音认证的公务机和私人飞机客舱整装中心，填补了国内此项业务的空白。客舱整装服务可以提供完整的一揽子客舱解决方案，包括项目管理、工程设计、供应商管理、零部件制造、安装以及取证（FAA/EASA/HKCAD/CAAC）。客舱整装科研成果主要有：波音 737/A319 客舱构型设计改装、波音 747－400 PTV 改装、波音 747－400 LOPA 设计等。

五、重大基础设施建设

福建野马飞机制造项目是中航工业幸福航空

控股有限公司控股福建通航航空产业有限公司的飞机制造项目，位于福清市新厝，是国内唯一生产水陆两用飞机且具有自主知识产权的通用飞机制造项目。项目（一期）占地面积45亩，总投资额约2亿元，规划建设野马飞机制造厂房、飞机测试及交付中心、停机坪、机库等设施。目前，该项目已经完成立项、厂房建设等筹备工作，预计2016下半年实现首架水陆两用飞机下线。

福建通飞航空制造有限公司是MS760飞机制造项目在国内的主体公司，于2015年3月注册成立，位于三明市沙县金谷工业园内。该项目拟依托三明沙县机场建设生产制造基地，从事MS760超轻型商务喷气机的组装生产及MS760X、MS760XL飞机的研发、生产。项目预计投资总额约50亿美元，分三期投入：一期计划投资17.86亿元，建设内容主要有：总装厂房、动力中心、综合楼、喷漆库、维修机库、研发中心、停机坪等，目前，项目一期首动区总装厂房完成结构钢柱主体框架安装及屋面、墙板、地面工程，附楼主体封顶，综合楼项目完成主体。项目二期和三期将致力于新型MS760系列飞机的研发、生产、制造和其他航空新产品、新材料的开发。

六、行业管理主要工作

一是大力引进重点民用航空项目。福州市人民政府与幸福航空控股有限公司战略合作，引进福建野马飞机制造项目。三明市人民政府与福建通飞航空制造有限公司战略合作，引进MS760飞机制造项目。目前2个项目正在按计划推进中。

二是培育壮大航空维修业务。以厦门太古飞机工程有限公司为龙头，带动厦门航空工业园发展，并继续向晋江等地扩散。进一步培育壮大大型商用飞机维修和改装的产业链，形成亚洲规模较大、技术水平较高的大型商用飞机维修和改装基地。

三是积极加强政府服务保障作用。组织开展省内重点民用航空企业和重大民用航空项目调研，积极协调解决重点企业发展和重点项目推进中遇到的问题，精准服务保障，不断营造良好的发展环境。

（福建省经济和信息化委员会）

江西省

一、本地区基本情况

江西是新中国第一架飞机的诞生地。目前，江西航空拥有各类企事业单位65家，其中航空科研教育单位5家，航空制造整机单位5家，航空制造配套单位34家，航空运营、服务单位21家，在岗职工3万余人。江西航空制造基础雄厚，航空制造具备较强的产品总体设计、试验验证、先进制造和总装总成能力，是我国教练机、无人机、通用飞机和直升机研制重要基地。拥有中航工业洪都、昌河飞机工业（集团）有限责任公司（简称中航工业昌飞）、九江红鹰飞机制造公司、北京通航江西直升机公司、江西德利直升机公司等整机制造企业和洪都商飞公司、景航航空锻铸公司等34家配套企业。形成了以南昌航空产业国家高技术产业基地为主体，以“一城二园区”为构架的集聚式发展格局。

二、生产经营情况

2015年，江西省航空制造产业实现销售收入503.1亿元，同比增长29.0%；完成工业增加值109.3亿元，同比增长50.4%；实现利润30.5亿元，同比增长22.0%。

三、主要产品

（一）民用飞机

L7新型基础教练机、农5系列农林专用飞机N5B、AC310、S300（1吨级）、AC311、AC311A、直11航拍机、直11警用、直11武装（2吨级）、A109（3吨级）、S76C++、S76D（6吨级）、AC313（13吨级）、H2S、H3等型号直升机、无人直升机。

（二）航空零部件

C919前机身及中后机身、GR787飞机生产发动机短舱零部件、波音747-8飞机生产48段部件等零部件。此外还包括航空锻铸件、航空电缆、导线和防波套等产品。

四、产品开发与技术进步

L7飞机是中航工业洪都设计的一款新型基础教练机，具有优良的飞行性能和操纵品质，用于替代国外现役的基础教练机进行飞行员飞行训练和个人飞行技能培训，但因2015年发动机生产商倒闭，不能提供售后服务和后续产品，造成研制工作滞后，另外，L7飞机项目与外方合作内容发生变化，商定项目后续研制工作由双方各自独立完成。

N5B飞机是中航工业洪都在对国内外农业飞机市场进行详细调研基础之上研发的一款新型农林专用飞机，具有操纵灵活、维护方便、使用经济、安全可靠等众多优点，并在结构、舒适度和作业设备等方面进行了重大改进。该型机主要用于农田播种施肥、除草治虫、飞播造林、森林防火等作业项目，改装后还可兼顾治安巡逻、救灾指挥、航测航摄、影视制作、广告宣传等。2015年，基本完成中国民航型号合格证90%的工作。

随着C919大飞机项目和质量管控体系的逐步建立，工艺策划水平日趋成熟，技术能力有效提升，C919前机身、中后机身项目研制生产流程开始有效运转，流程基本打通，关键技术瓶颈实现突破。2015年，C919项目产品顺利实现交付，102架机、001架机前机身和中后机身通过适航挂签。

AC311A直升机是在AC311直升机基础上研制的一款新型直升机，于2013年3月启动项目研制，目前已完成高寒试飞、风险科目试飞、型号检查核准书（TIA）的签发，2015年完成了自主开展医疗救援和农林喷洒改装研制工作，计划2016年完成适航取证和AEG评审。

AC313直升机是由中国航空工业集团公司

自主研制的中型民用直升机，是我国首型通过AEG评审的大型旋翼航空器，2015年完成了应急漂浮系统改装及部分电气系统改装，计划2016年完成护林作业任务设备取证。

S76D型机是与美国西科斯基公司合作S76C++后，继续深化合作的机型，将对全部零部件实现本地化生产，2015年完成了首架机体结构研制。

五、对外贸易与合作

（一）中航工业昌飞

完成美国西科斯基公司S92尾斜梁23架份生产交付，意大利阿古斯特公司A109型机10架份平尾、14架份尾梁生产交付，按订单完成波音零件生产交付。

（二）北通航江西直升机公司

引进比利时DYNALI公司H2S、H3直升机散件和套件生产销售，进口DYNALI直升机半成品15架，完成复装生产15架，销售交付7架，与阿古斯特公司签订50架AW系列直升机采购合同。

六、重大基础设施建设

（一）中航工业洪都

南昌航空城北区一期5个分厂正式搬迁，北区二期进入收尾阶段。2015年12月，江西省发改委正式核准南昌青云谱机场迁建工程项目，同时启动机场建设用地报批，机场迁建工程项目立项报批顺利完成。

（二）中航工业昌飞

2015年，中航工业昌飞稳步推进直升机吕蒙项目建设，总装园整体进展良好，9个厂房正全面建设推进，已陆续投入使用，预计2016年全部完成建设并投入使用。

（三）北通航江西直升机公司

2015年5月，北通航江西直升机产业基地开工建设，该项目一期一阶段于2015年底竣工，包括总装厂房、动力中心及部分室外工程，总面积11000米^2。

七、行业管理主要工作

航空产业被江西省委、省政府列为十大战略性新兴产业之一。作为航空产业的主管部门，江西省国防科工办全力推动航空产业的发展，结合江西的实际情况，编制了《江西省航空产业发展规划（2014—2020）》，并以江西省政府名义发布。经省政府同意，由江西省国防科工办对外发布了《江西省通用航空产业发展规划（2015—2020年）》。江西省国防科工办作为牵头部门，于2015年11月成功举办了航空产业推进会，会上共签订合作项目15个，吸引投资金额约215亿元，会议的成功举办进一步提升了江西航空在全国的影响力。航空产业推进会上，促成江西省政府与中国商飞公司签署战略合作框架协议。江西省国防科工办与幸福航空控股公司签署战略合作协议，促成幸福航空控股公司在江西布局水上飞机。江西省国防科工办还促成中航工业直升机公司与南昌市政府、吉安县政府分别签署协议，建立战略合作关系；推动景德镇高新区与北京通用航空公司签署合作协议，引进直升机工业化合作项目落户。

（江西省国防科学技术工业办公室）

山东省

一、本地区基本情况

2015 年，山东省民用航空工业保持快速发展趋势，民用航空企业规模不断扩大，产销进一步增长。截至 2015 年底，山东省参与民用航空产品生产的企事业单位有 30 余家，其中，列入统计范围的有威海广泰空港设备股份有限公司、山东太古飞机工程有限公司、山东滨奥飞机制造有限公司、山东艾诺仪器有限公司、山东翔宇航空技术服务有限责任公司、山东中航和辉航空标准件有限责任公司、东方蓝天钛金科技有限公司 7 家单位。列入统计范围单位从业人员 3307 人，其中，工程技术人员 1394 人。

二、生产经营情况

2015 年，全省民用航空工业列入统计范围的单位实现主营业务收入 14.07 亿元，交付民用飞机价值 4471.19 万元、其他民用航空产品及零部件价值 616.22 万元，实现民用飞机修理收入 3.67 亿元，其他民用航空产品及零部件修理 0.81 亿元。完成工业总产值 12.91 亿元，工业增加值 5.69 亿元，利润 1.67 亿元。转包交付金额 4395 万元。

三、主要产品

主要产品包括：DA40D 型通用飞机，各型机务设备、客舱服务设备、货运设备、机场消防设备、报警设备，航空地面电源，钛合金紧固件、结构件、各类合金铆钉（包括铝合金、钛合金、蒙乃尔合金等）、碳飞机刹车盘等，以及民用飞机及航空器附件维修服务。

四、产品开发与技术进步

2015 年完成重点新产品开发 35 项，改型产品 30 项，合同产品 1147 项。全年新取得专利 41 项，其中发明专利 5 项，实用新型专利 33 项，外观专利 3 项；专利申请 37 项，其中发明专利 9 项、实用新型专利 28 项。参与起草或修订国家标准 5 个，行业标准 11 个。多项产品通过中国商飞 C919 适航标签。威海广泰空港设备股份有限公司通过 CNAS 现场评审，将实验室列入 CNAS 认可实验室名录，具备了对外提供相关检测服务的能力。山东中航和辉航空标准件有限责任公司新设计研发了多项飞机紧固件产品，获得多项专利。东方蓝天钛金科技有限公司高度重视工艺改进及新产品研发，多项产品成功替代进口，获得省级科技奖项。

五、对外贸易与合作

山东省航空产业起步较晚，技术储备相对薄弱，企业多较重视对国外航空制造技术的引进吸收。2015 年，山东省多家企业与美国、俄罗斯、德国、奥地利等国航空生产企业、科研机构合作，引进制造技术和管理机制，提高航空装备制造能力水平，并积极参与国际市场竞争。青岛市拟与空客集团合作，建立空客 H135 型直升机总装线，目前项目正在接洽中。

六、重大基础设施建设

近年来，山东航空产业园区发展较快，济南、青岛、滨州等市航空产业园区建设初见成效。

济南航空与维修工业园是山东省政府为加快山东航空工业及配套业发展而确定的高新技术工业园，致力于研发生产航空复合材料、维修和改装各型飞机。青岛市将航空产业纳入重点培育发展的十大新兴产业之一，规划在黄岛区和高新区建设两个航空产业集聚区，分别发展直升机、通用航空产业和飞机零部件配套产业。

滨州大高航空城是集飞机制造、航空培训、

飞机维修、通航发展、通用航空运营为一体的航空产业基地，在飞行员培训、飞机制造与维修等领域取得了显著成绩。

青岛爱索航空无人机项目拟打造全国的航模培训中心之一，并能为全国20多家无人机生产企业提供核心零部件，总投资2500万美元，规划建设面积为33000米^2，项目5座厂房有2座已主体完工，1座正在进行基础施工。

中科院青岛轻型动力研究所项目总投资5.5亿元，占地100亩，主要建设4000米^{2}的综合办公楼和1.2万米^{2}的试验厂房，进行1500千克以下涡喷、涡扇、涡轴航空发动机的研发、设计，已开始开工前准备工作。

东方蓝天钛金科技有限公司钛合金紧固件综合研发生产基地建设项目完成一期建设，总投资2.4亿元，形成产能400万件。

七、行业管理主要工作

一是搞好行业调查研究。在全省范围内，深入开展军民结合产业调研活动，将民用航空产业作为调研的一项重要内容。实地调研多个地市的民用航空企事业单位，对全省民用航空工业有了更为深入全面的了解和认识，摸清了现状，发现了亮点，理清了发展思路。

二是加强对重点项目动态跟踪协调服务。加强对在建项目考察调研，汇总建立起一批航空在建项目库，先后开展在建项目书面调研和现场考察，梳理一批地方政府、地方企业的民用航空项目，筛选重点，做好协调服务。

三是推进合作发展。积极引进一批重点合作项目，通过合作建设、共同研发、产品配套等方式，加快产业提升规模。多次与中航工业、中国商飞等中央企业沟通联系，促成省内企业与央企开展合作和项目对接。

四是依托市地力量，开展招商引资工作。鼓励地方企业收购国外先进航空配套企业，开展关键零部件的专业化配套生产。结合各地实际，积极引进发展通用飞机总装和制造项目，引进发展水上飞机、特种运动装备等特色航空器的生产，合资组建飞机维修改装企业，促成航空机载设备、零部件、液压组件等配套制造产业项目的引进。

（山东省国防科学技术工业办公室）

河南省

一、本地区基本情况

2015年，河南省民用航空工业企业单位共有11家。其中中央企业2家，地方企业9家。规模以上企业共2家。

河南省通用航空产业基地有：郑州航空港经济综合试验区、郑州通用航空试验区、安阳通用航空产业园区。主要航空企事业单位有：中航工业郑飞集团、新乡航空工业（集团）有限公司、河南航天精工制造有限公司、郑州市啸鹰航空有限公司、河南大地通用航空有限公司、河南省豫飞通用航空科技有限公司、河南翱翔航空科技有限公司、安阳市豪克科技发展有限公司、安阳全丰航空植保科技有限公司、安阳通用航空有限责任公司、河南永煤碳纤维有限公司。

二、生产经营情况

2015年，河南省民用航空工业企业实现营业收入50.99亿元，营业利润2.01亿元。

三、主要产品

（一）民用飞机

无人机：DB系列无人机、AX－1（“小马”）无人机、AX－2（“大圣”）航测无人机、农用无人机3WQF80－10、3WQF120－12以及ZB－05A（“云雀”）植保机。

轻型飞机：XL2轻型飞机、美国穆尼M20TN与M20飞机。

（二）航空材料

主要航空材料包括：MT300－3K、MT300－6K碳纤维及MT700－6K、MT700－12K碳纤维航空复合材料，在航空航天、兵器等重要领域和大型客机等民用领域的诸多行业得到批量应用。钛合金紧固件、高温合金紧固件、不锈钢紧固件、高强度螺栓（≥1250MPa）、自锁螺母、自锁螺钉、高锁紧固件、带键螺套、带键螺桩、管接头等高性能紧固件产品得以广泛应用。

（三）民航维修服务

新乡航空工业（集团）有限公司逐渐具备了民机维修的基础条件，目前新航集团已成立专门的部门（航空器材公司）承担民航维修工作，获得了中国民用航空中南地区管理局（简称中南局）颁发的维修许可证及维修项目单，拥有30项航空附件产品的维修资质。

四、产品开发与技术进步

河南永煤碳纤维有限公司研发T300、T700等系列高性能碳纤维产品，达到了国际领先水平。建立了“河南省碳纤维工程技术研究中心”“河南省中国科学院科技成果转移转化中心新材料分中心”，为碳纤维产业化和后续产品的研制提供了科研平台和人才培养保障。河南永煤碳纤维有限公司“干喷湿纺T700/T800高端性能碳纤维关键技术”项目通过了航空航天领域、碳纤维材料领域知名专家论证，公司已立项开发新一代干喷湿纺原丝及碳纤维制备技术，进一步降低碳纤维生产成本，以适应航天、大型客机、汽车等新兴市场以及工业增值领域的需求，提升公司产品市场成本和科技竞争力，预计于2016年底建成投产。

2015年新航集团完成电火花（EDM）表面处理、不锈钢熔焊、铝合金熔焊、铝合金真空钎焊（含高温测量）4项特种工艺NADCAP取证工作，均已经取得证书。河南翱翔航空科技有限公司2015年下半年研发AX－2（“大圣”）航测无人机，该机型是目前国内性能最优的大负荷工业级航测无人机。

五、对外贸易与合作

河南翱翔航空科技有限公司与苏丹SMT公司联合开发无人机系统。2013年开始为苏丹建

立DB系列无人机生产及应用体系，并签订研发供应Z3大型工业级无人机合同，现已交付使用

六、行业管理主要工作

一是河南省政府出台了《服务郑州航空港经济综合实验区发展的意见》，在此基础上，结合实际提出了《关于把河南建设成为我国通用航空事业暨“低空经济”科学发展试验区的方案》。充分利用河南的区位优势和通用航空基础，大力发展航空产业及与航空产业关联的高端装备制造及旅游业、物流业等。

二是营造民用航空的良好发展氛围，展示民用航空的发展活力和创造力。2015年9月，郑州航展成功举办，共展出各类飞机157架，15架特技飞机、45架各类飞行器参与飞行表演和展示飞行，累计表演飞行时间196小时，起降458架次，参展参会企业216家，签约项目25个，签约金额268.3亿元，接待参展观众20万人次。取得了良好的社会效应，极大地促进了河南省民用航空产业、文化产业和现代服务业的发展。

（河南省工业和信息化委员会）

湖北省

一、本地区基本情况

2015 年底，湖北省民用航空工业企事业单位共计 27 家，从业人员总数约为 1.84 万人，同比增长 2.8%。其中形成产能的有 17 家，规模以上航空工业企业 8 家。

航空器及零部件研制生产企业包括：中航工业武汉航空仪表有限责任公司、中航工业航宇救生装备有限公司、中国特种飞行器研究所、湖北易瓦特科技股份有限公司、洛克希德（武汉）无人机科学研究院有限公司、湖北太航星河飞行器制造有限公司、荆州市江汉众力实业有限公司、荆州市锦钿航空配件有限公司、武汉智能鸟无人机有限公司、宜昌和达利复合材料股份公司、襄阳航力机电技术发展有限公司、武汉九通汽车厂、武汉海翼科技有限公司，武汉直升机工业股份有限公司、武汉卓尔航空投资有限公司、中船重工第 701 所、武汉中航通飞特种飞行器有限公司、武汉猎隼科技有限公司、湖北航天飞行器研究所、湖北航宇嘉泰飞机设备有限公司、襄阳宏伟航空器有限公司、联邦航太通用航空制造有限公司。

航空维修企业包括：武汉航达航空科技发展有限公司、凌云科技集团有限责任公司、湖北超卓航空技术有限公司、武汉天河南方航空技术开发有限公司、中国人民解放军第 5713 厂。

二、生产经营情况

2015 年，湖北省民用航空工业企事业单位实现工业总产值 92.4 亿元，同比增长 59.9%；完成工业增加值 29.9 亿元，同比增长 86.9%；实现利润 5.1 亿元，同比增长 240%。

三、主要产品

（一）民用飞机

A2C 系列超轻型水上飞机，“金雕”系列超视距无人飞艇，多旋翼、固定翼、直升机等系列无人机，包括：易瓦特 EWZ－S8 型八旋翼无人机、易瓦特 EWG－I 型固定翼无人机、易瓦特 EWG－II 轻型固定翼无人机、易瓦特 EWZ－S 四旋翼无人机系统、易瓦特 EWZ－IB 直升机系统、EWZ－S8Mini 型八旋翼智能无人机系统，3WDM8－12、3WDM8－10、3WDM4－6 等多旋翼植物保机系列机型、遥感测绘用无人机，“智能鸟”KC1600 小型双发电动固定翼无人机、“智能鸟”KC2000 三角翼无人机、“智能鸟”多轴八旋翼 KCX8 无人机、“智能鸟”KC2800 无人机，ANGEL 8 座双发螺旋桨通航飞机。

（二）航空设备及系统

航空电动机系列、发电机及发电机组系列、以涡轮膨胀机与换热器为核心的环控系统系列、直升机加油及抛放装置、电动遥控无杆飞机牵引车、新型塔台综合管理台、LED 静态助降灯光设备，海工产品直升机保障系统方案设计供货和铝合金直升机起降平台设计供货、高架直升机场及保障设备配置方案，无人机通信指挥车、机载设备、辅助设备、无人机智能存储库房，基于无人机植保飞防作业的农业大数据系统平台、无人机植保作业暨农业数据采集/应用系统。

（三）民用飞机零部件

机载产品，包括迎角传感器、双组合液压表、轮胎压力表、结冰探测器、压力信号器、温度传感器、结冰告警装置、结冰探头、压力传感器、微型气压表、滑油温度传感器、结冰速率解答器、角位移传感器，主要应用于“新舟”60、AG600、运 12F、AC312C/E、AC313、“小鹰”500、“新舟”700 等机型，系列拉杆、制冷冲压风门、应急冲压风门，主要应用于 ARJ21、“新舟”60、C919 等机型。

（四）其他民用航空产品

个体防护救生装备，应急救生装置，弹射

动力装置，降落伞，航空运动产品，腐蚀防护产品（飞机硬膜缓蚀剂、飞机表面清洗剂、清洗车），用新型材料芳纶蜂窝制造的整流罩、机翼前缘、襟翼、方向舵、尾锥、应急出口、天花板、隔板、地板、座椅等，机场助航灯光设备包括监控系统，调光器，精密进近航道指示器，电子顺序闪光系统、其他助航灯具、隔离变压器、标记牌、反光标志棒、霓虹灯塔、风向标和驱鸟设备等系列产品，航空装饰件，精密测绘仪器零件制造，FR系列栓式机场地面加油设备，包括成套的地井、地井阀、软管接头和飞机压力加油接嘴等系列产品。

（五）航空维修及服务

波音、空客（不含发动机）等现役民用飞机及其部件的维修和服务，如“新舟”60、EMB145、波音737NG、A320等型号飞机机体维修，“新舟”60、波音、空客等飞机机载设备维修，波音737NG/CL、波音757、波音777、A320系列、A330等机型提供场内一站式大修服务，航空液压、助力器、PRESENT TITLE舵机、电液伺服阀、涡轮冷却器、散热器、水分离器和各种开关、阀门的维修和零备件生产保障，液压、气动、燃油、飞行操纵、机载应急设备、起落架、机轮/刹车、仪表、发电机、电气和发动机等附件维修，范围涉及波音系列、空客系列、CRJ、ERJ、俄制飞机等多个机型的各类附件，电子电气设备（频闪灯、照明灯及各类灯组件）、厨房设备（烤箱、烧水器、咖啡壶等）、救生附件（各类滑梯、救生船、氧气瓶等）和座舱附件的修理。

四、产品开发与技术进步

（一）产品开发

中航工业航宇救生装备有限公司新研产品KKY420系列座椅首次在长龙航空A320飞机装机。

中国特种飞行器研究所2015年新开发产品“领雁”50轻型运动飞机、低空载人观光气球、LCA－60T重载飞艇，继续开发产品地效飞机、载人飞艇。

凌云科技集团有限责任公司制定了《“新舟”60飞机247F－3螺旋桨桨叶开发工作计划》，形成了“新舟”60燃油喷嘴、波音737NG碳刹车以及部分奥凯定向送修10项产品维修能力，完成民航部件新产品试修项目36项155件。

武汉航达航空科技发展有限公司研制、开发的系列拉杆、制冷冲压风门、应急冲压风门等部件已为国家民用大飞机配套，目前已正式立项为C929进行电环控系统大功率发电机（250千瓦）等项目的预研工作。航达开发的通航附件的大修能力已取得MT－propeller授权。

洛克希德（武汉）无人机科学研究院有限公司设计的基于“互联网＋农业植保大数据”的创新型商业模式已在湖北省内多个地区成功运行。

武汉天河南方航空技术开发有限公司自主研发了多种国内先进的自动检测设备，包括灯组件试验台、广播放大器试验台、语音记录仪试验台、UFDR试验台、充电机试验台、无线电综合试验台、语音控制面板试验台、放音机综合试验台、油量指示器试验台、CDU试验台、总线控制面板试验台、窗温控制器试验台等。

武汉“智能鸟”无人机有限公司最新研发了测绘用无人机KC3200，其性能更优越，飞行姿态更平稳，目前新产品正在进行相关的测试。

武汉海翼科技有限公司新开发了海巡船直升机舰面系统，3000吨渔政船直升机舰面系统，1500吨海监船直升机舰面系统，12000千瓦、2000千瓦巡航救助船直升机舰面系统，上海振华阿布扎比铝合金直升机起降平台，青岛海西重机阿布扎比铝合金直升机起降平台及其保障设备。

（二）民用航空科研项目情况

中航工业武汉航空仪表有限责任公司进行了民用飞机机电脉冲除冰系统技术的研究，完成了“民用飞机结冰速率探测装置（PMA）”的适航取证。

中航工业航宇救生装备有限公司从2015年开始筹划热气球RQ7－3A＼RQ8－1＼RQ9－1三个型号的“TC”标准适航证的申请，目前正与中南局适航审定中心开展工作。2015年，公司申报了热气球、滑翔伞结构强度要求及测试方法两项国家标准，获得全国航空器标准化技术委员会批准。

中国特种飞行器研究所承担了 AG600 水上迫降、腐蚀防护、结构强度等多项试验任务。

（三）技术进步

中航工业航宇救生装备有限公司取得了 FAA 适航证，获得九元航空 50 架波音 737 飞机座椅市场订单，为波音在线装机提供了平台。

中国特种飞行器研究所 2015 年共申请 47 项发明或实用新型技术专利，其中“一种轻型飞机风挡除雾系统”“一种水陆两栖飞机起落架收放机构位置警告装置”“水上起降飞机水密舱排水阀”等 17 项专利得到受理或授权。

凌云科技集团有限责任公司于 2015 年 1 月获得湖北省人力资源和社会保障厅授予的省级高技能人才航空器结构及复合材料修理工作站授牌。

湖北易瓦特科技股份有限公司在无人机领域申请发明 21 项，授权 1 项；申请实用新型 99 项，授权 81 项；申请外观设计 23 项，授权 19 项。2015 年 12 月，由无人机系统标准化协会提出、易瓦特参与起草的《民用无人机系统分类和分级》UASA/T 0002－2015 标准由无人机系统标准化协会正式发布。

洛克希德（武汉）无人机科学研究院有限公司与农业部南京农业机械化研究所、中国农业大学、华中农业大学、中国油料作物研究所等科研机构达成紧密合作关系，在无人机植保领域设立专项课题进行研究。2015 年，全年科技创新项目 5 项，专利申请总量达 12 项，其中发明专利 4 项，实用新型 7 项，外观专利 3 项。取得国内首创的无人机植保作业暨农业数据采集/应用系统，自主研发了智能飞控系统、智能施药系统、RTK 系统。

武汉“智能鸟”无人机有限公司 2015 年共申报了 10 项发明专利、23 项实用新型专利和 2 项外观专利，目前取得了包括“一种无人机可折叠机翼”“一种具有减震系统的无人机”“一种陆空两用的行车记录仪”在内的 13 项实用新型专利证书及 2 项外观专利。

荆州市江汉众力实业有限公司获得 ISO 9001 国际质量体系认证和 AS 9100C 国际航空质量体系认证。2015 年公司通过了赛斯纳飞机制造公司的 20 多项特殊工艺认证，并获得了新型氩弧焊喷嘴、新型液压铆接系统等 8 项国家专利。

宜昌和达利复合材料股份公司获得了“一种大尺寸蜂窝拉伸连接件”和“一种真空定位蒙皮粘接设备”两项实用新型专利证书。

襄阳航力机电技术发展有限公司完成了 22 个新产品研发项目，2015 年项目经费内部支出共 1152 万元，参与机构人员共 225 人。申请发明专利 11 项，包括“一种逆变输出发电机组”在内的发明专利 12 项获得授权。

五、对外贸易与合作

（一）对外贸易情况

中航工业航宇救生装备有限公司 2015 年出口交付额为 1527 万美元，比 2014 年增长 63%。

荆州市江汉众力实业有限公司参与了世界最大的通用航空飞机制造商——美国赛斯纳飞机制造公司的项目竞标，并于 2013 年 2 月与之签订了长期合作协议，2015 年 1 月客舱座椅、司乘座椅、发动机支架已进入正式量产，这些部件应用于赛斯纳 172、182、206、TTx 等单引擎活塞飞机以及 208 系列多用途单引擎涡桨飞机。

武汉九通汽车厂生产的高性能机场设备不仅在全国 100 多家民航机场广泛使用，同时也出口国外，2015 年出口朝鲜的机场灯具得到机场一致好评。

（二）对外合作情况

中航工业航宇救生装备有限公司将波音原型机项目顺利交付波音，并在波音 737 展厅展出，波音原型机项目稳步推进；公司通过了空客 TDCA 评估，经过多轮磋商，空客原型机项目顺利启动，并完成 ITCM 阶段工作；ELAN 合资公司启动运营，为公司国际化市场奠定了坚实基础。

凌云科技集团有限责任公司与以色列 IAI 集团达成立成合资公司协议，于宜昌建立民航维修基地。

湖北易瓦特科技有限公司在意大利设立欧洲研发中心，利用欧美先进的技术、人才、研发平台等资源，研发设计具有国际竞争力的产品，增强企业核心竞争力。

武汉航达航空科技发展有限公司积极与UTCS、霍尼韦尔、美捷特（Meggitt）、赛峰、利勃海尔（Liebherr）、优尼森（Unison）、派克（Parker）、伊顿（Eaton）、波音等公司分别建立了备件供应与技术支持以及授权维修等全方位的合作关系。

宜昌和达利复合材料股份公司通过了波音"潜在供应商"的严苛评审，获得供应商资格。

六、重大基础设施建设

（一）园区和产业基地建设情况

襄阳航空航天工业园是工业和信息化部批准的"国家新型工业化示范基地"，园区企业总数近80家，规模以上工业企业63家，2015年规模以上企业完成工业总产值132亿元，同比增长10%，固定资产投资达50亿元。2015年7月，园区通过工信部审核，获得了"国家应急救援装备产业示范基地"授牌。园区已形成以航宇嘉泰、航天42所为代表的航空航天产业集群。

（二）企业基础设施建设情况

中航工业航宇救生装备有限公司开展了ERP第二期、设计一体化及MES系统等信息化项目，以达成与波音合作所需要的管理系统升级以及研发生产能力的提高；完成了机加生产线搬迁至产业园的工作，实现了公司园区集中办公，2015年产业园仍在持续建设扩张中。国家滑翔伞认证检测中心在襄阳航空航天产业园和襄阳航空运动城两地同时建设，将建成国内一流，集认证、检测、科研、信息、服务、培训、体验为一体的认证检测中心。

中国特种飞行器研究所2015年继续建设漳河机场改扩建工程项目。该项目总投资4.83亿元，建设内容包括1800米×45米的4D等级陆上跑道、3000米×200米的水上跑道、停机坪、联络道和特色车库等，可以保障AG600飞机试飞、取证工作的顺利开展，同时也可为其他大型飞行器型号的试验试飞工作提供有利条件。目前该项目已完成初步设计工作并进入工程实施阶段。

凌云科技集团有限责任公司2015年建设厂房14009米^2；停机坪16770米^2，拖机道3300米^2，并建成相关配套设施。

荆州市锦钿航空配件有限公司2015年开工建设新厂区以及配套科研楼、员工宿舍等，占地48000米^2，新建厂房15000米^2，厂房建设投资共计6000万元。

武汉航达航空科技发展有限公司于2015年5月中博会期间，与武汉东西湖区政府签约成立航空产业园，占地320余亩，项目总投资30亿元，一期项目投资12亿元。项目建设包括：研发中心、测试中心、生产基地、民航培训学校等，建成后年产值将达到50亿元。

武汉天河南方航空技术开发有限公司在离武汉天河机场6千米的盘龙城建有3200米^{2}新厂房，投资2000万购买目前最先进的美国GE制造的wheel scan5涡流探伤轮扫系统，拥有ingersoll rand气源泵站，TESTEK液压测试系统，以及国内一流企业制造的磁粉荧光渗透探伤成套系统和其他机械附件，电子电气维修设备。具备维修空客、波音系列飞机机轮刹车、液压附件、空调附件、厨房设备、救生设备、座舱设备的能力。

湖北太航星河飞行器制造有限公司按照最新的工业4.0标准设计建造包括智能化机器人生产线、自动化激光切割、新增全自动钻铆机、机身钻铆、机身对接系统、机翼钻铆、油路检测检漏系统和激水平测量系统等配置的工艺设备73台（套）；建设3栋航空级生产厂房、2栋电子厂房、1栋研发楼、1栋办公楼、1栋厂房和交付中心，总建筑面积60012米^2；配套建设给排水、供配电、环保、绿化等设施。

七、行业管理主要工作

（一）加强政策支持

编制完成《湖北省航空产业发展规划（2015—2020年）》和《湖北省人民政府关于加快航空产业发展的意见》，明确了今后一个时期湖北航空产业发展方向，对推进航空产业发展提出务实有效的支持办法和保障措施。编辑印发《湖北省航空产业政策法规指南》，收集整理航空工业、航空运营、机场建设、空域管理等方面的法规政策，汇编成册，向社会发布，引导航空产业规范发展。

（二）推进项目建设

调研跟踪卓尔集团、太航星河等重点企业有关航空项目的进展情况，武汉开发区，襄阳、荆门等重点地区航空产业园的规划建设情况，参与论证评审，协调解决问题。支持推进中船重工第701所发展航空板块。完成“十三五”工业发展航空航天产业重大项目包的编制工作。

（三）推动产融合作。

与湖北高新投资基金、普拓投资基金、中民国际租赁、金鼎盛投资基金等投资机构共商合作，产业投资基金参与湖北航空产业发展的有效形式，研究引进欧美航空零部件企业来鄂建设湖北航空零部件产业园，促进航空产业与金融资本的融合。

（湖北省国防科学技术工业办公室）

湖南省

一、本地区基本情况

湖南已形成了较为完整的民用航空工业科研生产体系。2015年湖南省主要民用航空工业企事业单位包括中航工业湖南资产经营管理有限公司（湖南航空工业局）、中国南方航空工业（集团）有限公司等16家单位。形成了以中国航空动力机械研究所、中国南方航空工业（集团）有限公司、中航飞机起落架有限责任公司、中航工业长沙中传机械有限公司、长沙五七一二飞机工业有限责任公司等为代表的重点企业，引导全省航空装备制造业的发展；航空民企以山河科技股份有限公司为骨干，带动通用飞机制造业的发展。

目前，全省拥有企业技术中心27个（其中国家级9个），国防科技重点（学科）实验室28个（其中国家级9个），博士后工作站8个，国家国防科技工业创新团队5个。拥有中南大学、湖南大学、南华大学、湘潭大学4所部省共建高校，省内的近百所高等院校大部分设有可支撑航空航天产业发展的相关专业，产学研用资源丰富。

湖南省航空装备制造业企业主要集聚在株洲、长沙和岳阳三地有关园区基地内（株洲航空城、长沙航空器起降系统研制基地、长沙航空器综合维修保障基地、岳阳浮空器研制基地、岳阳航空关键零部件研制基地），园区集聚效应初步形成。其中，株洲航空城是我国中小型航空发动机研制基地，中小航空发动机国内市场占有率达90%以上，相继被授予国家高技术产业基地、国家火炬计划中小型航空发动机特色产业基地、国家新型工业化（军民结合）产业示范基地，已初步形成了“中小航空发动机制造+通用飞机整机制造+通用航空运营+配套、衍生产业”的较为完备的航空产业体系。

二、生产经营情况

2015年，湖南省15家航空重点企业实现主营业务收入117.2亿元，工业增加值24.2亿元，实现利润3.9亿元。

三、主要产品

（一）民用飞机

SA60L轻型运动飞机、SUT90固定翼无人机、SUF30航拍无人机、多轴旋翼无人机、ST系列动力三角翼等。其中SA60L轻型运动飞机（阿若拉）是国内第一款具有自主知识产权的复合材料轻型运动飞机，是国内首款获得中国民航适航认证的轻型运动飞机，也是国内首款在欧洲获得适航注册的轻型飞机。

（二）航空发动机

涡轴、涡桨、中小涡扇、活塞发动机。

（三）航空设备及系统

各类飞机前、主起落架及电子防滑刹车系统。

（四）航空零部件

涡桨、涡轴、涡扇以及辅助动力装置零部件；飞机起落架系统，以及波音、空客公司侧撑杆、防扭臂等零部件，H175直升机尾传动系统，AC313型机中尾减速器；承担加拿大普惠公司、美国霍尼韦尔公司、汉胜公司、法国透博梅卡公司等国外知名民用航空产品的零部件转包生产。

（五）航空维修

航空零部件等配套产品及航空发动机、飞机起落架修理等。

四、产品开发及技术进步

湖南省拥有中小型航空发动机、飞机起落架系统、航空减速传动系统三类技术产业规模和核心技术能力。

在部分轻型通用飞机、无人机（固定翼/旋翼/直升机）、部分型号航空发动机和燃气轮机等整机产品上实现了自主研发。山河科技自主研制的全复合材料轻型通用飞机是国内第一个获颁该类型飞机生产许可证的民族品牌，也是国内自主研发的唯一能使用 97 号车用汽油的机型，阿若拉系列在国内外市场均拥有一定的知名度。湖南博联航空自主研制的超低空遥控飞行植保无人机成为我国第一款通过“农机产品定型鉴定”和我国第一款进入农机补贴目录的农业植保无人机，技术领先全国。中国航空动力机械研究所自主研发的某型航空发动机已批量应用并获 2013 年度国家科技进步一等奖。

五、对外贸易与合作

国际合作步伐进一步加快。2015 年湖南省完成产品出口交货值 3.22 亿元，同比增长 20.4%。龙头企业借助优势产能积极与国外优秀制造商发展国际转包业务和技术合作，积极向下游拓展业务范围。中航工业南方工业有限公司（简称中航工业南方）与加拿大普惠（已成立通惠航空发动机维修公司）、法国透博梅卡公司和美国莱康明公司有关公司达成合作意向，进军发动机维修行业；中国航空动力机械研究所正与法国透博梅卡公司合作研制民用直升机发动机；中航飞机起落架有限责任公司（简称中航工业起落架）厂与梅西埃·道蒂公司、古德里奇等公司合作生产结构件，并计划与德方合作建设空客、波音、C919 系列大客机起落架维修项目；中航工业长沙中传机械有限公司（简称中航工业中传）厂为美国 GE、加拿大北星、伊朗航空生产齿轮产品，并与法国透博梅卡公司等达成合作、合资意向；山河科技与美国三角鹰公司合作开发通用飞机发动机，正在美国进行 FAA 认证；湖南航天工业总公司与俄罗斯国防出口公司合作的“近空间飞行器平台系统技术”项目即将进入二期实施。

六、重大基础设施建设

加快株洲航空城产业园、长沙航空器起降系统、长沙航空器综合维修保障、岳阳浮空器、岳阳航空关键零部件等重点产业园区建设，积极落实园区用地规划，加快基础设施建设，大力引进企业、产品和资金。霍尼韦尔中国大飞机机轮轮胎刹车系统研制基地、湖南航天工业总公司高新材料产业园、山河科技通航产业化基地、长沙北斗导航产业园等重大园中园项目的建设进展顺利。株洲通用机场通用机场项目总规划用地 642 亩，总投资 4.5 亿元，其中建设投资 1.53 亿元，拟建 800 米长跑道，以及建筑面积约 2500 米^2 的航站航管楼及附属设施。目前，已完成机场项目可研、勘察与初步设计、环评及立项等工作，启动项目征地拆迁、施工图设计、项目报建等工作。

七、行业管理主要工作

一是加强行业规划管理。认真贯彻落实《民用航空工业中长期发展规划（2013—2020 年）》，2015 年，湖南省将航空航天产业作为对接《中国制造 2025》，建设制造强省的十二大重点领域进行重点扶持。并且出台了《湖南省航空航天装备制造业产业发展五年行动计划（2016—2020）》，进一步明确发展目标、重点和具体措施，将民用航空产业作为军民融合支柱产业做大做强。

二是加大政策扶持力度。2014 年湖南省政府出台了《湖南省通用航空发展规划（2013—2020）》（湘政办发〔2014〕12 号）和《关于支持航空装备产业发展的若干政策措施》（湘政办发〔2014〕27 号），对航空装备产业基地建设、集群发展、科技创新、组织保障等方面提供了强有力的政策支持。明确了未来几年湖南省通用航空发展的总体目标和发展重点，规划了全省各市州的产业布局，提出了具体的政策和资金保障措施。

三是深入推进产业结构调整。一是优化产业发展布局。综合考虑资源能源、环境容量、市场空间等因素，调整和优化各航空产业园的功能和发展条件，合理引导航空航天装备制造企业按产业链集中和生产要素合理流动进行布局规划。二是推动企业技术改造。大力推广新型节能材料与节能技术，加快改造污染大、能耗高的工艺设备，鼓励应用绿色工艺。鼓励企业向智能化、网络化、绿色化、服务化方向进行技术改造和升级。政府通过采取财政贴息、加速折旧措施，建立支持企业技术改造的长效机制。

四是加快产业园建设进程。加快株洲航空城产业园、长沙航空器起降系统、长沙航空器综合维修保障、岳阳浮空器、岳阳航空关键零部件等重点产业园区建设，推动重大航空整机产业化项目落户，鼓励各类社会资金、金融资本参与航空产业发展，促进航空产业集聚发展。

（湖南省国防科技工业局）

广东省

一、本地区基本情况

2015 年，广东省纳入全国民用航空工业统计管理信息系统的民用航空工业企事业单位共 8 家（不含中央在粤企业），企业从业人员总数 8554 人，其中工程技术人员 934 人、研究与试验发展人员 1292 人。这些公司分别是：广州飞机维修工程有限公司（港澳台商合资经营）、广州航新航空科技股份有限公司（股份有限公司）、深圳中集天达空港设备有限公司（外资企业）、深圳市大疆创新科技有限公司（港澳台商独资）、深圳雷柏科技股份有限公司（股份有限公司）、深圳市多尼卡电子技术有限公司（私营有限责任公司）、珠海保税区摩天宇航空发动机维修有限公司（中外合资经营）、汕头市西北航空用品有限公司（其他有限责任公司），从事行业主要是飞机制造及修理和其他航空运输辅助活动行业。

二、生产经营情况

广东省纳入全国民用航空工业统计管理信息系统的民用航空工业企事业单位实现工业销售产值 146.5 亿元，完成工业总产值 133.5 亿元，工业增加值 32.4 亿元。主营业务 85.9 亿元（不含深圳市大疆创新科技有限公司），营业利润 -3.02 亿元（重点民用航空企业保持盈利）。

三、主要产品

（一）民用飞机

多旋翼飞行器、小型多旋翼一体机等产品。

（二）航空电子系统及设备

空港自动化物流处理系统、航空货物处理系统、现代物流仓储系统、自动化立体停车系统、行李处理系统、飞行控制系统、云台系统、自主研发机载数码音频播放器、机载数码视频播放器、机载音视频点播系统、机载客舱无线娱乐系统等系列产品，快速获取舱音记录装置（QACVR），舱内无线局域网娱乐系统（WIFI），LTE ATG 上网解决方案，Ku 卫星地空互联系统。

（三）航空维修、改装及服务

ATE 产品研制，空中防撞计算机、近地警告计算机、应答机、甚高频电台、应急定位发射机、飞行参数记录系统等加改装，通航飞机电子、机械部附件维修。机载设备和检测设备研制，包括多型号、不同系列飞行参数记录系统、飞行管理数据打印机、闭锁铰链控制盒、音频控制面板，以及专用测试设备、综合测试设备、自动测试设备、原位检测设备、通用检测设备及测试程序集、航线和周期性维护及特种检查、结构修理及零件翻修，APU 及发动机热部件、冷部件检修以及单元体更换和检修，适航及服务改装，飞机损伤修理，飞机翻新、喷漆、内部装修，提供特种车辆服务和维修，地面设备修理、制造及零备件加工，飞机维修业务所涵盖的机型包括波音、空客、巴西航空公司目前国内常见机型。附件维修能力覆盖液压、气动、燃油、飞行操纵、机载应急设备、起落架、机轮/刹车、无线电、机载计算机、仪表、娱乐系统、发电机、电气附件等几乎全部附件种类。V2500 - A5 和 CFM56 - 3、CFM56 - 5B、CFM56 - 7B 四个型号发动机的维护、修理和翻修，备用发动机租赁、现场及在翼维修、航线可更换件支持（LRU）和 24 小时航线应急支援（AOG）。

（四）其他民用航空产品

旅客登机桥、旅客登船桥、航空食品车和军用货物装卸运输平台、消防车等。

四、产品开发与技术进步

广州飞机维修工程有限公司。中南局向清

远分公司颁发了盈富厂区维修能力许可。首次完成波音 757 – 200 飞机 WIFI 改装；完成 A380 国内首次 C2 检。2015 年公司全年立项开展的各类科技创新项目 30 余项，新申报专利申请 28 项，获得发明专利授权 6 项。完成 100 多架次 C 检，比去年同期增长 10% 左右，平均准时出厂率达到 88.29%；平均停厂时间较去年同期降低 2%。通过提前工作准备时间，优化工艺进程，大力推行定检前飞机客舱预检工作，减少进厂后客舱项目订货时间，提高客舱项目工作效率。2015 年通过持续关注和监控飞机吻合律、完成率，为 APS 的“施工有序”“工作有标准”服务，实现对整架飞机定检工作的全程跟踪和效率控制。

深圳中集天达空港设备有限公司。截至 2015 年 12 月，累计申请专利 323 项，其中发明专利 222 项；获得专利授权累计 199 项，其中发明专利 108 项。拥有软件著作权 8 项。2015 年研发投入 4239 万元，占销售收入的 3.75%。

广州航新航空科技股份有限公司。近三年，公司大力加强了技术创新投入力度和强度，研发投入均占销售收入 8.5% 以上，2015 年成功在创业板上市。

深圳市多尼卡电子技术有限公司。深圳市飞机客舱电子系统工程技术研究开发中心依托单位，拥有航电电磁兼容测试系统、飞机客舱无线接入控制系统软件、航电部件测试系统和地面配套系统等先进研发试验设施，拥有 69 项自主知识产权。承担了 QACVR（快速获取座舱音频记录器，编号为 CTSO – 2C601）和机载无线局域网娱乐设备 2 项民航行业标准起草工作。已获得 8 件零部件制造人批准证书（PMA），8 件重要改装设计批准证书（MDA），1 件维修许可证（MOC）和联合维修管理证书，以及美国联邦航空局补充型号合格证（FAA STC）、欧洲航空安全局生产组织批准证书（EASA POA）、欧洲航空安全局设计机构认证证书（EASA DOA）、欧洲航空安全局补充型号合格证书（EASA STC）、航空代理证书、ISO 9001：2008 + AS9100C 证书、ISO 9001：2008 + AS9120A 证书。已成功承担中国民用航空局《基于 LTE 技术的地空高速数据链技术规范项目》《航路实时气象数据对空管意义研究项目》《PED 设备机上使用电磁兼容及政策研究项目》三个基金项目。

深圳市大疆创新科技有限公司。2015 年，发布新一代产品大疆精灵 Phantom 3 系列，推出 Ronin – M 三轴手持云台系统，发布全新的 Onboard SDK 及两款硬件产品和一体化手持云台相机 Osmo。推出的大疆 MG – 1 农业植保机是智能农业喷洒防治无人机，包含经纬 Matrice 100 开放式飞行平台与 Guidance 视觉传感导航系统，已研发了一套监测违章停车的无人机解决方案。

五、对外贸易与合作

（一）对外贸易情况

广东省纳入全国民用航空工业统计管理信息系统的民用航空工业企事业单位 2015 年度新接订单中出口确认订单：民用飞机零部件 1202.6 万元，其他民用航空产品及零部件 45243.75 万元，民用飞机修理（不含发动机）18119 万元，民用航空发动机修理 236483 万元，其他民用航空产品及零部件修理 484994 万元。2015 年度储备订单中出口意向订单：其他民用航空产品及零部件 6221 万元，民用航空发动机修理 850000 万元。

（二）对外合作情况

广州飞机维修工程有限公司。国际客户飞机维修架次创新高，业务涉及全球多家航空公司，包括韩亚航空、冰岛航空、菲律宾航空等，维修机型涵盖波音、空客各系列飞机。

深圳中集天达空港设备有限公司。已为全球 80 多个国家的 200 多个机场提供了 4000 多台品质优良的登机桥产品及众多航空货物处理系统设备，登机桥国内市场占有率达 90% 以上，并成为中国第一个出口大型空港设备的厂家，在世界行业排名综合实力第一，全球市场份额近 40%。

珠海保税区摩天宇航空发动机维修有限公司。与 MTU 集团旗下的 6 家企业在资源、能力、技术、管理、营销、服务、人力资源等方面开展广泛的合作，通过与 MTU 各维修基地之间进行全面的技术交流和技术项目转让，珠海摩天宇在零部件清洗、高压水剥离、无损探伤检测、表面处理、焊接、机加工、等离子喷涂、热处理、电镀、涂层剥离和高速磨削等方面具备了行业内最高标准的技术能力，能够为客户提供 MTU 全球标准的维修质量和创新服务。具备 V2500 - A5 和 CFM56 - 3/5B/7B 所有单元体、零配件的拆装和 80% ~85% 的发动机零部件的深度维修能力，维修项目达 4000 多项，能够出具发动机整体及 14413 个发动机部件（件号）的产品合格证明。

广州航新航空科技股份有限公司是拥有包括中国（CAAC）、美国（FAA）、欧洲（EASA）等多项全球主要适航体系认证的维护、维修或大修（MRO）企业，具备波音、空客等 40 多种民机及通航飞机电子、机械附件的维修能力，是英国 BAE 系统公司、美国赛科公司、美国 KIDDE 航宇公司、美国通用航空电子公司等数多家国际知名原始设备制造商（OEM）授权维修中心。

深圳市大疆创新科技有限公司。与哈苏公司建立战略伙伴关系，进行战略投资，成为哈苏公司少数股东并进入哈苏董事会。与美国菲力尔系统公司（FLIR Systems，Inc.）建立合作关系，共同研制无人机行业应用服务的热成像技术，展示了最新的遥控航空器安全管理服务系统的技术和理念，通过为飞行人员与空管、公共安全等部门建立实时有效的联络，构建管理机构和飞行人员的双向互动，确保国家安全、公共安全和飞行安全。

六、重大基础设施建设

广州飞机维修工程有限公司。清远分公司起落架大修基地项目首期投资 2.5 亿元，分盈富厂区和龙湾厂区，其中盈富厂区于 2014 年 12 月奠基，龙湾厂区于 2015 年 5 月奠基，预计将于 2016 年底落成。

珠海保税区摩天宇航空发动机维修有限公司。2015 年购买并安装了第三台立式车床，目前已经投入使用，使得公司能够有效地为客户提供优秀的发动机翻修技术服务。

七、行业管理主要工作

一是科学规划布局。广州市出台了《广州市人民政府办公厅关于进一步加快民航业发展的实施意见》（穗府办〔2015〕45 号）、《广州市通用航空发展规划（2016—2030 年）》等文件，依托广州空港经济区、广州开发区、南沙、增城开发区，大力发展以航空枢纽和航空运输为依托的高新技术产业和现代服务业，重点发展电子信息、飞机维修与制造、飞机租赁等业态，引导产业集群发展。做大做强广州飞机维修工程有限公司和新科宇航公司等龙头企业，引进 1 ~2 家航空维修企业，引导上下游企业集聚，形成全系列产品维修能力，打造国家级航空器和零部件维修产业基地，以及全球最大的航空维修基地。引进关键零部件制造商，推进高端航空复合材料制造技术的研究，提升航空制造、维修、改装产业的核心竞争力。加快推进飞机维修基地建设，引入国际一流商务机维修服务商，形成从运输飞机到商务飞机的全系列产品维修能力，将白云机场打造为全国三大航空维修制造产业集群之一。深圳市按照《深圳市航空航天产业发展规划（2013—2020 年）》和《深圳市未来产业发展政策》，自 2014 年开始至 2020 年，连续七年，市财政每年安排专项资金，支持航空航天产业的发展。珠海市《珠海机场核心区规划修编》《航空产业园白龙河尾滨水区城市设计》和《航空产业园白龙河尾滨水区控制性详细规划》已完成阶段性成果。

二是推动航空园区基础设施建设。已编制完成莲塘湾区域建设用海规划。产业园管委会向航空城集团公司下达了航空产业园总装维修区首期 0.36 千米^{2}项目用海申报任务，航空城集团公司已经成立用海申报工作领导小组，组织进行首期项目用海申报工作。按照《珠海航空产业园基础设施开发建设框架协议》，该集团将融资 70 亿元，确保航空产业园 3 ~5 年的项目资金投入。航空产业园机场核心片区和高端产业聚集区需清理土地面积约 1080 万米^2，目前已征收 323.6 万米^2。截至目前园区在建 3 个项目累计完成产值 47738.02 万元，正在进行项目前期工作的 13 项，项目动工后将累计撬动园区基础设施投资 27.73 亿元，平整土地 3.64 千米^2，修建城市道路 26 千米，修建雨水渠 1.5 千米。

三是积极推进项目落户。2015 年完成了园区内 6 宗工业用地挂牌出让的项目落户工作。

已经挂牌出让的项目有珠海市三鑫幕墙工程有限公司、珠海卓普航空科技有限公司、珠海航特装备制造有限公司、珠海羽人飞行器有限公司4宗，正在办理挂牌出让手续的有珠海航天科工实业发展有限公司、珠海航太科技有限公司2宗。协助完成2个市重点项目华彬集团飞机制造项目和航空大世界主题公园用地选址相关工作。完成交通运输部南海第一救助飞行队珠海救助飞行基地临时用地方案划定及落户事项配合工作。

（广东省经济和信息化委员会）

广西壮族自治区

一、本地区基本情况

广西民用航空工业基础薄弱，相关企业较少。截至 2015 年，广西民用航空工业生产企业主要有桂林航龙科讯电子技术有限公司一家。此外，广西南南铝加工有限公司已具备航空用宽幅铝合金板材等航空类产品的生产能力。

二、生产经营情况

2015 年，广西民用航空工业实现产值 500 万元，销售收入 150 万元。企业主要开展无人飞行器产品及技术的研发，并积极开展市场化推广工作。

三、主要产品

（一）无人机

“龙雁” LY－3200 油电混合动力固定翼垂直起降无人机、“龙雁” 高精度航拍无人机系统、“龙蜂” 小型无人机系统等。

（二）航空配套产品

航空用宽幅铝合金板材、高强高韧耐腐蚀航空铝合金大规格厚板、航空用高性能铝合金铸锭等。

四、产品开发与技术进步

桂林航龙科讯电子技术有限公司致力于无人飞行器的研发、生产和销售。公司积极开展产学研合作，先后与北京航空航天大学、桂林电子科技大学、广西师范大学、桂林理工大学、桂林航天工业学院等单位联合攻关。公司牵头承担广西重大科技攻关工程项目“小型无人飞行器智能操作及异地远程无线传输控制系统”课题、桂林市科技局“微型无人飞行器及图像快速处理系统研究开发”和广西教育厅“无人机组合导航系统故障检测、隔离与系统重构技术研究”等科技项目。“一种无人机滑轮滑橇转换机构”获得国家发明专利，解决了无人机对起、降场地要求很高的难题。“一种小型汽油发动机低温点火保障装置” 和 “一种小型无人机弹射器”两件专利获得授权，保障了小型活塞发动机零摄氏度以下严寒气温不能正常工作导致熄火及小型无人机便捷安全起飞问题。2015 年 8 月，公司“一种油电混合动力固定翼垂直起降无人机”获得国家发明专利。

广西南南铝加工有限公司拥有波音、空客适航认证的美国公司航空铸锭生产系统，引进了德国公司制造的具有波音、空客适航认证生产的热粗轧机和热精轧机，组建了广西航空航天铝合金材料与加工研究院，其技术中心于 2014 年被认定为广西自治区级企业技术中心。目前，由于其产品还在办理有关认证的过程中，尚未为主机厂配套，暂无生产销售。

（广西壮族自治区工业和信息化委员会）

重庆市

一、本地区基本情况

重庆市民用航空工业目前正处于起步阶段，主要包括重庆通用航空产业集团有限公司（下辖全资子公司有重庆通用航空有限公司、美国恩斯特龙直升机公司、重庆通用飞机工业有限公司；控股子公司有飞行学院重庆通用航空培训有限公司、重庆通用航空产业集团机场有限公司、重庆通用航空产业集团航电系统有限公司）、皮拉图斯飞机工业（中国）有限公司、重庆金泰航空工业有限公司、重庆翼动科技有限公司、重庆华科尔无人机技术有限公司、重庆微眼航空科技有限公司、重庆宗申动力机械股份有限公司、阿莫森航空安全器材（重庆）有限公司、重庆钢铁研究所有限公司、西南铝业（集团）有限公司10家企业。主要从事直升机、固定翼飞机、无人机研发制造，以及航空动力、航空安全带、航空钢材、航空铝材等配套产品。

二、生产经营情况

2015年，重庆市民用航空工业企业实现产值约2.1亿元。

三、主要产品

（一）民用飞机

直升机：重庆通用航空产业集团已建成恩斯特龙280FX、480B的总装生产线，现拥有12000米^{2}的飞机总装厂房、3200米^{2}的飞机喷漆厂房，具备了国内外各年产50架的生产能力。

固定翼飞机：皮拉图斯飞机工业（中国）有限公司已实现一期项目主体工程建设完工，累计完成7架皮拉图斯PC－6机身组装。

无人机：包括金泰航空DZ系列无人机，华科尔系列航拍无人机、竞技无人机，翼动科技ET－1型无人机，微眼科技20千克级和100～150千克级民用工业级无人机等。

（二）航电设备。

完成低空保障服务系统的自研原型系统，推动CG111航电系统的开发。

（三）航空配套产品。

宗申动力TD0大排量活塞式航空发动机，西南铝业铝合金厚板、11米超大规格航空用高级铝板、第三代新型铝锂合金，重钢研究所航空用管材、棒材，阿莫森航空安全带等。

（四）航空维修改装及服务。

重庆通航集团拥有CCAR－91部和CCAR－145部合格证，是恩斯特龙直升机授权售后服务及维修单位和美国贝尔直升机公司中国客户服务中心，以及CCAR－61部飞行培训资质和CCAR－135部运营资格等。

四、产品开发与技术进步

重庆通用航空产业集团有限公司成功研发TH180新型直升机，2015年1月实现首飞，3月、9月分别在美国HAI航展和天津直博会上展示。

五、对外贸易与合作

阿莫森航空安全器材（重庆）有限公司是美国阿莫森公司在华独资企业，主要为航空航天领域提供安全器材与稳定设备，以及机舱内纺织品与机舱内用品。

重庆通用航空产业集团有限公司下属全资子公司美国恩斯特龙直升机公司的TH180新型直升机是由重庆通用航空产业集团有限公司中美两地联合研发，在2015年2月已首飞成功，目前该项目处于试飞验证阶段。而TH180 C项目目前处于项目论证阶段的末期。重庆通用航空产业集团有限公司技术中心专门负责开展航空器产品研发取证的相关工作，目前正在开展设计保证体系以及团队建设的工作。同时针对TH180C项目的旋翼系统以及动力系统的适航取证工作，重庆通用航空产业集团有限公司已经与南京航空航天大学直升机技术研究所和重庆大学达成了合作意向，为项目的顺利开展奠定了坚实的基础。

六、重大基础设施建设

民航西南地区管理局印发《关于重庆龙兴通用航空机场场址的审核意见》（民航西南局函〔2016〕7 号），同意重庆龙兴通用机场场址。龙兴通用机场场址位于重庆两江新区龙兴工业园所在的龙盛片区内，距重庆市中心区直线距离 36 千米，与江北机场直线距离约 14 千米，主要承担两江新区通航产业园生产飞机的试飞，以及直升机的驾驶员培训任务。目前已基本建成飞行区及相关配套设施。机场二期土建工程已全部完成，航管综合楼、空管专业设备配备已按使用标准改造完成。

七、行业管理主要工作

一是积极做好产业发展规划。编制并印发了《重庆市高端交通装备产业集群发展规划(2015—2020 年)》，明确了重庆市通用航空产业发展的思路和目标，提出了发展重点和主要任务，以及相应的政策措施。

二是加强项目建设培育壮大产业链。皮拉图斯一期项目、重庆通用航空产业集团有限公司恩斯特龙 480B 直升机复装项目、飞行学院重庆通培公司本地飞行员培训项目、渝翔航空项目、华夏航空项目、华彬航空项目等一批项目进展顺利。

三是不断营造良好发展环境，一方面积极推动两江新区通航产业园建设，龙兴通用航空机场获批，并争取到了三条低空航路、真高 300 米的本场空域等优势条件，龙兴通用航空机场还获得中国航空运动协会第一批航空飞行营地授牌；另一方面积极协调有关部门，加强项目建设用地、资金等协调保障，为产业发展做好服务。

（重庆市经济和信息化委员会）

四川省

一、本地区基本情况

四川是我国四大飞机制造基地之一，拥有众多的科研院所、生产制造企业和试验研究基地，具有较完整的飞机和航空发动机总体设计、总装制造、系统集成和试验验证体系，较强的产业基础条件、承载能力和人才资源，整体实力雄厚，技术优势独特，配套产业链完善，已建设并形成我国重要的飞机整机研制基地，航空发动机预研、试验和生产基地，军民用航空电子研发制造基地，军民用机载设备研发制造基地，民机国际转包生产基地，航空维修和再制造基地。

截至2015年底，全省从事航空及相关领域装备制造的企事业单位共120家，纳入统计口径的单位62家，其中规模以上企业49家，百亿级企业2家，上市企业4家，主要由中国航空工业集团、中国电子科技集团在川企事业单位、地方军工电子企业、部队企业、民口配套单位构成，从业人员近8万人。已建成国家级重点实验室2个、国防科技工业重点学科实验室1个、国防科技工业先进技术研究应用中心2个、国家级企业技术中心4个，拥有我国唯一的发动机高空试验台和亚洲最大、世界第二的风洞群，在飞行器总体设计制造、航空发动机研制和航电系统研制等方面居于国内领先水平。

二、生产经营情况

2015年，四川省航空工业（含央属企业、地方军工电子和民口配套单位）实现工业总产值285亿元，同比增长25.6%，完成工业增加值79.2亿元，同比增长15.3%，出口产值25.8亿元。其中民用航空工业实现主营业务收入155亿元，同比增长26%；新产品产值111.9亿元。

三、主要产品

（一）民用飞机

航空整机方面主要发展植保无人机、警用无人机、多功能无人机、靶机等产品，并积极推动公务机研发制造。航空构件、部件方面主要发展C919大型客机机头、前机身段等结构件、ARJ－21支线飞机机头的研制生产，以及波音、空客等国际民用飞机大部件转包生产，主要产品有大中型飞机机头部件、机身部件、舱门、翼面共4大类、23项、40余个型号，覆盖机型包括单通道系列、双通道系列、公务机系列等。

（二）航空发动机

主要发展航空发动机及关键零部件的研发制造和国际转包生产，主要产品有核心机、验证机及燃烧室、机匣、叶片、传动部件、密封件、环形件等航空发动机零部件，产品涉及美国GE、普惠、罗罗等国际知名企业多个型号的民用航空发动机，承担了中航工业商发CJ－1000民用航空发动机的研制生产任务。此外，还积极拓展航空发动机改燃气轮产品。

（三）航空电子系统及设备

在航电系统方面，主要发展机载娱乐系统、客舱广播内话系统、机载显示系统、综合化航电系统等航电系统及设备；在航空设备方面，主要发展飞行控制系统、液压系统、电源系统等航空设备及系统；在机载系统方面，主要发展机载综合监视系统、机载卫星导航系统、大气数据系统、飞行数据集成系统等机载综合系统；在空管系统方面，主要发展新一代地空监视系统、空管二次雷达、机场防入侵探测系统、空管模拟训练装备、场面监视雷达等空管系统及装备。

（四）航空材料及元器件

主要发展航空钛合金、含铼高温合金、碳

纤维等航空复合材料以及硅 MEMS 传感器及敏感元件、高档振动传感器、航空电源、线缆、连接器、航空照明等基础元器件。

（五）航空维修、改装及服务

主要发展干支线飞机机体、航空发动机整机及压气机部件、涡轮部件、燃烧室部件、全权限数字发动机控制器（FADEC）系统等关键零部件；起落架、复合材料构件、机载部附件、辅助动力装置（APU）等的深度修理能力；发展低空空域监视和运行服务、机场监视和管理、机场信息系统、行李处理系统、机场安全管理系统、空管仿真模拟训练系统及飞机除冰液、飞机清洗剂等产品；发展航空培训、航空租赁、航空信息服务等业务。

四、产品开发与技术进步

（一）新产品开发情况

中国二重万航模锻有限责任公司（简称二重万航）完成了 C919 吊挂部段 15 项产品的试制。其中最具有代表性的产品为 Ti－6Al－4V 钛合金的左壁板和右壁板锻件，该产品为 C919 项目最大的 Ti－6Al－4V 锻件，被用户称为超级锻件。

川大智胜公司完成了国产军民 D 级全动飞行模拟机项目模拟机样机研制，该项产品有望填补我国在全动飞行模拟机方面的空白，打破国外垄断。

绵阳市特飞科技研制的 TFB 靶机和 TFU 无人机获得了 4 项国家专利，6 项专利正在审查阶段；植保系列无人机在四川、河南、新疆等地得到广泛应用。

绵阳市纵横科技的 NP 系统飞控及 AP 系统飞控在全国处于领先地位，CW－20 大鹏复合翼垂直起降无人机在全国无人机行业受到广泛欢迎。

四川豪斯特科技公司研发的低空警用无人机被四川、陕西、贵州等省武警部队广泛用于侦察任务。

四川航泰航空装备有限公司通过大型缓冲器外筒工艺典型化探索等新材料、新技术的运用，在高强度钢加工工艺方面取得突破性进展。在千斤顶调偏机构等方面取得了重大突破，获得 10 项实用型技术专利。

（二）重大技术进步情况

中国燃气涡轮研究院 QJ280 燃压机组研制项目作为“1150”重点项目，已完成燃气轮机整机性能试验工作，燃机性能达到设计指标要求。

六合锻造航空及燃机用新型高温精密叶片材料生产线项目已完成项目科研，与东方电气合作的耐高温、抗高速燃机叶片也取得突破。

五、对外贸易与合作

（一）对外贸易情况

2015 年，四川民用航空工业完成出口交货值 31 亿元。其中，中航成飞民机公司实现出口交货值收入 9.5 亿元，中航成发集团实现出口交货值 13.2 亿元，中航工业凯天电子股份有限公司（简称凯天电子）实现出口交货值 7300 万元，四川长虹电源有限责任公司实现出口交货值 5900 万元。

（二）对外合作情况

成飞民用飞机有限责任公司（简称中航工业成飞民机）公司继续加强与美国波音、欧洲空客、美国沃特、欧洲防务集团、法国达索、以色列航空宇航公司的合作，形成了机头、舱门、活动翼面、壁板四大类优势产品，涵盖波音 737、波音 747、波音 757、波音 787、A320、A330/340、A380、A350 等民机机型。

成都发动机（集团）有限公司（简称中航工业成发）与 PWPS 公司签署长期战略合作协议，为 PWPS 在全球范围内提供最新型燃机 FT4000 的动力涡轮单元体，并以此为基础持续引入新的合作伙伴，仅动力涡轮产品在未来至少为成发集团带来超过 10 亿美元的外贸销售收入。此外，继续加强与 GE、罗罗、HON 等重点客户的紧密合作，与罗罗形成了战略合作伙伴关系、与 HON 形成了核心合作伙伴关系、与 GE 形成了长期合作伙伴关系。

自贡海川实业有限公司与德国 DMG 公司联合建立航空零件加工技术实验室，并积极利用英国利物浦大学航空系材料实验室等技术平台，开展燃机叶片的加工技术研究。

此外，九洲公司与罗克韦尔·柯林斯公司、泰勒斯公司、ACSS 公司，凯天电子与霍尼韦尔公司、Esterline 公司、Crane 公司，泛华航空与英国 Weston 宇航公司、美国派克公司，川大智胜与美国飞安公司，二重万航与德国利勃海尔公司、法国赛峰集团 MBD 公司、美国惠普公司、波音公司、庞巴迪公司等分别开展了技术交流和业务合作。

六、重大基础设施建设

（一）园区（基地）建设情况

四川一批航空产业园区（基地）正加快建设并初具规模，成都航空整机研发制造基地、成都航空发动机维修及再制造基地、成都无人机综合集成基地、绵阳航空发动机试验验证基地、中电科航空电子产业园、航空电子产业园、国产民机示范产业园、川南通用航空产业园等建设工作稳步推进。

成都航空整机研发制造基地。总投资 44 亿元，以中航成飞公司和成飞民机公司为核心，依托先进的军用飞机、国产民机研制生产技术和民机转包生产技术积累，打造国内领先、世界一流的航空整机研发制造基地。中航工业集团已与四川省人民政府签署战略合作协议，共同推进该项目加快实施。

成都无人机综合集成基地及研发平台。总投资 15 亿元，已完成无人机综合集成基地建设规划（纲要）、办理用地手续并开展项目有关的前期工作。目前已开工建设。

中电科民用航空电子产业园。总投资 20 亿元，已累计完成投资 12.33 亿元，已完成产业园二期工程建设。

中国电科特种通用飞机及无人机系统研发生产基地项目。拟建成特种通用飞机及中高空多功能无人机项目，形成年产特种通用飞机和无人机 30 架以上的生产能力。总投资 4 亿元，其中四川省德阳市政府出资 8000 万元。已启动基地建设和一体化载荷、特种/无人机改造方案等项目研发。

商飞四川国产民机示范产业基地。将建成中国商飞客户服务基地、成都航空运营基地，总投资 20 亿元。目前已开工建设。

四川航泰航空装备生产基地项目。该项目总投资约 4.5 亿元，主要已基本建成通用飞机模拟实训中心、航空部附件维护与维修中心（打造中小型飞机和直升机起落架维修线）、地面保障设备制造、机电液一体化试验检测中心、部装舱门铆接生产线等。

解放军 5701 厂直升机传动升力系统（含主减速器、旋翼）修理基地。该项目总投资 3.28 亿元，将与俄罗斯、意大利开展技术合作，与国内研制单位合作开展修理、关键修理技术研究等。目前已完成部分工装设备、基础设施建设，并启动与开展国外企业的合作。

（二）重大项目进展情况

2015 年，四川航空工业在建、拟建重点项目 34 个，其中新开工项目 9 个，续建项目 25 个，涉及 16 家单位，总投资 184.3 亿元。

中航工业成飞喷气公务机项目。项目预计先期研发投资约 30 亿元。目前项目用地已落实，成飞公司已向中航工业集团上报立项报告，待集团批复同意后即开工建设。

解放军 5719 厂航空部件研发制造一期项目。总投资 10.8 亿元。通过扩建航空零部件制造生产线、特种阀门制造生产线，开展航空发动机 FADEC 系统修理设计研发，航空发动机叶片修理设计研发，工装等设备产品的设计研发、制造、销售。项目总投资 10.8 亿元。目前已完成部分厂房建设和设备采购交付。

解放军 5701 厂航空维修培训中心建设项目。总投资 0.8 亿元，主要针对中国民航培训系统在直升机培训领域较薄弱的情况，抢先进入民航直升机培训市场，并适时建立访真实验室、引入模拟机等，同步推动教学、科研、生产一体化建设。目前已开展建筑工程的详细设计；完成部分设备、软件的合同签订。

四川亚美动力技术有限公司中小型航空发动机维修基地项目。项目总投资 3 亿元，建成航空发动机维修生产线 6 条，形成年维修 100 台中小型航空发动机能力。

四川亚美动力技术有限公司直升机救援电动绞车研发制造技术改造项目。总投资 0.8 亿元，建成国内领先的直升机电动绞车生产线，突破技术瓶颈，打破国外垄断，形成每年 30 套电动绞车的生产能力。目前已完成设备合同签订，部分设备已完成采购交付并投入使用。

成都爱乐达航空零部件科研生产及检测项目。总投资 3 亿元，建成后将达到年产民用航空零部件 30000 件（套）、军用航空零部件

25000 件（套）的生产能力。目前已完成项目立项论证，并启动了国外合作项目。

七、行业管理主要工作

四川省委、省政府将航空产业列为五大高端成长型产业之一，将其作为促进四川科技进步和产业升级，抢占高端成长型产业发展先机的重要依靠力量。四川省国防科学技术工业办公室作为四川省推进航空与燃气产业发展领导小组副组长单位和航空产业发展的主管部门，积极发挥四川航空产业军工优势，促进“以军带民”，加强统筹管理，突出规划引领，强化项目支撑，推动科技创新，推动开放合作，加强资金支持，推动了四川省航空产业快速发展。

一是加强规划引领。积极推动落实《四川省航空产业发展规划》和《四川省“十二五”军民结合产业发展规划》，实施一系列航空产业领域的重大工程，在巩固提升军机研发制造体系的基础上，积极培育、发展民用航空整机、航空发动机、航电系统及相关配套产业，努力提升四川航空维修及运营服务能力，优化航空产业结构和产业布局，加快航空基础设施建设。

二是突出项目支撑。积极争取并推进 C919 大型飞机、ARJ－21 支线飞机、CJ－1000 商用发动机等重大项目的落地和实施，加快推动高端公务机项目等重大项目立项，推动成都民机产业园、绵阳航空动力基地、航空电子产业园、特种通用飞机产业化项目等加快实施。

三是推动改革发展。积极推动航空产业领域“军转民”“民参军”，通过建立专业信息发布平台，完善服务协调保障机制、简化准入审批程序。

四是加强要素保障。进一步加强对航空产业领域重大项目的协调保障，将重大航空项目纳入“绿色通道”保障范畴，加强现场跟踪服务和协调督办力度，优先做好土地、能源、交通等要素保障。加强省级财政资金对航空产业的支持力度，2015 年省级军民结合产业发展专项资金、省创新驱动发展专项资金、省科技成果转化专项资金对航空产业领域的支持金额达 1.3 亿元。

五是完善配套条件。协调省发改委、民航局等部门，加强通用航空机场和临时起降点建设，逐步形成功能明确、布局合理、结构完善、设施设备配套齐全的通用航空机场网络。积极与国家航空主管部门以及军方、民航管理局的协调沟通，落实国家低空空域开放有关政策，争取扩大四川低空空域开放试点。

六是强化人才支撑。积极推动建立四川省航空高端人才和实用人才库，着力培养急需、紧缺的航空专业人才，在关键技术领域形成以领军人才为核心的创新团队；对为航空工业领域做出重大贡献的各类人才，按照国家和省有关规定加大表彰奖励力度。

（四川省国防科学技术工业办公室）

贵州省

一、本地区基本情况

贵州省民用航空工业的发展以中航工业在黔企业为重点，航天十院、中电振华集团和民营企业也积极参与相关配套工作。截至2015年底，全省参与民用航空生产及配套的企业有31家。其中，中航工业在黔企业21家，航天十院2家，中电振华集团2家，民营企业6家。省重点建设的航空产业园区（基地）有3个，分别是安顺民用航空产业国家高技术产业基地、中航工业贵阳产业基地、中航工业军民结合高新技术产业园。

二、生产经营情况

2015年，贵州省民用航空工业企业实现产值43亿元，营业收入146亿元。

三、主要产品

（一）民用飞机

产品主要有“鹞鹰”系列民用无人机。

（二）航空发动机

航空发动机主要以中小推力航空发动机的研制和生产为主，重点服务于高级教练机、高端无人机等。同时配套叶片、盘轴、机匣、喷口等航空发动机零部件，承担航空发动机修理工作。

（三）航空设备及系统

主要有燃油泵、柱塞泵、发动机配套的液压泵、燃油调节器、火箭发射器、柱塞马达、飞行员操纵装置、二次电源、环控设备、继电器、开关、接插件、波音737垂尾接头、电动机构、电磁阀、机轮、刹车系统、起落架及航空附件等产品。

（四）其他民用航空产品

主要有航空标准件产品、铸造件和锻造件产品、航空机载设备、航空转包零部件等。

四、产品开发与技术进步

国家确定的863计划重大专项R0110重型燃气轮机研制与调试通过了专家组验收；航空发动机机匣加工国产化成套刀具产品开发及应用获得“高档数控技术及基础制造装备”国家科技重大专项立项支持。

五、对外贸易与合作

目前贵州省民用航空工业企业继续加强对外贸易和合作。尤其是在航空零部件转包生产方面，现在有7户企业多年来从事航空零部件转包生产，在飞机结构件数控加工方面为波音、空客等公司配套，在发动机叶片、环锻件、盘、轴加工等方面向GE、罗罗公司、斯奈克玛公司配套，向古德里奇公司、霍尼韦尔公司等提供滑阀、活塞等产品。

六、重大基础设施建设

（一）安顺民用航空产业国家高技术产业基地建设

该基地重点发展无人机、教练机、轻小型通用飞机等整机，推进航空装备生产、维修和试训一体化，到2020年力争实现总产值500亿元。贵州飞机公司教练机重点技术工程实验室、民用无人机重大技术研发建设、民用无人机产业化（一期）等项目已建成。中航工业风雷公司正在实施整体搬迁进入产业基地项目。

（二）中航工业贵阳产业基地建设

产业基地发展目标是建设航空发动机整机、零部件研制生产及维修产业基地。目前，黎阳航空动力公司发动机项目已完成了精铸子公司机加生产线、燃烧部件分厂涡喷区，试验区机加部分、焊接热处理区、机匣分厂和结构件分厂的搬迁，叶片锻造、工具、通用加工中心等区域全部开工建设；凯阳航空发动机修理项目已投产。

（三）中航工业军民结合高新技术产业园建设

该产业园位于贵阳国家经济技术开发区，目标是打造总产值 1000 亿元的国家级装备制造业基地。贵州红林机械厂军民结合高新技术产业项目和贵州西南工具公司的航空航天加工材料数控刀具生产线技术改造项目正在抓紧建设。

七、行业管理主要工作

（一）构建贵州省军民融合“1 +3”政策体系

在已出台省级《贵州省推动军民融合发展改革实施方案》和贵阳先行先试《关于大力推进贵阳市军民融合深度发展的实施意见》的基础上，结合遵义、安顺两市实际情况，积极推动两市分别出台《关于加快推进遵义市军民融合产业发展实施意见》《关于大力推进安顺市军民融合深度融合改革发展的实施意见》，最终形成一个省级层面改革实施方案和三个地区实施意见，完成了贵州省军民融合发展“1 +3”的政策体系构建。

（二）大力促进军民技术有效转化和军地资源互动共享

一是完成军民融合发展成果展“军转民”及“民参军”参展成果的收集推荐申报工作。2015 年按工信部的要求，组织企业申报参加国家国防科技工业军民融合发展军转民成果展，通过收集审核汇总，将贵州省符合申报条件的 22 个参展成果、推荐 7 个优秀成果，上报国防科工局综合司，申报国家工信部《军用技术转民用推广目录（2015 年度）》。

二是发布了《贵州省军用技术转民用推荐目录（2015 年度）》《贵州省军民结合新产品、新技术、新工艺研发项目目录（2015 年度）》及《贵州省军民两用设备设施资源信息共享名录（2015 年度）》三本目录，重点推出 57 项先进适用军转民技术、53 个具有显著市场前景的研发项目及 250 项军民两用设备设施资源。三本目录的发布，既有利于先进军用技术在民用领域的推广应用，也有利于引导和支持优势民营企业进入军品科研生产领域，对推动军民融合深度发展将起到重要作用。

（三）扩大民用航空产业配套能力

一是联合贵安新区召开贵州省民用航空产业发展研讨会。省有关领导参会，会议特邀中国商飞公司、中航商发公司及省内 25 家航空制造军工和民口配套企业代表共计 80 余人参加会议。会议的召开有利于贵州航空企业积极参与国产大飞机配套，形成民用航空产业群，形成特色优势；参与国际成熟机载系统供应商的合资合作，积极引进战略投资者，提升民用航空产业配套层级；进一步扩大商用航空发动机优质零部件的生产规模，为积极进入民机产业配套市场起到了积极的推动作用。

二是完成《贵州省可为国产大飞机项目配套企业目录》的编制。涵盖了中航工业标准件制造有限责任公司（简称中航标）、贵州天义电器有限责任公司、贵阳航空电机有限公司（简称贵阳电机）、贵州安大航空锻造有限责任公司在内的 25 家军工和民口配套企业，为国产大飞机项目配套的产品涉及航空组件及机载系统、航空标准件、航空铸锻件、电子元器件、机械构件等多个领域。其中，贵州省潜在供应商达 23 家，参与 C919 大飞机、民用航空发动机配套产品研制和生产的企业 12 家，中国商飞公司、中航商发公司认定的合格供应商 8 家。

三是组织召开中国商飞公司市场需求调研会，重点围绕贵州省民用航空产业发展的总体情况和未来的发展思路；“一干九支”十个机场的概况、下一步“一干十三支”的建设规划；民用航空运输业的市场情况、发展模式和未来机场的规划、政策扶持以及大数据产业的发展概况、大数据产业给贵州带来的变革及其主要应用 5 个方面展开了讨论，并实地考察了贵安新区。

四是编制《贵州省通用航空产业发展调研报告》。在前期赴重庆、浙江等地考察的基础上，再赴中航贵州飞机有限责任公司、毕节贵州红都通用航空有限公司、中航标、航天电器、贵阳高新泰丰航空航天科技有限公司、贵阳电机、永红机械、贵阳职业技术学院等 17 家企业及研究院所调研部分商用航空产业重点配套情况，进一步修改、完善调研工作，形成了《贵州省民用航空产业发展调研报告》。

（四）推进贵州省“十三五”军民结合产业化示范项目库建设

面向贵州省军工企业及民参军企业征集“十三五”军民结合产业化示范项目，经过精心筛选，确定了中航贵州飞机有限责任公司的中高端无人机产业化建设、中航工业贵州红林机械有限公司的中航工业红林燃机控制系统附件及民用航空转包生产线建设等20个项目，作为贵州省“十三五”军民结合产业化示范项目。涉及民用航空、通用航空、特色装备、精密仪器、节能环保、民用核能、反恐防暴、民用船舶8个领域，项目总投资39.87亿元，并形成了《贵州省“十三五”军民结合产业化示范项目目录》。

（贵州省经济和信息化委员会）

云南省

一、本地区基本情况

云南省是民用航空大省，现有民航机场 13 个，2015 年云南机场集团年旅客吞吐量达到 5234 万人次。但云南省民用航空工业基础较为薄弱，现仅有昆明电缆集团股份有限公司（简称昆明电缆集团）涉及民用航空工业领域，主要产品为民用航空导线和耐高温导线产品。

二、生产经营情况

2015 年，由昆明电缆集团控股的航安线缆有限公司销售航空导线和耐高温导线产品共 258 千米，实现营业收入 110 万元，同比增长 22%。

三、产品开发与技术进步

2013 年，昆明电缆集团在原高温导线车间的基础上，成立了航安线缆有限公司，该公司生产的“昆电工”牌电线电缆产品在国内外市场享有较高的声誉，我国试验通信卫星、长征系列运载火箭、神州五号飞船等都使用了“昆电工”牌电线电缆。近年来，公司按照“把特缆做特”的思路，加强市场开拓，研发了各类新型民用航空导线产品。

四、重大基础设施建设

预计到 2020 年，云南省内通用机场数量将达到 50 个，其中 I 类通用机场数量 20 个。目前云南省共有东航通用、云南瑞峰通用、云南和谐通用、云南凤翔通用、云南环球通用、云南通用航空、德宏南亚航空、亚联公务机、云南滇峰航空 9 家通用航空公司，其中云南瑞峰通用、德宏南亚航空开展了短途飞行业务。近年来，云南省积极引进国内外民用航空制造企业及通用航空运营企业，大力支持相关工业园区及重点项目建设，推动云南通用航空产业加快发展。

（云南省工业和信息化委员会）

陕西省

一、本地区基本情况

陕西省是我国航空工业重要基地，经过60多年的建设和发展，已形成集飞机设计制造、试验试飞、产品支援、综合服务保障及教学培训为一体的较为完整的航空工业体系，综合实力居全国前列。现有中航工业企业21家（其中上市企业3家）和科研院所5家，从业人员12万余人，省内为航空工业进行专业化配套的机械、电子、化工企事业单位有200多家。

二、生产经营情况

2015年，陕西省航空产业实现经营收入630亿元。

三、主要产品

（一）民用飞机

“新舟”系列飞机。2015年交付“新舟”60系列飞机6架，累计交付突破100架，已在非洲、东南亚、南美洲22个国家和地区的近260条航线上运营，总飞行小时、总飞行起落均突破30万。2015年“新舟”60飞机签订销售合同15架。

（二）航空发动机及燃油控制系统

以航空发动机及其衍生产品零部件转包为主，产品涉及发动机压气机、燃烧室、涡轮、机匣等关键部件，包括盘类、环类、封严类、轴类、机匣类、涡轮叶片和压气机叶片零件及其他结构类零件等，产品零件种类过千种，为全球20多型发动机提供配套。航空发动机控制系统包括液压、燃油、空气控制系统等航空发动机燃油控制附件，以及近40种发动机控制系统附件的研制、生产与修理。

（三）航空设备及系统

机轮和刹车系统及PMA产品、飞机起落架、高升力系统、飞机电源系统、飞控系统、机载计算机、飞行环境监视系统、机载娱乐系统等。

（四）航空新材料

钛材、锆材等；碳纤维、织物、预制体、预浸料及复合材料制品；轻质高强度镁锂合金材料。

（五）其他民用航空产品

飞机训练模拟器和工程模拟器、机场助航设备、通用航空产品、空港培训设备、飞机地面保障设备、登机桥整体调平自动装置、智能旅客登机桥、电动式钢结构机库大门和柔性堆积式机库大门、飞机照明光源、车载式助航灯具光强检测仪、无线电高度表、多普勒雷达、气象雷达、飞机除冰/防冰液和机场道面除冰/防冰液、导光控显面板等。

四、产品开发与技术进步

（一）民用飞机及部件

“新舟”系列民用飞机。“新舟”600飞机、“新舟”600F货机研制成功并取得型号合格证和生产许可证。“新舟”60人工增雨飞机完成了研制任务并实现取证交付，此型飞机的取证交付，丰富了“新舟”系列飞机家族成员，拓展了“新舟”飞机销售领域。

“新舟”700飞机。新一代70座级涡桨支线飞机，定位于承担800千米以内中等运量市场的区域航空运输业务。2015年研制工作总体进展顺利，工艺总方案和客户服务运行支持体系总体方案已完成，已启动部件工装制造和长周期零件制造。

AG600。中航飞机股份有限公司西安飞机分公司承担飞机水密试验件、铁鸟试验件、中机身、中央翼、外翼部件的制造任务，2015年按计划完成产品交付。

C919大型客机。中航工业西安飞机工业（集团）有限责任公司（简称中航工业西飞）

承担中机身、中央翼、外翼翼盒、前缘缝翼、后缘襟翼、副翼 6 个工作包研制任务，同时还承担了翼身组合体试验件研制任务。公司已按中国商飞计划完成翼身组合体试验件和研制批全部工作包制造交付，为 C919 飞机总装下线和实现首飞目标提供了有力支撑，连续两年荣获中国商飞优秀供应商金奖。庆安集团有限公司（简称中航工业庆安）与美国穆格公司以项目合作方式共同提供飞机高升力系统，已按要求完成产品交付。陕西宝成航空仪表有限责任公司（简称中航工业宝成）承担 C919 飞机应急撤离系统、机载客舱娱乐系统。陕西宏远航空锻造有限责任公司承担的锻件研制项目全面完成。中国飞机强度研究所承担飞机全机静力、疲劳、地面共振及零部件适航符合性试验。2015 年承担了翼身组合体试验等任务，已完成翼身组合体一期试验。宝钛集团有限公司承担飞机用钛合金板材、管材等材料研制。西安三角航空科技公司飞机起落架锻件、发动机吊挂接头锻件产品已按要求交付。

ARJ21－700 支线客机。中航工业西飞承担机身、机翼、翼身整流罩等 60% 的机体研制生产任务。2015 年公司引入自动铣切、压铆、制孔单元等设备，提高了工作效率。中国飞机强度研究所承担了全机静力试验、疲劳试验、地面共振试验、结构研发和零部件适航符合性验证试验。中航工业计算机所配套提供中央维护系统机载软件。陕西宝成公司承担机载娱乐系统研制，实现为 ARJ21 飞机国产机载唯一配置并完成交付。陕西航空电气有限公司承担供配电系统综合试验设施研制。陕西宏远航空锻造公司承担 17 项飞机项目锻件研制。国营长空精密机械制造公司承担飞机前缘锋翼齿轮齿条组件研制生产，是国内唯一供应商。宝钛集团、西部超导公司承担飞机钛合金材料研制。

“小鹰”700 通用飞机。通航国际（西安）飞机技术有限公司研制的一款单发 4 座活塞发动机螺旋桨驱动的初级飞行训练飞机。与同类飞机相比，在设计上采用了大量先进技术，以及最新综合航电系统、强劲动力低排放发动机、舒适性座舱、高可靠性机体结构等。该机主要用户为民航飞行学院、各类飞行学校、航空俱乐部、通用航空公司和飞行爱好者。2015 年首批样机试验设备已进场，预计 2017 年可实现首飞。

（二）航空发动机

西安航空发动机（集团）有限公司（简称中航工业西航）通过外贸转包生产，建立了包括机械加工、特种工艺、质量要求以及材料标准在内的全面的技术质量标准体系，获得航空发动机制造工艺、产品检验、特种工艺控制等方面的技术标准达 4000 余项，其中近 3000 项被装备生产采用和借鉴。

西安航空动力控制公司与霍尼韦尔公司联合研发民用航空发动机齿轮泵产品，目前已完成产品初步设计及评审、设计概念验证、详细设计及评审阶段的相关工作，正在为设计保证试验（DAT）和产品鉴定试验（CERT）做准备，试验通过后即产品可转入批产。

（三）刹车及机轮装置

西安航空制动科技有限公司完成了民机碳陶刹车盘适航符合性技术、民机机轮刹车系统及轮胎测试技术研究；开展了进口民机高性能机轮、汽缸座、隔热屏等产品研制；承担了“新舟”700 飞机项目机轮与刹车控制系统研制，完成了机轮刹车系统原理件的设计制造。

（四）航空锻件

陕西宏远航空锻造有限责任公司在公司技术系统提出“鼓励创新、宽容失败”的理念，制订了新品试制、工艺改进试制费用管理办法，多项技术攻关取得突破性进展，产品精化和节材降耗取得显著成效。

（五）航空机载设备及系统

陕西航空电气公司与中航飞机公司签订“新舟”700 飞机项目合作意向书，成为“新舟”700 飞机一级配电系统供应商。

中航工业宝成完成了飞行环境监视系统工程样机研制及外场无线通信静态试验、目标跟踪跑车试验、空中多目标监视跟踪试验等。机载娱乐系统已初步形成以音频 PRAM、音视频点播（AVOD）、吊挂式广播系统三大类产品，2015 年完成了 ARJ21 飞机机载 WiFi 娱乐系统产品方案样机研制。

中航工业西安计算技术研究所天脉嵌入式操作系统突破了信息安全与多核支持等方面的多项关键技术，已在多个民用项目开展了应用验证并达成合作意向。

五、对外贸易与合作

2015 年陕西省航空单位共完成出口产值 35.85 亿元。

中航工业西飞航空零部件转包生产完成波音 737、A320、A320 门等 15 个品种共计 1885 架份，完成出口交付额 12.45 亿元。

中航工业西航先后与美国 GE、英国罗罗、法国斯奈克玛、加拿大普惠公司等世界著名航空发动机制造企业建立了长期稳定的战略合作关系，并成为数家国外航空发动机公司的近百种零件的海外唯一供应商，合作方式已发展到 RSP 风险合作。2015 年公司外贸转包生产完成交付额 2.5 亿美元。

中航工业陕飞 2015 年完成飞机零部件转包生产交付 46 万件，完成交付额 260.25 万美元。

中航工业庆安与霍尼韦尔公司签署民用航空发动机系统合作备忘录，与美国特赛公司合作开展“新舟”700 飞机高升力系统研制。2015 年转包生产实现收入 1650 万美元，同比增长 37.1%，年转包生产销售收入首次突破亿元。

西安航空动力控制科技公司与美国霍尼韦尔公司、英国伊顿公司、美国联合技术公司等建立了长期战略合作关系。与中航国际共同出资组建了西安航空动力控制国际有限公司（简称西控国际），专门从事民用航空转包产品生产，该公司已通过 AS9100 质量管理体系认证，热处理、表面处理、无损探伤检测通过了 Nadcap 认证，2015 年实现出口交付金额 1100 万美元。

陕西宏远航空锻造有限公司主要为波音、空客、古德里奇、米歇尔·道蒂等公司配套生产航空锻铸件毛坯。2015 年实现出口交付金额 6700 万元。

陕西航空电气公司成功收购美国汉胜公司持有的厦门汉胜秦岭宇航有限公司 65% 股权，公司将利用现有技术优势，整合厦门中航秦岭宇航有限公司民用航空发电机维修能力，打造国内首选、国际知名的民航维修平台。2015 年公司转包业务已实现由零件向组件转包转变，转包生产收入突破百万目标。

西安飞行自动控制研究所与美国霍尼韦尔公司、派克公司合资成立的西安鸿翔飞控技术有限公司、鹏翔飞控作动系统（西安）有限公司已正式运营。

陕西宝成航空仪表公司航空仪表和转包零件出口美国、德国、捷克，被美国克瑞公司列入优先可增长战略合作供应商，与空中客车、德国控创、罗克韦尔·柯林斯公司等进行了技术合作商务会谈。2015 年实现外贸交付额 131.7 万美元。

西安航空制动科技有限公司与美国 UTAS 公司在机轮刹车系统零部件方面长期开展合作，产品涉及系列固定片、导轨、挡圈、隔热屏、隔热环等。2015 年公司实现外贸收入 660 万元。

六、重大基础设施建设

（一）航空产业基地园区建设

西安阎良国家航空高技术产业基地。目前已累计注册企业 600 余家，已基本完成一期 8.2 千米^{2}的开发建设，二期 25.7 千米^{2}的开发建设已全面展开，初步形成了一个产业特色明显、配套条件完善、集群效应凸显的航空产业聚集区。2015 年实现工业总产值 68 亿元，同比增长 25%；完成固定资产投资 103 亿元，同比增长 17.1%。400MN 大型航空模锻液压机、飞机仿真模拟器、高性能碳纤维、3D 金属打印、高性能镁锂合金材料、精密铁磁材料、西飞铝业航材等一批产业化项目投产运营，为基地航空产业规模增长奠定了基础；航空基地一批民营企业承揽了航空整机及零部件加工业务，航空基地已成为我国航空零部件加工领域重要的承载地。

汉中航空智慧新城。规划面积 27.8 千米^2，到 2030 年总人口达 15 万，入园航空及配套企业 100 余家，总投入 1080 亿元，实现总产值 1000 亿元以上。2014—2020 年计划建设项目 84 个，总投资 346.16 亿元。截至 2015 年底，园区重点基础设施“三路两厂”项目已启动建设；中航工业陕飞公司新厂房、新停机坪已建成投用；航空零组件制造项目一期租用厂房已投产，二期厂房正在建设；孵化器入驻航空零部件加工企业 4 户，1 户已投产、3 户正在安装设备；

新规划的高新技术产业孵化园已完成选址及可行性报告编制。

渭南蒲城通用航空产业园。园区规划占地20千米^2，主要从事飞机制造、装备、试飞及零部件加工、维修，同时建设航空培训学校、航空俱乐部等，建成后将成为以生产、研发、教育、休闲娱乐为一体的国际现代化通用航空产业园区。该产业园是中国民用航空局批复建设的通用航空试点园区，引进了精工通航、中联航空、中澳通用飞机、海飞特直升机、西捷飞机、中飞航空俱乐部、凤凰国际飞行学院等70余家通航企业。与世界通航之都美国威奇托市建立了战略合作关系，国际合作能力不断提升，已获国家批准成为“中国国际通用航空大会”的永久会址，成功举办了四届通航大会，参展飞机数、参会企业数、签约金额逐届提升，“西安航展”的品牌效应受业界广泛关注。

西咸新区空港新城。依托陕西航空产业优势，形成航空维修、航材供应、航空零部件制造检测、航空培训等较为齐全的航空产业链，打造国内领先和知名的航空产业维修、生产基地。2014年5月空港新城被中国民用航空局批复为西安国家航空城试验区，是我国首家以发展航空城为定位的国家级临空经济区。东航新机库项目（总投资4.5亿元）已建成使用，将大幅提升西安咸阳国际机场整体飞机维修和保障能力。厚亿航空环保材料生产、康倍航空部附件维修、蓝太飞机碳/碳刹车盘、新泰航空部附件维修等多个临空产业项目运行顺利。

（二）重点项目建设

中航工业西飞建设民用客机项目襟/副翼、外翼翼盒、中机身装配生产线，目前襟/副翼装配生产线设备已开始安装调试；外翼翼盒先进装配生产线完成工装部分最终设计评审（FDR）工作；中机身装配生产线完成最终设计评审和设备部分预验收。

陕西宏远航空锻造公司西安基地建设项目（总投资约20亿元）计划分四期完成，等温锻（一期）建设项目已正式投产，热处理厂房钢结构主体已经完成，其他配套项目建设按计划推进。

陕飞公司航空零组件制造项目（总投资10亿元），新征地150亩，新增建筑面积3万米^2，新增工艺设备约400台（套），瞄准国内外民用飞机零件需求市场，打造国际航空零组件制造集散中心。

西航集团莱特航空制造技术公司盘件及结构件生产能力建设项目，总投资7640万元，新增拉削、喷丸、钎焊、电子束焊、激光熔敷等特种工艺加工设备17台（套），建设盘类零件生产线、燃烧室零件生产线、激光熔敷零件生产线三条生产线，提升公司外贸转包生产的规模与技术能力。

西安庆安航空机械制造公司民用飞机高升力系统生产线能力建设项目，总投资3.5亿元，新征地43亩，新建配套厂房3.8万米^2，购置主要设备41台（套），新增主要机械加工、在线计量检测及信息化综合管理等设备，形成具备批量供应能力的高升力系统产品生产线。

七、行业管理主要工作

一是加强组织领导。重新调整成立了陕西省航空产业发展工作领导小组，进一步加强对全省航空产业发展工作的统一领导、统筹规划和协调。领导小组下设航空工业和航空服务业两个办公室，分工协作，共同推进陕西省航空产业加快发展。

二是编制“十三五”陕西省航空产业发展规划。对陕西省航空企事业单位、民口配套单位及基地园区进行了摸底调查，编制了《陕西省“十三五”航空产业发展规划》，提出了未来五年全省航空产业发展的思路目标、产业重点和政策措施。

三是推动西安阎良航空产业基地建设。西安阎良航空基地编制了“十三五”发展规划纲要，提出了建设具有世界影响力的中国航空城、打造航空军民融合改革高地、航空协同创新资源集聚高地、产城融合发展示范高地，到2020年实现工业总产值200亿元的建设目标。

四是推动汉中航空智慧新城建设。陕西省政府印发了《关于支持汉中航空智慧新城建设的意见》，在资金、土地、基础设施配套、社会事业项目等方面全力支持新城建设；陕西省与中航工业集团公司正式签署《共建汉中航空智慧新城战略合作框架协议》，共同推动汉中航空智慧新城建设。汉中市编制了《汉中航空智慧新城总体规划》和《产业发展规划》，出台了

《关于支持汉中航空智慧新城建设的意见》和《关于加快汉中航空智慧新城发展的决定》，加快推进航空新城建设。

五是加快推进“新舟”700新型支线飞机项目建设。2015年4月，“新舟”700飞机项目公司中航飞机西安民机有限责任公司正式挂牌成立。目前项目研制工作总体进展顺利，市场工作全面启动，已与奥凯航空、幸福航空等11家客户签订了185架订单。

六是推动无人机产业加快发展。西北工业大学无人机产业化基地项目落户西咸新区，该项目由西北工业大学与西咸新区联合投资建设，立足打造我国最大的高端中小型无人机产业基地，全面加速无人机产业陕西总部基地的建设步伐，并拓展无人机产业海外布局。

七是推动陕西航空产业发展集团公司（简称陕航公司）加快发展。支持陕航公司与中航工业及所属单位在产能提升及航空零部件制造方面开展合作；支持陕航公司与西北工业大学开展民用无人机项目合作；支持陕航公司在通用航空领域开展项目合作，积极参与通用航空器研制和通用航空机场网络建设。

八是促进经济技术交流与合作。召开了在陕航空企事业、民口配套和基地园区等20余家单位参加的全省航空产业发展工作座谈会；组织召开了在陕航空、航天、兵器、船舶、电子、民口配套等50余家单位的产品和技术合作洽谈会，促进了行业间的交流合作；成功举办了2015中国国际通用航空大会。大会参展飞行器132架，较上届增长5%；参展企业600家，较上届增长18%，其中国外参展企业90家，占比15%；签约项目89个，签约金额313亿元；大会飞机销售签约项目19个，交易飞机453架，交易金额19.5亿元。

（陕西省国防科技工业办公室）

甘肃省

一、本地区基本情况

2015 年，甘肃省主要有 4 家航空工业企业，分别是中航工业万里机电有限责任公司、中航工业兰州飞行控制有限责任公司、中航天水飞机工业有限责任公司和甘肃神龙航空科技有限公司（简称神龙航空）。其中，前 3 家公司隶属于中国航空工业集团公司，甘肃省仅有 1 家本地民用航空工业企业——神龙航空。纳入中国民用航空工业统计的企业有 1 家。

二、生产经营情况

2015 年，甘肃省实现工业总产值 4637.62 万元（不含中航工业下属企业），比 2014 年增长了 6.4%；实现利润 68.39 万元，比 2014 年增长了 7.6%。

三、主要产品

（一）飞行器系列

SLA - GH26、SLA - GH52、SLA - GH111、SLA - GH170、SLA - GH190、SLA - GH500、SLA - EH26 旋翼式无人机，SLA - EM6 × 0.75、SLA - EM8 × 0.75 多轴飞行器，SLA - 30、SLA - 50、SLA - 60、SLA - 90 航模运动旋翼式无人机，SLA - 521 - I 型软翼飞行器。

（二）航空发动机

SLA52CC 双缸对置活塞发动机

（三）航空配套产品

SLA 两轴云台、SLA 起落架联动两轴云台，SLA 三轴云台、SLA 起落架联动三轴云台，SLA 两轴托板云台，SLA 质子磁力仪抗干扰挂载云台，SLA 防凌破冰炸药自动投放引爆系统，SLA 农药植保施药系统，SLA 生命探测仪挂载云台，SLA 警用高空视频音频传输系统。

（四）航空维修改装及服务

航空维修主要发展工程类 SLA - GH260、SLA - GH520、SLA - GH111、SLA - GH170、SLA - GH500、SLA - 521 - I 型软翼飞行器、SLA - EM6 × 0.75 多轴飞行器、SLA - EM8 × 0.75 多轴飞行器等机型的维修、托管、人员培训、作业承包等服务。

四、产品开发与技术进步

新产品的开发主要围绕旋翼式无人直升机工程化应用开展研发，现已生产开发出 SLA - GH260、SLA - GH520、SLA - GH111、SLA - GH170、SLA - GH500 等多种机型，分别达到了 5 千克、8 千克、10 千克、15 千克、20 千克、30 千克等不同量级任务载荷的油动无人直升机，其中 SLA - GH260、SLA - GH520 还开发出了节能电动力无人直升机。尤其是自主研发的 52CC 双缸对置式活塞汽油发动机，实现了无人直升机发动机的国产化，52CC 风冷双缸对置式汽油发动机经过长期载荷试验运行，现已定型并能实现量产，动力系统具备了长寿命、低油耗、高推重比的要求。

到目前为止，共掌握了 7 种无人机关键技术，分别为：大载荷、长航时无人直升机本体结构设计技术；自动飞行控制导航系统设计技术；无人机数据接收系统设计技术；载荷 5 ~ 10 千克无人机发动机研发技术；新型复合材料应用技术；机载设备应用技术；多组无人机编队飞行控制技术。

五、对外贸易与合作

神龙航空深度结合“一带一路”战略，于 2015 年 5 月 21 日在 2015 甘肃“一带一路”国际产能合作洽谈会上与德国 FRK 轻型飞机制造公司就轻型飞机制造技术的引进达成合作共识，并同期签约。现已引进德国轻型飞机制造技术及 C42 固定翼式轻型载人飞机、K - 10 轻型飞机、Calidus（卡度士）旋翼式轻型载人飞机和 AK1 - 3 轻型直升机，为进一步发展通用航空产业奠定了基础。

六、行业管理主要工作

2013年在甘肃省工业和信息化委员会的支持下，由神龙航空牵头，长风集团科技公司、中航万里航空机电有限责任公司、中航兰州飞行控制有限责任公司、兰州交通大学、甘肃虹光电子有限责任公司、兰州陇星热能集团7家企业和大学倡导发起成立了“甘肃省民用轻型飞机和无人机产业联盟”。

（甘肃省工业和信息化委员会）

第三部分

企业发展概况

中国航空工业集团公司

一、公司基本情况

中国航空工业集团公司（简称中航工业）是由中央管理的国有大型企业，是国家授权投资的机构，2008年11月6日由原中国航空工业第一、第二集团公司重组整合而成。集团公司实行母子公司和事业部管理体制，设有航空装备、飞机、发动机、直升机、机载设备与系统、通用飞机、航空研究、飞行试验、贸易物流、资产管理、工程规划建设、汽车等产业板块，下辖140余家成员单位、近30家上市公司，员工逾50万人。2009年，中航工业首次申报并成功入选美国《财富》杂志世界500强企业，排名第426位，成为首家入选的中国军工企业。2015年，中航工业以622.88亿美元营业收入连续第7年入榜，排名《财富》世界500强企业第159位。

中国航空工业集团公司将“寓军于民、军民融合”作为重要发展原则，以新理念、新思路、新举措大力发展军民用运输机产业，研制生产“新舟”60、“新舟”600、“新舟”700系列涡桨支线飞机，运8飞机、运12飞机等运输类飞机，AC系列民用直升机等多种机型，是ARJ21新支线飞机的主要研制者和供应商，是大飞机重大专项的主力军；是空客A380、A350，波音787和庞巴迪C系列等国际重大航空项目重要合作伙伴，航空国际转包业务和风险合作实现快速增长；同时，中航工业还大力发展飞机租赁、通用航空、航空运输等服务业务。中航工业目前正在深入推进“新舟”700涡桨支线飞机、AC352先进多用途直升机、大型水陆两栖飞机、先进多用途通用飞机、大型客机发动机验证机等多个型号研制；积极实施型号牵引与技术推动相结合的民用飞机科研项目，完善民用飞机技术体系、突破瓶颈技术和关键技术、注重成果转化和加快技术成熟，为型号研制提供技术支撑；大力开拓民用飞机维修、运营、客户支援与服务等业务领域，致力于打造民用航空产业链，实现跨越式发展。

二、生产经营情况

2015年，中航工业实现营业总收入3827.7亿元，同比下降0.7%；实现利润总额173.8亿元，同比增长23%。在民用航空产业方面，民用航空产品销售收入为151.7亿元，同比下降4%。交付各类民机72架，交付国际用户5架。全年转包生产实现收入13.7亿美元，同比略有下降。

三、主要产品

2015年中航工业在产在销的主要民机产品有：“新舟”60、“新舟”600涡桨支线飞机；AC311、AC312、AC313民用直升机，正在开展AC352直升机的市场推广活动；运12系列、“小鹰”500、运5B通用飞机，A2C超轻型水上飞机等。

2015年各型飞机交付和订单情况如下：“新舟”60/600飞机新增订单15架，实现“新舟”60飞机交付6架，累计交付98架。目前“新舟”60系列飞机在18个国家和地区的33家用户近260条航线上运营，累积飞行小时和起落架次均超过30万。2015年“新舟”700获得11家国内外用户185架启动订单，运12新增订单35架，其中与俄罗斯签订15架，运12E订单是继2014年运12成功打入美国市场后，国产民机海外出口实现的又一次突破。2015年中航工业通飞交付Y5B飞机8架，“小鹰”500飞机18架，A2C超轻型飞机7架。中航工业收购的西锐公司2015年实现交付300架飞机。AC系列民用直升机全年交付10架。

四、新产品开发

（一）民机型号研制项目

2015 年，中航工业共承担 9 项民机型号研制项目，取得的主要成绩如下。

二机取证：“新舟”60 人工增雨机取得补充型号合格证。运 12F 取得中国民航型号合格证（TC）。

此外，中航工业作为 C919 和 ARJ21 机体结构件的主承制单位开展了大量的工作。2015 年中航工业组织各参研单位在 C919 项目上攻克种种难关，按计划交付两架份机头、机身、机翼、尾段等飞机大部件，在航电、机电等机载系统项目上与世界著名企业合作开展产品交付和试验等，配合中国商飞取得首架机 2015 年 11 月 2 日顺利总装下线的阶段性成果。在 ARJ21 项目上，各参研单位积极开展各大部段预投产交付，开展了新增研发、证后补充、优化设计验证试飞、全机疲劳试验、飞机海外销售等取得新进展，并保障首架运营机于 2015 年 11 月 29 日正式交付成都航空。

（二）各重点型号研制进展

新型涡桨支线飞机项目（“新舟”700）。“新舟”700 项目型号合格证（TC）申请获得局方受理，并召开首次 TCB 会议，按计划顺利参加了巴黎航展、莫斯科航展和北京航展。发布了 2.1 轮总体技术方案，确定了飞机级需求；与系统供应商确定了系统级需求，完成了计划内联合定义工作；发布了用于部件工装设计和制造的结构数模；编制了工艺总方案、全部零件类制造工艺规范，完成了翼身组合体等大型试验件制造，设计－制造并行工作深入开展。

AG600 项目。2015 年，AG600 研制工作取得了较大的阶段性进展，实现 001 架机机身结构对接下架，结构大部件完成交付，正在进行总装；002 架机完成部分机体结构大部件交付，开展机身结构对接；首飞前试验工作持续推进。

AC352 先进中型多用途直升机项目。PT02 架机完成了燃油系统、操纵系统、中/尾减速器、主起落架的安装工作；完成全机大部分电缆的敷设工作；完成着陆系统和燃油系统的设计更改；进行尾传动系统校准，已安装电缆的导通以及搭铁测量。2015 年 10 月 16 日 PT1R 原型机在法国马里安首飞成功，目前正在开展试飞工作。

运 12F 多用途通用飞机项目。2015 年运 12F 取得中国民航型号合格证（TC），12 月 16 日通过了中国民航 AEG 审查，已具备向客户交付的条件。

“海鸥”300 轻型水陆两栖飞机项目。“海鸥”300 轻型水陆两栖飞机正在进行申请人的科研试验试飞工作，完成了外方试飞员飞行品质评估工作，准备进入尾旋等高风险试飞科目。

农 5B 农林飞机项目。新一代农用飞机农 5B 飞机完成了中国民用航空局取证要求的全部科研试验试飞，在审定试飞前的 TCB 会议后，将进行中国民用航空局组织的验证试飞。

五、航空零部件转包生产

2015 年，中航工业航空零部件转包生产业务继续保持快速发展。全年转包生产实现交付额 13.7 亿美元。

六、国际经济技术合作

2015 年中航工业民机国际转包生产稳步推进，现有转包项目总体进展良好，产品交付质量、进度等能够满足客户要求。

国际转包生产亮点纷呈，在产品研制交付方面，中航飞机按计划实现 A320 电源箱、波音 777 复材壁板、波音 737MAX 垂尾和起落架零件项目首件研制交付并进入批产阶段，波音 737 内襟翼实现首架研制交付，中航工业哈飞实现 HTF7500E 短舱风扇罩首架研制交付，中航工业沈飞国际按计划转回 C 系列项目舱门工作包并实现首架交付；在新项目开发方面，中航飞机新签波音 787－10 方向舵合同及起落架装置零组件工作包合同；中航飞机西安飞机分公司以“零问题零现象”的优异表现通过了 FAA 审查。

建立中航工业－波音制造创新中心沈阳分部，在工作包研制过程中发挥重要作用；中航工业与空客、天津保税区签署 A330 飞机完成中心框架协议；A320 天津总装线一期进展良好，正在开展二期合同谈判；哈飞空客复材中心项目进展顺利，并与空客签署进一步推动复材中心发展框架协议；与空客签署客舱内饰发展合作备忘录；业载系统合作取得积极进展：航宇嘉泰与波音原型机座椅项目合作进展良好，与项目启动用户九元航空签订50架波音飞机在线装机项目合同，且与空客开始座椅项目合作。

（中国航空工业集团公司）

中国商用飞机有限责任公司

一、公司基本情况

中国商用飞机有限责任公司（简称中国商飞公司）是经国务院批准成立，由国务院国有资产监督管理委员会、上海国盛（集团）有限公司、中国航空工业集团公司、中国铝业公司、宝钢集团有限公司、中国中化股份有限公司共同出资组建，由国家控股的有限责任公司，是实施国家大型飞机重大专项中大型客机项目的主体，也是统筹干线飞机和支线飞机发展、实现我国民用飞机产业化的主要载体。

中国商飞公司 2008 年 5 月 11 日在上海成立，注册资本 242 亿元，总部设在上海。按照现代企业制度组建和运营，实行“主制造商－供应商”发展模式，实施市场化、集成化、产业化、国际化的建设方略，全力打造更加安全、经济、舒适、环保的国产民用大型客机。公司的使命是“让中国的大飞机翱翔蓝天”，愿景是“为客户提供更加安全、经济、舒适、环保的民用飞机”，目标是“把大型客机项目建设成为新时期改革开放的标志性工程和建设创新型国家的标志性工程，把中国商飞公司建设成为国际一流航空企业”。

中国商飞公司的主营业务是：主要从事民用飞机及相关产品的设计、研制、生产、改装、试飞、销售、运营、维修、服务、技术开发和技术咨询；与民用飞机生产、销售相关的租赁和金融服务；经营本公司或代理所属单位进出口业务；承接飞机零部件的加工生产业务；从事业务范围内的投融资、外贸流通经营、国际合作、对外工程承包和对外技术、劳务合作等业务以及经国家批准或允许的其他业务。

截至 2015 年底，下辖 7 家所属单位，包括上海飞机设计研究院（设计研发中心）、上海飞机制造有限公司（总装制造中心）、上海飞机客户服务有限公司（客户服务中心）、北京民用飞机技术研究中心（北京研究中心）、民用飞机试飞中心（试飞中心）、上海航空工业（集团）有限公司（基础能力中心）和上海《大飞机》杂志社有限公司（新闻中心）。在北京、美国、欧洲设立办事机构，在四川设立地区分公司，在美国设有全资子公司，参股成都航空公司和浦银租赁公司，与伊顿公司合资成立伊飞公司，与拉比纳公司合资成立赛飞公司，员工数量 9600 多人。

二、生产经营情况

2015 年，中国商飞公司在中央亲切关怀下，在国务院大型飞机重大专项领导小组正确领导下，在中央和国家机关有关部委、国务院派驻公司监事会、上海市和股东单位支持帮助下，深入学习贯彻习近平总书记视察公司重要讲话精神和关于 C919 大型客机总装下线重要指示精神，坚持“中国设计、系统集成、全球招标，逐步提升国产化”发展原则，坚持“产业化、市场化、国际化”发展方向，坚持“自主研制、国际合作、国际标准”技术路线，举全国之力，加快建设国际一流航空企业新进程，积极探索实施国家重大科技专项新路子，奋力开创民用航空产业发展新模式。

三、主要产品

（一）C919 大型客机

C919 大型客机是我国按照国际民航规章自行研制、具有自主知识产权的大型喷气式飞机，座级 156～168 座，航程 4075～5555 千米。2008 年 7 月开始研制，已经完成立项论证、可行性论证、预发展阶段工作，转入工程发展阶段。2010 年 12 月，中国民用航空局正式受理了型号合格证申请。2014 年 9 月 19 日，C919 大型客机首架机在新落成的中国商飞总装制造中心开始总装。2015 年 2 月，通过了国家级详细设计评审，转入全面试制阶段。11月2日，实现总装下线，标志着项目研制取得重大进展，在我国民用航空工业发展史上具有重要里程碑意义，为早日首飞奠定了坚实基础。

2015年内，总装移动生产、中央翼、中机身、水平尾翼、全机对接等国际先进生产线全部建成。攻克了一大批关键技术，掌握了一批新技术、新材料、新工艺。试验试飞工作稳步推进，客户服务工程深入展开，适航取证工作同步实施，项目管理保障有力，组织模式创新取得成效。基本建成“以中国商飞为核心，联合中航工业，辐射全国，面向全球”的我国民用飞机产业体系，构建了“以中国商飞为主体，以市场为导向，产学研相结合”的民用飞机技术创新体系，初步掌握了系统工程方法，走出了一条国家重大科技专项创新发展之路。新增订单84架，累计订单514架。

（二）ARJ21新支线飞机

ARJ21新支线飞机是我国首次按照国际民航规章自行研制、具有自主知识产权的中短程新型涡扇支线飞机，座级78～90座，航程2225～3700千米。2002年4月国家批准立项，2008年11月28日在上海成功首飞。首飞以来，先后攻克了一大批重大技术难关，完成全部试验、试飞科目，关闭全部适航条款。2014年12月30日，获得中国民用航空局颁发的型号合格证（TC）。

2015年3月16日至9月15日，在全国15个机场开展了为期半年的航线演示飞行。11月29日，正式交付成都航空公司，标志着我国航线上首次拥有自己的喷气式支线客机，我国走完了喷气式支线客机设计、试制、试验、试飞、取证、生产、交付全过程。历经13年艰辛研制，攻克了一大批关键技术，取得了一批重要科技成果，积累了重大科技项目实施管理经验，培养锻炼了一大批领军人物和骨干人才，构建了技术创新体系，建立了民用飞机产业体系，提升了我国产业配套能级，走出了一条重大科技专项创新发展之路，为C919大型客机研制打下了坚实基础。

四、航空科研

发挥重大专项创新主体作用，发挥上海区位优势、人才优势、科技优势和政策优势，构建“以中国商飞公司为主体，以市场为导向，产学研相结合”的民机技术创新体系。促进企业、科研院所、高等学校协同创新，与国内36所高校开展了900多项合作，建立多专业融合、多团队协同、多技术集成的协同科研平台。通过项目研制带动新技术、新材料、新工艺的群体性突破，逐步形成民用飞机技术体系。召开未来产品研讨会，抓好国家和地方重点预研项目，推进公司科技创新专项，建设海外研发平台，参与工信部、上海市技术基础专业“十三五”规划编制，协同国家质检总局筹建计量测试中心，获得上海市科技进步奖4项。

五、航空零部件转包生产

所属上海飞机制造有限公司按期交付波音777飞机背鳍、波音737MAX飞机水平安定面首架产品，形成完整的新品开发流程。全年交付波音737NG飞机、波音737MAX飞机水平安定面331架；交付波音787飞机着陆灯整流罩127架；发运空客A320飞机货舱门门框276架；与波音公司完成波音787飞机着陆灯整流罩合同谈判，订单从1050架增加至1425架。

六、国际经济技术合作

统筹国内、国际两种资源，完善合作伙伴高层互访交流机制，稳步推进主制造商之间合作，推进与国际知名航空企业合作；深化与国际民航组织等国际机构和外国政府合作；与国外教育培训机构合作进展良好。大型客机项目促成的16家合资企业完成注册并投入运行，部分企业已作为一级供应商提供产品，带动22个省市、200多家企业、近20万人参与大型客机研制和生产，建设“以中国商飞公司为核心，联合中航工业，辐射全国，面向全球”的民机产业体系。

七、重大设施建设

“一个总部、六大中心”能力建设基本完成，总部基地完成一期建设并入驻；设计研发中心完成一批重点实验室建设；总装制造中心浦东基地入驻，制造工程技术大楼、整机喷漆厂房、自动铺带机等投入使用；客服中心开展二期建设；北研中心国际合作中心主体结构封顶，多电航电综合实验室开工；试飞中心东营基地一期竣工，祝桥基地开工；基础能力中心提升技术支持和服务保障能力；四川分公司和民机示范运营基地建设加快推进。加强核心能力建设，强化 IPT 团队适航职能，证后适航管理体系获局方认可；开展质量整顿，抓好质量内审，建立飞行安全管理体系；推进采供管理体系建设，加强国外供应商派驻管理；统筹试验验证能力建设，确定专业能力建设思路；ERP 一期上线。

八、机构调整和体制改革

2015 年，适应多型号并举、多状态并存和产品经营需求，调整总部组织机构。成立系统工程与项目管理研究部，统一项目管理方式方法；成立生产与运营支持部，抓总公司各型号民机生产交付；成立科技管理部，加强科技创新和专业能力建设；成立信息化与管理创新部，加强信息化统筹协调，推进管理创新和管理体系建设。调整采供、质量、适航等职能，发布《公司组织手册（2015 版）》。

（中国商用飞机有限责任公司）

中国航天科工集团公司

一、公司基本情况

中国航天科工集团公司（简称航天科工）是中央直接管理的国有特大型高科技企业。航天科工现由总部，6个研究院，1个科研生产基地，13个公司制、股份制企业构成。境内共有600余户企事业单位，分布在全国30个省市自治区。现有职工14万人，拥有包括8名两院院士、200余名国家级科技英才在内的一大批知名专家和学者，拥有多个国家重点实验室、技术创新中心、成果孵化中心以及专业门类配套齐全的科研生产体系。

航天科工以“科技强军、航天报国”为企业使命，从事着关系国家安全的战略性产业，建立了完整的防空导弹武器系统、飞航导弹武器系统、固体运载火箭及空间技术产品等技术开发与研制生产体系。着眼于“大防务、大安全”发展理念，坚持走中国特色的军民融合发展之路，在信息技术、装备制造等方面开发了一系列军民结合高技术产品。在民用航空领域，凭借专业领域的技术优势，形成了无人机、机载及地面设备、飞机实时监控与故障诊断系统、航空紧固件与复合材料结构件4大类产品系列，拥有在国内领先的技术实力和产业化能力。

二、主要产品

（一）在无人机领域

航天科工极力打造在国内和国际均具有极高市场价值和影响力的无人机母品牌——“海鹰”（HIWING），全面构建“海鹰”品牌无人机综合解决方案，建设体系合理、功能齐全、技术先进、快捷高效的国际一流、国内领先的无人机及航空通用装备产业发展平台，形成无人机与配套系统、运营服务与解决方案相结合的发展模式。开系列化产品HW－110、HW－210和HW－310无人机已成熟应用在国土测绘、海洋巡察、电力巡线、气象探测、应急救援、环保监测、森林防火、警用巡逻等多领域。2015年，多型号无人机在天疆工程、警航工程、兵团农业植保、海警项目、海洋局项目等任务中飞行近300架次，实现了多领域市场的全面应用拓展。

（二）机载设备领域

一是积极参与了国家人影工程建设，是国家有人飞机人工影响天气任务系统的主要设计和重点支撑单位。2015年成功实施了国家东北区域人影工程能力建设项目中大型作业飞机云宏观成像系统、任务管理系统和记录仪的研制，有效实现对云宏观特征、云中降水信息、飞机积冰状况和飞机作业情况的探测和监测。二是基于航天北斗应用技术基础，开发机载北斗导航定位通信设备，具备北斗短报文通信、北斗二代定位和GPS定位功能，兼容北斗和GPS两种卫星导航系统，实现无源定位；设备已通过随机适航验证。三是开发特种飞机任务综合显示控制设备，实现各分系统的数据、视频信息、音频信息综合处理、集中控制及综合显示等功能。

（三）实时监控与故障诊断系统

依托航天高端装备的实时性能监控、故障检测障预测及健康状态管理技术能力，面向大型客机健康管理需求，开发了C919大型客机实时监控与故障诊断系统，实时监控飞行状态及关键性能参数，分析故障数据，为故障处理提供决策依据，从而降低飞机故障率，提高飞机运营效率；系统填补了国内在飞机健康管理领域的空白，使国产大型客机飞机拥有世界先进的飞行安全与维修保障体系。

（四）高性能新材料领域

积极推进航天高性能新材料在航空领域的应用，致力于将高性能结构复合材料和先进隔热保温材料两个领域的航空航天新材料的创新及产业化；作为中国商飞C919国产大飞机九大机体结构供应商之一，重点围绕C919大型客机和

ARJ21 新支线飞机机体结构件研制，已完成以副翼铁鸟试验件、后机身后段首架机和许用值试验件为代表的 4 架份部段研制和上千片试片的交付。

（五）航空高端标准紧固件

进一步打造航空航天高端标准紧固件研制生产为核心主业的专业化公司，围绕高温合金、钛合金高端航空标准紧固件开发加强技术创新体系建设，按 AS9100B—2004 国际航空航天质量管理体系强化内部管理，建设第三方独立运营标准紧固件研究检测中心和国内航空权威的新型涂层检测中心，成为大型客机标准件国产化研制及验证中的行业重要一员。截至 2015 年累计为 C919、ARJ21、“新舟”60、AG600 等机型及多型号航空发动机，以及近百家航空领域相关单位，配套百种标准、千余类规格的国产化高端标准及异型紧固件。

三、航空科研

2015 年，航天科工加快推进重点项目培育步伐，积极投入，组织所属单位围绕无人机、航空机载设备、民机用紧固件开展技术攻关、产品系列化工作，提升在技术开发、设备研制、系统集成、产品生产、适航取证等多方面能力。顺利完成无人机产业联盟“远离大陆海岛礁无人机测绘应用”等近十种项目、课题研究；开展了航空航天环境下电子技术研究，实施成果已在国家“人影”工程云宏观成像系统研制中应用。民机用紧固件为多款民用在研机型提供了 300 多项配套紧固件等工业基础件产品，其中近 50 项标准产品进入了中国商飞的 QPL 目录。

四、国际经济技术合作

全面启动了与庞巴迪的项目合作，与庞巴迪宇航公司完成第一批 97 项国际通用标准和 47 项庞巴迪企业标准紧固件，整个供应商认证项目在积极稳步推进过程中，“十三五”期间全力争取成为其重要合格供应商。

（中国航天科工集团公司）

中国电子科技集团公司

一、公司基本情况

中国电子科技集团公司（简称中国电科）是经国务院批准、在原信息产业部直属研究院所和高科技企业基础上组建而成的国有重要骨干企业，是中央直接管理的十大军工集团之一。主要从事国家重要军民用大型电子信息系统的工程建设，重大装备、通信与电子设备、软件和关键元器件的研制生产。

中国电科所属二级成员单位50余家，上市公司8家，分布在全国20多个省市自治区。现有职工近14万余人，其中，中国工程院院士11名。拥有国家级重点实验室15个，国家工程中心3个，国家级/部级质量检测机构21个，博士后科研工作站27个，流动站1个，拥有一批国内一流的中试线、生产线、装配线和机加工中心，形成了国内电子领域最完整的研究、设计、试制、生产及试验能力体系，有完备的质量保证体系，取得了一批领先或接近国际水平的重大科技成果，在一些关键技术领域始终保持着国内领先、国际先进的地位。在民用航空产业领域，形成空中交通管理系统、通用航空产品、航空电子产品、航空运营服务4大业务体系，并取得了显著成绩，品牌地位逐年提升。

二、主要产品

在民用航空领域，中国电科重点研发了机场场面监视系统、塔台视景系统、机载通信导航设备、塔台综合显示系统、飞行流量管理系统、飞行环境监视系统等。包括一次/二次监视雷达、气象雷达、多点定位系统、机场场面监视雷达、ADS－B等多个系列化产品，以及空管监视系统整体解决方案，实现飞机航路、进近、起降和机场场面的全空域监视，为空管提供精确的目标位置信息。

三、新产品开发

中国电科围绕空中交通管理、通用航空、航空电子、航空运营服务4大业务，全面拓展和提升民用航空产业领域的技术产品水平。在民用航电系统关键技术研究和开发中取得重大突破，多项技术居国际领先水平，并有多项专利获得受理和授权。国内首家获得中国民用航空局颁发的《民用航空空中交通通信导航监视设备使用许可证》《民航空管主用系统使用许可证》，首家通过民航第三方软件测试。

2015年中国电科突破多项技术瓶颈，研制的“高级场面活动引导控制系统Ⅳ级”“塔台电子化管理系统”填补了国内空白，居国际领先水平。“空管移动应急系统工程设备舱、天线塔”合同成功签订，标志着集团公司首次进入民航应急装备领域。民航28套国产主用空管系统中，中国电科承担了21套，市场占有率排名第一。

低空空管方面，中国电科在低空运行领域实现了基于网络扁平化和数据驱动的一体化分布式系统架构，在飞行服务系统中集成并验证基于大容量高效融合技术的北斗RDSS系统、基于3G（WCDMA）的空地宽带通信系统和基于VoIP的语音组网系统，整体技术水平达到国内领先。

在民机航电系统领域，通过实施民机航电系统相关项目，掌握民机航电系统总体设计、设备研发、航电软件开发、系统集成、产品生产、适航取证等关键技术，建立起完善的民机航电系统研发和生产的质量适航管理体系，提升了民机航电系统及设备的设计开发、系统集成、生产制造、适航取证和服务保障等方面的能力。以国家C919大型客机项目为契机，构建航空电子产业平台，开展国际交流与合作，将国际先进的技术、成熟化的产品与国内需求相结合，大力推进国产大型客机航电系统的国产化进程。

此外，中国电科进一步向航空运营服务领域迈进，开展了航空维修业务，并取得航材分销商证书、航空运营人承修商证书、德国TMG发动机授权维修中心认证等多项资质认证。

四、国际经济技术合作

中国电科按照拟定的发展规划，确定了“通过国际合作高起点切入民用航空电子领域”的实施战略。2015 年，中国电科继续大力推进国际合作，与法国、美国等国的著名航电系统供应商开展的技术交流、经济与资本的合作顺利推进，并以参加中法、中欧、中荷峰会等为契机，大幅提升公司的行业影响力和形象。

五、重大设施建设

2013 年中国电科在成都投资建设的航空电子产业园（简称航电产业园）一期工程已投入使用，收效显著。2015 年，航电产业园二期工程建设工作全面推进。航电产业园将与国际一流航电企业、中国电科相关成员单位、国内知名航空航天高校联合打造西部民用航空电子产业基地，支撑西部科技发展。

中国电科在民品产业发展过程中，积极推进内涵式与外延式相结合的经营策略，从体制机制上，探索出一条国有资本、民营资本、地方政府资本互相融合的投资与资本运作的发展模式，联合芜湖航空投资发展有限公司于 2015 年 1 月在四川德阳广汉成立了中国电科（德阳广汉）特种飞机系统工程有限公司，运行情况良好。

（中国电子科技集团公司）

中航工业西安飞机工业（集团）有限责任公司

一、企业基本情况

中航工业西安飞机工业（集团）有限责任公司（简称中航工业西飞）创建于1958年5月8日，是中国航空工业集团公司的成员单位，隶属于中航飞机有限责任公司，是我国大中型军民用飞机研制生产基地。公司拥有20多家控股和参股企业，现有从业人员2.3万余人，公司的经济规模与综合实力居于同行业领先水平。

中航工业西飞坚持“航空为本，多种经营”理念，重点发展军机、民机、转包生产、航空投资业务和非航空业务五大产业，先后自主研制生产了30多种型号的军民用飞机。

二、主要产品

2015年，民机和主要民品市场竞争加剧，销售及新签订单数量有所下降。新舟60飞机全年共交付6架。其中交付国内用户2架；交付国外用户布隆迪、柬埔寨巴戎航空公司共4架飞机。截至2015年底“新舟”系列飞机已累计销售交付102架。年末“新舟”60飞机在手订单59架，其中出口9架。C919项目部件组交付2架份，ARJ21客机部件组交付2架份，AG600项目部件组交付2架份。

2015年，国际合作的产品研发及生产能力持续增强，但由于合作项目减少，出口交付额也有所减少，共交付16个品种1813架份国外航空零部件，出口交付额3.2亿美元，同比下降了8.5%。全年完成A320翼盒交付48架份，同比下降了9%，机翼总装47架份，与去年持平，波音737NG垂尾322架份，同比下降了1.2%。

2015年航空复合材料销售增长势头有所放缓，全年实现销售收入40亿元，比上年减少了7亿元，下降了14.9%。航空复合材料现有产品主要有飞机结构件（机翼－机身整流罩、机翼前缘、翼梢小翼、头部雷达罩等）、发动机结构件（风扇头锥、风扇机匣、整流罩、分流环、外涵道等）、内饰件（顶板、行李架、货舱内衬、地板、内部系统和机舱内饰）三大类，由位于奥地利FACC公司生产。

三、产品开发与技术进步

2015年，科技活动经费支出占全年营业总收入12.3%，比上年提高1.1个百分点。2015年获得57项专利授权，其中发明专利17项，年末拥有有效发明专利97项。本年开展的重大民用航空项目有：“新舟”700研制项目，C919大客项目，AG600项目，500S商务客车研制等。

首架“新舟”60人工增雨机在7月29日完成合格审定试飞，8月14日取得补充型号合格证，12架飞机顺利交付用户；“新舟”60海洋监测机7月15日完成飞机测试改装，12月3日完成研发试飞；“新舟”60遥感机完成了飞机结构和系统设计图样发放；“新舟”600飞机疲劳试验累计完成51000次起落；“新舟”600F（货机）后机身疲劳试验累计完成50672次起落。

ARJ21－700支线客机向上飞公司交付114架机～115架机前机身、中机身、翼盒等17个工作包共计53项部组件，交付紧急订货零件301项。完成了ARJ21－700支线飞机翼梢小翼试验件的制造和检测。

C919大型客机完成10101架机后缘襟翼交付上飞，并配合上飞公司完成10101架机气密试验和总装，保证10101架机机总装顺利下线；完成了10102架机副翼、中机身（含中央翼）、外翼翼盒等交付上飞。

AG600 完成 001 架机中机身、水密试验件、中央翼、外翼及襟翼交付，完成 002 架机铁鸟试验件、中机身交付。

“新舟”700 飞机研制正式启动，翼身组合体试验件完成下架。完成了“新舟”700 项目管理平台建设上线运行，实现了设计制造一体化，使工艺设计、工装设计和产品设计信息可以同步和在线交流；完成内网平台的设计制造一体化集群部署及数据发放验证和外网平台的部署及机体供应商数据接收验证，实现了数据向机体供应商内网平台的摆渡解析；开展了适航专题培训工作；完成了首家海外关键示范运营用户的开发，并签订了 185 架份意向订单。

四、国际经济技术合作

2015 年国际合作项目生产均衡、质量稳定、交付平稳、货款回收及时，新项目研制稳步推进，100% 按照客户订单要求准时交付；2015 年 9 月 25 日波音 737MAX 完成垂尾装配并下架、12 月 2 日按节点交付客户；12 月底按节点完成波音 737MAX 内襟翼项目首架研制。

2015 年，在国际航空市场分析的基础上，加大市场开发力度，在跟紧波音和空客市场需求的同时，重视新客户开发，与 GKN、STELIA、IAI、STRATA、ST AEROSPACE 等世界知名公司建立了联系。提升市场反应敏锐度，面对美国和欧洲国家扩大本土制造业的政策调整压力，进一步梳理和优化报价流程，共完成波音、空客、STELIA、阿莱尼亚 GKN 等客户 45 个新项目报价。A350 地板梁等多个项目进入第二轮，A320 机翼上速率、747 - 8 垂尾、平尾等项目的合作谈判进一步深入。

五、重大基础设施建设

（一）C919 大型客机研制保障条件建设项目

截至 2015 年底，一个动力站已交付，一个喷漆厂房及一个部装厂房（二期）已基本完成施工，正在进行工程收尾工作，110 千伏总站正在技术准备。新增工艺设备 295 台（套），其中接入级网络设备、小型应用服务器、图形工作站、微机、企业应用服务器、照相测量系统、铺带机仿真软件等 278 台（套）已交付；双主轴五坐标数控龙门铣床及机翼壁板自动钻铆系统等 10 台（套）正在安装调试；RTM 注射设备及襟副翼数字化装配系统等 2 台（套）已发货；外翼翼盒数字化装配系统、复合材料数控铣床、中机身数字化装配系统等 3 台（套）正在制造；激光雷达测量仪升级改造 1 台（套）合同已签订；中央翼盒数字化装配系统 1 台（套）正在技术准备。

（二）“新舟”700 研制保障条件建设项目

2015 年安排提前启动项目 30 项。信息化项目已交付 18 项；签订合同 7 项，技术准备 1 项；生产线 4 个项目技术条件初稿编制完成，正在评审。

六、企业改革改制

2015 年，中航工业西飞全面推进了以“业务流程为主线”组织开展的中航工业运营管理体系（AOS）管理体系变革，即有系统的思维、有整体的框架，凡事讲流程、工作有标准、执行用表单、过程全受控、效果可量化的方法。是行业内第一家确立了推进 AOS 的愿景、理念、方法和工作路径的单位。

2015 年 4 月从生产制造模块向全价值链延伸，结合流程管理、制度建设、IT 架构，用系统工程的思想，重构以流程为核心的公司运营管理体系，开始沿着正确的方向前进。

目前，AOS 推进“体系化”初见端倪。初步搭建了公司流程体系框架，设计了 18 个业务模块，112 个业务域，规定了流程梳理总体要求及管理要素，规定了端对端流程逻辑关系及管理要求，规定了具体操作执行要求，逐步形成管理者规范、操作者规范，全面完成公司活动层 2897 条最小业务单元流程梳理，优化表单 3389 个，优化流程 233 条。基本完成理论框架及与现有业务进行对照，共对应各单位 1500 余项业务，确保了整个流程体系的完整性。

（中航工业西安飞机工业（集团）有限责任公司）

中航工业哈尔滨飞机工业集团有限责任公司

一、企业基本情况

中航工业哈尔滨飞机工业集团有限责任公司（简称中航工业哈飞），创建于1952年，是新中国航空工业最早的六大主机厂之一，是我国“一五”时期156个重点建设项目之一，是目前国内唯一一家同时具备直升机和定翼机研制能力的大型现代化航空制造企业，设有国家级技术中心及博士后工作站。公司位于哈尔滨市平房区，占地面积463万米^2。

公司历史上成功研制生产了我国第一架直升机直5、第一架轻型喷气轰炸机轰5、第一代大型水上反潜轰炸机水轰5等机型。改革开放以来，相继研制生产了直9系列直升机、HC120直升机、运12系列轻型多用途飞机，并与巴西航空工业公司合资生产了ERJ145支线客机及莱格赛650公务机。其中，运12飞机是我国第一个获得中国CAAC和美国FAA型号合格证的飞机。公司现主要民品有直9系列直升机和运12系列飞机，在研产品有AC352直升机、运12F通用飞机和AC312C高原型直升机。公司拥有先进的航空复合材料构件制造优势，与空客公司合资成立了哈飞空客复合材料制造中心，供应空客A350及空客A320系列复合材料飞机零部件。公司成立60多年来，已累计交付各类直升机、飞机2500余架。

二、生产经营情况

2015年，中航工业哈飞实现民用航空产品收入13.4亿元，实现民用航空产品产值3.8亿元。

三、主要产品

（一）直9系列直升机

直9系列直升机是哈飞公司主要产品之一，20世纪80年代同法宇航公司签订专利技术引进合同，经过国产化，改进、改型，目前已形成军、民用两大系列。民用系列主要有换发型（H410A）、H425民用型、航空摄影型、海洋监测型、地质勘探型、防火救灾型等。直9系列直升机是我国目前发展最好、交付最多、用户最广，且唯一实现整机出口的直升机。

（二）运12系列飞机

运12飞机是20世纪80年代初中航工业哈飞自行设计制造的具有自主知识产权的轻型多用途飞机，已研制生产出多种型号。目前供应市场的是19座级，最大起飞重量5670千克，为运12Ⅳ型和运12E型。运12系列飞机是中国第一种按照美国适航条例研制的轻型多用途通用飞机，取得了中国、英国、美国、法国、印尼、澳大利亚和新西兰7个国家型号合格证。截至目前外销到20余个国家和地区，是我国出口数量和出口国家最多、适航水平最高、出口潜力最大的民用飞机，也是我国唯一在世界范围内形成运营机群的通用、支线飞机。截至2015年底公司已累计交付运12系列飞机190余架，其中出口近120架。

四、产品开发与技术进步

（一）运12F飞机研制项目

运12F飞机是以运12E飞机为基础，通过换装大功率发动机和对机翼、机身、起落架等改进设计，提高了飞机的飞行速度、增大商载能力和航程，改善乘坐舒适性，降低使用维护成本，在非增压座舱竞争飞机中处于先进水平。运12F飞机以其更优良的性能将扩大销售、拓宽市场、增加出口创汇，成为中、短途支线客运为主的飞机。运12F飞机于2015年12月取得CAAC型号合格证，2016年2月获得美国FAA型号合格证。是目前世界范围内 8 吨级 23 部通勤类飞机中唯一取得 FAA 型号合格证并投入市场的机型。项目投产后预计年产整机 20 架。

（二）AC312C 高原型直升机研制项目

该项目是在 AC312A（H425）基础上研制的一款四吨级高原型双发轻型民用直升机，型号名称暂定为“AC312C”。AC312C 型直升机采用单旋翼带尾桨布局，安装两台阿赫耶 2H 发动机，采用滑橇式起落架，具有寿命可靠性高、航电系统先进、座舱布局合理、构型快速转换、经济可承受等优势竞争力，具有优异的高温高原性能和良好的平原经济性。项目投产后预计年产整机 30 架。

五、国际经济技术合作

中航工业哈飞有着 30 多年的国际合作转包历史，通过风险合作、合资公司、转包生产三种模式成功融入世界航空产业链，成为世界知名的航空零部件供应商，尤其是在复合材料技术方面，领军国内的同时，也在世界范围内享有广泛的声誉。目前，公司与空客、空直、巴航、埃赛、GKN、罗罗等公司有着直接的合作，现有 H175 直升机、EC120 直升机、埃赛 F7X 短舱风扇罩和“银冠”短舱、GKN 发动机短舱等转包项目，以及哈尔滨空客合资制造中心、哈尔滨安博威合资公司等国际合作项目。

（一）H175/AC352 先进中型多用途直升机研制项目

该项目是中航工业哈飞公司和法国欧洲直升机公司采用项目合作的形式联合研制的一种先进中型多用途直升机。双方在设计、试验、制造、试飞、取证和市场营销等方面进行全面合作。该项目的实施使我国的直升机企业向世界先进民用直升机主制造商行列迈进了一大步，使我国的直升机企业按照国际适航标准的要求走完民用直升机研制的全过程，得到一个先进的通用民用直升机平台。该机型外方命名为 H175，公司为其提供机体，在国内命名为 AC352，由中航工业哈飞生产整机。

（二）EC120 直升机

1993 年，公司与法国欧洲直升机公司、新加坡科技宇航公司采取共同投资、共担风险、共享利益的方式，共同研制、联合设计、合作生产了单发五座轻型 EC120 直升机，该机已取得了 30 多个国家的型号合格证，是我国航空领域走国际合作道路的成功典范。通过这个项目的合作，公司的技术水平、管理水平都跨上了新的台阶。

（三）哈尔滨哈飞空客复合材料制造中心项目

空客项目主要是在哈尔滨建立一家复合材料制造中心，为空客 A350XWB 及空客 A320 系列飞机制造复合材料零部件，且参与空客公司现有及将来飞机项目的工业化和批量生产。目前，已经签订了 7 个工作包，包括 300 架份 A320 升降舵、方向舵、平尾梁和 800 架份 A350 升降舵、方向舵、机腹整流罩、勤务舱门。项目达产后，将成为国内首个 A350 大部件供应商。

（中航工业哈尔滨飞机工业集团有限责任公司）

中航工业西安航空发动机（集团）有限公司

一、企业基本情况

中航工业西安航空发动机（集团）有限公司（简称中航工业西航）始建于1958年，是以资产为纽带，母子公司体制的企业集团。1998年，公司经批准进行了现代企业制度改革，成立了国家独资的中航工业西安航空发动机（集团）有限公司。2001年，实行债转股，组建了以原中国航空工业第一集团公司和华融资产管理公司为股东的有限责任公司。

2007年，中航工业西航抓住中国粮油集团公司实施战略业务调整的机遇，借壳吉生化实现了主营业务上市。2008年11月20日，公司控股的“西安航空动力股份有限公司”（简称航空动力，证券代码600893）正式成立，成为国内首家航空动力装置整体上市的公司。2013年1月23日，公司正式启动重大资产重组事项。经过一年多的筹备，于2014年4月16日获得中国证监会上市公司并购重组委员会无条件通过，并于2014年下半年更名为“中航动力股份有限公司”。重组更名后的中航动力股份有限公司成为我国最大的航空发动机及衍生产品生产制造、维修基地。

中航工业西航是国内大中型军民用航空发动机研制生产基地，大型舰船用燃气轮机动力装置生产修理基地，新型环保能源领域研发基地，国内领先、国际一流的高技术加工制造中心。

我国第一台中型轰炸机发动机、第一台大型歼击轰炸机发动机、第一台具有完全自主知识产权的最先进的航空发动机核心机、第一台大功率舰用燃气轮机燃气发生器均在这里诞生。

中航工业西航坚持以航空为本，以装备制造为重点，立足高起点，大力发展外贸航空零部件转包生产，取得突破性进展。连续多年，外贸转包生产创汇额位居中国航空发动机行业前列，是中国外贸出口基地企业。

二、生产经营情况

2015年是公司“提质增效年”，公司始终坚持“调结构，促转型，提质量，增效益”的工作目标，以“深化精细化管理”为手段，以确保军品科研交付、防控化解经营风险、降本增效为重点，建立了基于AOS的生产管控模式，通过持续完善IBSC绩效考核体系，深入开展制度、流程建设，助推公司经济运行质量得到持续改善。经过全体干部员工的共同努力，公司实现营业收入人民币84.9797亿元，实现利润总额人民币4.169亿元，出口交付额2.6294亿美元，为公司各项生产经营任务的顺利完成提供了坚实保障。

三、主要产品

中航工业西航已经拥有了比较稳定的产品族群，在民用航空领域，主要以航空发动机及其衍生产品的零部件转包为主，产品涉及到了发动机压气机、燃烧室、涡轮、机匣等关键部件，包括盘类零件、环类零件、封严类零件、轴类零件、机匣类零件、涡轮叶片和压气机叶片零件以及其他结构类零件等。产品的零件种类超过上千种，为全球20多型发动机提供零件配套。同时，还开展了航空衍生产品的零件转包业务，为LM2500、LM6000等知名燃机提供零件制造业务。2015年公司先后与GE、罗罗、普惠等公司签订长期协议，为公司民用航空业务后续发展打下良好基础。

中航工业西航依托自身在发动机制造行业的优势，从20世纪70年代中期就开展与英国罗罗公司在航空发动机生产领域的合作业务。外贸转包业务经过 30 多年的发展实现了四个转变：由简单件到复杂件、静止件到转动件、一般件到关重件、单个件到组合件，先后为 20 多种发动机提供 1000 多种零件，近百种产品成为客户的唯一供应商。在产业规模、市场拓展、业务管理、技术竞争力等方面已达到相当实力，获得了广泛的客户认可。

四、产品开发与技术进步

中航工业西航外贸转包中多数产品属于航空发动机的关键件和重要件，工艺复杂、加工难度大、技术条件苛刻，是航空发动机制造技术领域的尖端零部件。

通过外贸转包生产，不仅扩大了我国航空发动机零件的出口，提高了创汇能力，而且提升中国制造企业在全球航空工业的地位，提高在世界航空发动机制造领域的知名度。通过与客户建立了长期稳定的业务与生产过程合作关系，促进了公司技术保障体系、质量保证体系、内部管理体系、商务运作等逐步与国际接轨；通过引进和吸收国外的先进加工技术、加工诀窍、检测方法、特种加工手段，大大提升了企业的技术能力，增强了企业核心竞争实力。目前公司已掌握了对盘类零件、环形件、鼓筒轴、涡轮导向器前支撑（FINS）、精密铸造叶片、精密锻造叶片等近千种零件的所有加工工艺，特种工艺继续保持 Nadcap 的 9 大项、33 分项的特种工艺认证，认证范围和数量位居国内同行业领先地位。产品的制造技术既有深度，又有广度，其中部分制造技术已达到或接近国际同行业先进水平。

五、国际经济技术合作

经过 20 多年的发展，中航工业西航外贸航空零部件转包生产取得突破性进展，先后与美国 GE、英国罗罗、法国斯奈克玛、加拿大普惠等世界著名航空发动机制造企业建立了长期稳固的战略合作关系，并成为数家外国发动机制造公司的近百种零件的海外唯一供应商。合作方式已发展到 RSP 风险合作，为公司持续快速发展奠定了基础。

六、企业改革改制

到本世纪初，在国家对国有企业实行“精化分立、主辅分离”的政策引导下，公司重组整合了民品业务，先后组建了多家独资或控股公司，建立现代企业制度；在原有产品的基础上，开拓了航空航天地面设备等业务。

近年来，为了加速公司转型升级，公司对外贸业务的主力板块——国际业务分公司（简称动力国际）的组织机构进行了重新整合，机构调整的总体原则是通过动力国际模拟子公司的独立经营和对公司外贸业务机构的调整，实现资源优化配置，业务流程简捷，以及低成本、高效率的运营，使动力国际更好地实现公司外贸转包业务战略目标。

（中航工业西安航空发动机（集团）有限公司）

中航沈飞民用飞机有限责任公司

一、企业基本情况

中航沈飞民用飞机有限责任公司（简称中航工业沈飞民机）成立于2007年8月28日，截至2015年底由中航飞机股份有限公司、沈阳飞机工业（集团）有限公司、沈阳创业投资管理集团有限公司、中航投资控股有限公司、中航飞机有限责任公司共同出资，注册资本人民币62488万元，母公司为中航飞机股份有限公司。

中航工业沈飞民机经营范围为民用飞机零部件的设计、试验、生产、销售及相关技术转让、技术咨询和进出口贸易；军用飞机结构零部件的设计、实验、生产、服务等。2015年底拥有员工2257人，资产总额人民币30.15亿元。

二、生产经营情况

2015年，中航工业沈飞民机实现销售收入人民币107293万元，同比增加6.32%，实现利润总额人民币2790万元，同比增加8.27%，出口交付额13605万美元，同比增加12.12%。

三、主要产品

与中国商飞、波音、空客、庞巴迪、空客直升机、赛峰等国际知名航空制造企业均建立了稳定的合作关系，主要产品涵盖了A320、波音737、波音777、波音787、Q400、C系列、ARJ21、C919等现役和在研民用飞机的主要机体结构部件，包括机身（含舱门）、尾段、吊挂、机翼前缘、垂尾前缘、电缆、应急舱门、复材壁板等产品。合作范围涉及设计、制造、试验、售后服务等民用飞机研制多个领域，此外公司还与以色列IAI公司合作承揽了包括波音747、波音767等民用飞机的客机改货机结构件业务。

四、产品开发与技术进步

2015年市场开发团队全面梳理项目投标流程，完善投标制度，与客户沟通并建立了良好的合作关系，签订了波音777X翼尖新工作包，并将成为该项目唯一供应商。公司还与南方航空公司沈阳维修基地签署了战略合作框架协议，积极加强相关业务领域合作，形成优势互补的局面。

为了更好地拓展市场，公司与地方政府积极协调，充分利用公司位于机场附近的便利条件，促成地方政府于2015年在机场与公司规划区域之间建成了滑行跑道，为公司今后承揽更多的民用飞机项目奠定了基础。

在信息化技术方面，全面推进ERP系统应用，实现了业务集成管控；MES制造系统平台正式上线，继续打造精益化生产线；持续完善物流条码系统、OA办公系统，逐步提升业务的智能化水平；建立了上网行为审计系统，加强网络监管，保护公司商业秘密信息安全；构建了数据安全管理系统，实现智能备份及调用管理；完善网络信息系统，顺利通过了金航网测评。

不断提高制造技术能力，进一步构筑了工艺管理体系，发挥工艺技术优势，公司数字化、智能化装备技术能力显著提高；开展了复材、大蒙皮等专业制造技术基础研究；全自动钻铆技术成功应用于Q400项目中、后机身壁板组件；滚弯蒙皮机铣下陷技术已全面应用于Q400项目的蒙皮生产；复合材料/钛/铝叠层结构制孔技术已在生产中应用；智能涂胶机器人已完成试验测试；继续研究探索工装自动化先进技术，进行复材工装研制和新型树脂材料的应用，完善工装定检返修数据库，有效支撑大数据。

继续加强研发能力建设。开展MRO资质取证前期调研工作并制定了MRO取证分解计划；

完成了“新舟”700 飞机后机身、后货舱门、疲劳强度、EWIS/EMC 及液压系统安装技术协议的 JDP 及相关试验设计工作，累计约 10.76 万工时；继续深化与科研院所的技术预研合作，顺利完成复合材料机翼、远程宽体客机关键技术攻关、远程宽体客机预研等项目的联合设计任务；通过《A330－300 客改货口框界面设计研究》课题开展民用飞机客改货技术研究，为公司拓展维修改装业务储备技术资源；成功竞标了 C919 飞机技术出版物编制技术支持服务项目，拓展了智力服务专业技术领域。

2015 年公司共申报 20 项专利，其中 6 项（含 1 项发明专利）获得了专利授权，另外还发表了 20 篇科技论文，向中国航空工业集团公司申报了科技成果，其中一项《五轴数控钻铆托架及全自动钻铆工艺技术》获中国航空工业集团公司科技进步一等奖。

五、重大设施建设

完成了 C919 后机身、垂尾生产线工装 CDR 评审工作和设备制造预验收工作；ARJ 生产能力建设项目初步设计调整内容通过上级公司专家评审；复材厂房顺利竣工，并通过了公司预验收。

（中航沈飞民用飞机有限责任公司）

中航工业江西洪都航空工业集团有限责任公司

一、企业基本情况

中航工业江西洪都航空工业集团有限责任公司（简称中航工业洪都）隶属中国航空工业集团公司，创建于1951年，是新中国第一架飞机的诞生地，曾创造新中国航空工业的“十个第一”。公司现有员工10800余人，下辖1个包括飞机、智能机器人研发机构等国家级企业技术中心，是我国教练机、通用飞机生产基地和航空外贸产品主要出口基地。

六十多年来，中航工业洪都充分发挥“厂所合一”体制优势，立足自主创新，先后研制生产了5大系列20多种型号的飞机5000余架，出口飞机500多架。中航工业洪都成为我国唯一一家可提供初、中、高级全系列教练机的专业研制生产企业，初步奠定“中国教练机基地”地位。

公司充分发挥航空技术、管理、人力资源等优势，积极开拓民用产品市场，立足军民融合，先后开发了一系列非航空产品，在转包生产方面，不仅成为美国波音公司、GE公司等多家国际知名企业的优秀供应商，还成为中国C919大飞机项目的主要供应商之一，承担了C919大飞机前机身和中后机身的研制生产任务，约占C919大飞机机体结构工作量的25%。

智能产业发展迅速，成为公司民品的希望之星。公司创建智能机器人研发中心，开展智能制造、智能移动和智能服务，成为中航工业和江西省的智能研发基地；成功举办了“2014中国智能博览会暨第四届中国智能产业高峰论坛”，为洪都智能产业发展营造了良好的发展环境。

二、生产经营情况

中航工业洪都主要民用航空业务是民用飞机研发制造和航空转包业务。目前，民用飞机主要有大客机C919机身段、N5B农林飞机、L7飞机等；航空转包业务主要有波音747－8、GR787项目。

2015年洪都集团公司实现营业总收入人民币71.73亿元，同比增长18%。

其中：民用航空业务收入人民币3.06亿元，其中C919实现营业收入人民币1.74亿元，航空转包实现营业收入人民币1.26亿元（含波音技术项目人民币1亿元），通航收入人民币550余万元，民用航空工业总产值实现人民币1.77亿元。

三、主要产品

2007年，公司与美国古德里奇公司签订了波音787飞机发动机短舱部件生产合同。2009年底，又与美国沃特公司就波音747－8飞机的隔板框的生产完成最终合同签订。目前这两个项目都处于批产阶段。2015年，中航工业洪都国际航空转包实现生产交付总值约427.5万美元。

（一）波音747－8项目

2015年全年交付164个工作包，实现收入约305万美元。准时合格交付率100%。

（二）GR787项目

波音787项目交付2900件零组件，交付金额122.5万美元；ZD8项目完成14架份产品交付。GE完成新品开发20项。

四、产品开发与技术进步

（一）农5B飞机

农5B型飞机是中航工业洪都在国内外农业飞机市场详细调研基础之上研发的一款新型农林专用飞机，既秉承了农5A飞机操纵灵活、维护方便、使用经济、安全可靠等众多优点，又针对用户的实际需求，在结构、药箱载量、舒适度和作业设备等方面进行了重大改进。该机主要用于农田播种、施肥、除草、治虫、飞播造林、护林防火等作业项目，经过改装，还可兼顾治安巡逻、救灾指挥、航测航摄、影视制作、宣传广告等。2014 年 12 月 22 日通过试验前评审。2015 年基本完成了中国民航型号合格证 90% 的工作。

（二）C919 项目

首架份前机身、中后机身分别于 2014 年 8 月 24 日、9 月 17 日交付中国商飞。目前正在开展后续架份飞机部段的生产装配工作。

2015 年 C919 项目按照中国商飞要求，产品顺利实现交付，基本实现全年目标：102 架机、001 架机前机身和中后机身通过适航挂签。

五、重大设施建设

为提升科研生产能力，公司 2015 年继续加大投入，持续推进能力提升，开展了部分超前性的能力建设。

航空城北区一期 5 个分厂正式搬迁入驻，北区二期建设持续推进，进入收尾阶段；南区首批 EPC 项目完成施工招标，12 月 30 日建设项目正式开工；12 月 10 日江西省发改委正式核准南昌青云谱机场迁建工程项目，同时启动机场建设用地报批工作，标志着公司机场迁建工程项目立项报批工作顺利完成。

（中航工业江西洪都航空工业集团有限责任公司）

中航工业成都飞机工业（集团）有限责任公司

一、企业基本情况

中航工业成都飞机工业（集团）有限责任公司（简称中航工业成飞），创建于1958年10月18日，是我国航空武器装备研制生产和出口主要基地、民机零部件重要制造商，国家和四川省的重点优势企业。

公司坐落于成都市西郊黄田坝，拥有综合性机场、铁路货运线，公司占地近500万米^2，在册职工17000多名。

公司先后承接了麦道机头、波音757尾段、空客A320后登机门、达索公务机油箱以及波音787方向舵的转包生产。在我国自主研发的第一个大型民用客机C919研制中，在国产新支线客机ARJ21的研制中，在国产大型灭火水上救援水陆两栖飞机的研制中公司承担了机头的研制生产任务。

公司拥有雄厚的技术实力和与国际接轨的质量保证体系，曾获得国家、省部级科技进步奖500余项，一批具有世界先进水平的新技术、新设备、新工艺、新材料被广泛应用于产品的设计制造过程中，是国家“CIMS应用领先奖”的航空企业，初步实现了“数字化成飞”。

二、生产经营情况

2015年民机转包项目生产交付1681架份，其中美洲项目535架份，欧洲项目1120架份，以色列项目24架份，国内民机项目1架份。民机转包收入人民币3.68亿元。

三、主要产品

中航工业成飞民用航空产品主要包括国外转包项目和国内民机项目。

（一）国外转包项目

主要是波音737前登机门、波音787方向舵、波音747－8平尾、A320后登机门、A320前起落架舱、FX7壁板、G280后机身等波音、空客、达索、IAI等国外转包项目。

（二）国内民机项目

主要是ARJ21机头、C919机头，大型灭火水上救援水陆两栖飞机AG600机头。

四、产品开发与技术进步

中航工业成飞与成飞民机公司按计划完成了原有项目的合同转移工作。转移后的原有项目双方按照确定的合作范围签署了关联交易合同。暂不具备转移条件的项目，双发签署委托装配协议，并执行。2015年，成飞公司与成飞民机公司联合开发了，A320前登机门项目。参与AG600项目，C919项目的分包研制工作。2015年8月编制的《大型喷气公务机预发展项目建议书》通过中航工业集团专家组评审，向公务机项目预发展集团立项迈出了坚实的一步。

通过与波音、空客的合作，实现了公司数字化制造技术的应用和发展，掌握了先进复合材料制造技术、先进的特种工艺以及先进的工艺装备等技术。

五、重大设施建设

2013年4月，中航工业成飞开始进行A350项目的投资方案立项论证工作，2014年11月24日，投资方案通过公司党政联席会审批，2015年累计完成投资6313万元。

六、国际经济技术合作

组织公务机团队参加亚洲公务机航展、中国（重庆）国际投资暨全球采购会、成都国际商务通用航空展览会等展览，与法国达索、巴航工业、纵横航空、首都公务机公司、中一太客商务航空有限公司等进行了业务交流，新华网、四川电视台、中国航空报社等多家国内媒体也对该项目进行了采访报道。通过国际交流，提高了中航工业公务机发展公司和新研公务机项目在国内外的知名度及影响力，同时拓宽了与合作伙伴、潜在用户的交流渠道。

七、企业改革改制

为集中解决一批体制机制突出问题，2015年持续推进深化改革工作。调整公司决策支持机构并规范其运行规则，制定总经理办公会运行规则，成立董监事务部，规范委派董监事管理等，进一步完善了法人治理结构。进行“劳动人事分配”三项制度系列改革，建立了干部专家能上能下、员工能进能出机制，建立优秀人才晋升渠道，完善部门绩效考核评价办法，完善二级绩效分配办法，实施岗位宽带工资。成立工艺研究中心和4个专业工艺研究实验室，建立技术创新效益激励机制，实行按技术创新成果产生的效益进行奖励，梳理优化工艺技术管理界面。建立工业合作新模式，成立工业合作部，集中管理公司外协外包业务，建立供应商准入制度，开展供应商培育，提升了外部生产资源的利用能力。改革采购体制，建立了“采购价格数据库”，调整合同管理方式，实行采购合同拟订与审批、审批与执行、执行与评估相分离，建立第三方价格监管与评估机制，进一步规范采购行为。开展物流管理改革试点，调整专业厂生产计划、调度、物流管理架构和流程。调整了投资企业管理模式，增设投资企业管理委员会，增强对投资企业重大决策管控、绩效考核、委派人员管理和日常运营监督。开展公务用车改革，实行公务用车集中管理。完成生活区配水管网改造，为下一步分离移交工作奠定基础。

（中航工业成都飞机工业（集团）有限责任公司）

中航工业成都发动机（集团）有限公司

一、企业基本情况

中航工业成都发动机（集团）有限公司（简称中航工业成发）始建于1958年，1964年建成投产，是中国航空发动机及其衍生产品科研、制造基地。公司在长期的军品型号研制以及与国际知名航空企业合作过程中，建立了机匣、钣金、叶片、轴承4个专业化优势平台，形成了技术、热表、装试等3个能力中心，初步掌握了国际先进航空发动机关键零部件制造技术；拥有取得了国家、国防检测和校准实验室认可资格的国防二级区域计量站以及通过了国家实验室资格的理化检测中心，具备了航空发动机研制生产所需的成套试验能力；通过了ISO 9001、GJB 9001B和AS 9100B质量体系认证，热处理、焊接、无损检测、化学处理、涂层和非传统加工等特种工艺获国际宇航的Nadcap认证。

目前，中航工业成发正承担着国家重点型号航空发动机的研制任务；与美国GE、普惠、英国罗罗等企业建立了长期的战略合作关系并正向风险合作伙伴迈进；民品项目与现代服务业正在快速融入区域经济发展圈。

截至2015年年底，公司资产总额人民币62.8亿元，拥有6个控股子公司和5个参股公司，建立了规范、高效的集团管控体系；公司拥有从业人员6032人，其中：工程技术人员1174人、管理人员1119人，具备高级职称的有185人，硕士及博士研究生172人。

二、生产经营情况

（一）企业整体经营情况

2015年，公司工业总产值实现人民币22.3亿元，增加值人民币7.5亿元，其中工业增加值人民币5.9亿元；营业收入全年实现人民币26亿元，其中外贸转包销售收入2.05亿美元，同比增长2.3%，再创历史新高；利润总额全年实现人民币0.46亿元。

（二）民用航空经营情况

2015年，公司民用航空外贸出口9575万美元，同比增长3.4%，其中，GE航空5584万美元，同比增长7.9%；罗罗公司项目实现2443万美元，同比下降7.7%；霍尼韦尔（HWL）项目实现1536万美元，同比增长8.6%。

三、主要产品

公司的民用航空主要产品有航空发动机的风扇机匣、压气机机匣、燃烧室机匣、涡轮机匣、轴承机匣、蜂窝密封件、环形件、燃烧室钣金件等航空发动机零部件，产品涉及美国GE公司的GE-90系列、CF-6、CF-34系列、GEnx系列、GP7200、LeapX、Passport20、GE9X，英国罗罗公司的遄达XWB、遄达1000、遄达7000、RB211、V2500、BR700系列及BR700NG等民用航空发动机型号，以及美国霍尼韦尔公司HTF7000系列、HTS900等航空发动机和131-9等辅助动力系统。同时，公司也在积极参与中航工业商发民用航空发动机的研制项目。

四、产品开发与技术进步

（一）产品开发

GE航空项目：2015年，公司作为重点受邀单位参加了GE航空在美国辛辛那提举办的全球竞标工作。经过15轮竞标和8轮单独谈判，公司最终斩获包含Leap-1A/1B/1C新机型15个件号4年合计1.44亿美元的市场机会。

罗罗公司项目：2015年，公司成功签订了遄达7000两个零件号的合同，并完成了与罗罗公司长期协议的续签。Taizu项目一阶段基本顺利完成首件和小批量试制。凭借质量表现连续超过2年保持100分，罗罗公司特意为公司颁发了“亚洲质量奖”，这也是罗罗公司第一次为供应商颁发质量奖项。

霍尼韦尔项目：2015年，公司HON项目交付额再创新高，继续稳坐霍尼韦尔中国最大的机加供应商位置，公司连续4年被评为“年度最佳供应商”，是霍尼韦尔历史上唯一一个连续3年获得全球年度供应商奖的供应商，同时，打破了霍尼韦尔公司最多只给同一供应商连续颁奖两次的定律。其中，A350辅助动力系统钣金燃烧室项目完成首台交付；同步工程项目（燃烧室组件）已经启动，预计在2017年初完成试制工作；RE220扩散器项目已经启动，预计2016年初完成试制工作。

（二）技术进步

1. 2015年，公司完成新工艺报批19项，新设备资格报批10项。GE航空项目中，完成了宏观腐蚀、钛合金 α 层去除等新工艺开发及报批；罗罗公司项目上，完成了电化学腐蚀标印、RPS674腐蚀检查、RPS147腐蚀检查、RPS639/1干膜润滑剂、E－TR1168/11喷漆和清洁度验证等工艺开发及报批。特别是完成了航空篦齿零件等离子喷涂、高结合强度氧化铝封严涂层，二者均属于国内领先的涂层制备技术，后者还突破了国外的专利技术封锁，已经申请国家发明专利并申报中航工业科技成果。锻件超声水浸系统的资格，填补了公司锻件水超声检测的空白，是国内少数几家获得该资质的航空企业，并成功运用到商发和军品盘的检测上。

2. 公司首次建立了外贸航空锻造工艺体系，开发了镍基合金和钛合金航空叶片的锻造技术，完成了这两种叶片喷丸工艺开发。公司现已经获得HON航空叶片锻造工艺开发资格，并完成了HON检测实验室资格报批。

3. 目前，公司拥有热处理、化学工艺、焊接、热喷涂、喷丸、非常规加工、NDT、材料检测共计8项Nadcap资质，2015年，公司接受了7次Nadcap审核，取得了一定成绩：首次获得孔加工和铸件射线检测的Nadcap资质；获得了表面处理和焊接审核连续两年的有效期（奖励一年）；顺利完成了热喷涂和NDT现场审核，并获得了一年半的有效期（奖励半年）。

4. 2015年3月份，公司在GEAE项目全球竞标中获得了9个Leap零件的订单（Leap是GE航空新一代发动机，将是未来航空史上又一里程碑式的发动机），继而又完成了Leap新产品的图样技术问题梳理，下半年正式启动了试制工作，解决了许多新品技术问题。

五、国际经济技术合作

公司在民用航空发动机领域与美国GE公司、英国罗罗公司、德国罗罗公司、美国霍尼韦尔公司、法国斯奈克玛公司、西班牙ITP公司等世界知名航空发动机制造商建立了长期合作关系，成为美国GE公司、英国罗罗公司和霍尼韦尔公司的合格供应商。

公司外贸航空零部件从单一的小零件制造逐步向高端、精密制造，正向整合供应链，参与零件设计方向发展，已由单一客户发展到世界著名航空发动机制造商客户群。公司通过对外交流，加强了与客户的沟通，引进了新的管理理念，使公司外贸民用航空产品的销售份额也逐年提高，公司2015年外贸民用航空产品交付额约1亿美元。

六、重大设施建设

“十二五”期间，公司投入大量资金进行能力建设，比“十一五”增长了60%。公司重点项目及投资都紧紧围绕“三个中心、四个平台”及“二十项关键技术”展开，通过增加关键设备，提高了产品质量和生产效率，扩大了生产能力，提升了科研实力，使公司在航空发动机及燃气轮机产品研制所需的热表处理中心、理化检测中心、发动机综合性能测试中心的科研生产及成套能力得到了大幅提升；初步建成了具有国内领先水平的航空发动机及燃气轮机机匣、叶片、钣金和热表4个专业化制造平台，形成了航空发动机快速反应的研保能力和专业化批生产的能力。

（中航工业成都发动机（集团）有限公司）

中航成飞民用飞机有限责任公司

一、企业基本情况

中航成飞民用飞机有限责任公司（以下简称成飞民机）成立于2007年8月23日，是中国航空工业集团公司旗下中航飞机有限责任公司的成员单位。公司性质为国有控股企业，初始注册资金为5亿元，由中航飞机股份有限责任公司（持45%股份）、中航工业成都飞机工业（集团）有限责任公司（持40%股份）、中航投资控股有限公司（持15%股份）采用多元化投资方式组建而成。2015年，中航飞机有限责任公司增资3000万元，公司股权结构变更为中航飞机股份有限公司（持43.26%股份）、中航工业成都飞机工业（集团）有限责任公司（持38.45%股份）、中航投资控股有限公司（持14.42%股份）、中航飞机有限责任公司（持3.87%股份）4家公司共同持股。

公司经营范围包括飞机零部件的设计、试验、生产、销售、货物进出口和技术进出口。截至2015年12月31日，公司拥有员工1178人，资产总额19.5亿元。

二、生产经营情况

2015年，公司实现工业总产值96492万元，工业增加值23390万元；销售收入全年实现74106万元，同比增长62%；利润总额全年实现2824万元，同比增长57%，再创历史新高。

三、主要产品

公司产品目标市场包括国内民机、国外转包等，主要产品分为飞机机头、舱门、活动翼面三大类，民机部件产品包括ARJ21新支线飞机机头、C919大型客机机头及AG600机头等，转包项目覆盖了波音737、波音747、波音767、波音787和空客A320、A330、A380等国际主流大型客机及法国达索F7X、F2000EX等国际主流高端大中型公务机。

公司积极开拓民机市场，参与国内、国际合作，是中国商飞（COMAC）、美国波音、欧洲空客、法国达索、美国沃特（VOUGHT）等国际知名航空制造企业的优质供应商。

四、产品开发与技术进步

作为国内较早跻身民用飞机生产和国外转包生产的航空制造企业，公司注重成熟技术的应用推广和先进技术的探索研究，尤其在飞机结构部件的数字化柔性装配技术、自动钻铆技术和数字化检测技术方面具有较强的技术研发能力和实际应用经验，所拥有的飞机机头柔性装配系统、固定式压铆机、大型自动钻铆机及数控托架系统、激光跟踪仪、三坐标柔性测量臂、激光跟踪仪、激光雷达等飞机数字化制造和柔性装配关键设备为飞机机头类、机身类、翼面类多种型号产品研制提供了充分的科研保障。

2015年，公司完成了AG600机头001架机、002架机及鸟撞试验件的交付，完成C919项目102、01架机头交付；完成“大型壁板类组件数字化柔性装配技术”“C919大型客机机头研制生产项目”“国产大飞机钣金套件数字化成形工艺装备研制及技术应用”3项课题研究；完成了“大型机身壁板自动钻铆的工艺创新及其应用”“壁板类复合材料缺陷快速识别与修复”“面向飞机装配过程的质量管理系统”3项科技成果鉴定；完成了“大型蒙皮壁板用吊具”“飞机装配用操作平台”等9项专利申请（6项发明，3项实用新型）。

五、重大设施建设

公司5A厂房于2015年一季度交付使用，

完成了11#厂房基础工程开挖；ARJ批产条件建设项目完成了纵向蒙皮拉伸机到货，立体库、电动叉车、柴油叉车标书发放，自行式高空作业平台交付使用；C919研保条件建设项目完成了动制孔系统、数控落地镗铣床等8台（套）设备订货；8米铝合金氧化生产线、8米铝合金化铣生产线、核心交换机等28台（套）设备交付使用。

（中航成飞民用飞机有限责任公司）

上海飞机制造有限公司

一、企业基本情况

上海飞机制造有限公司（简称上飞公司）是中国商飞公司旗下全资子公司暨总装制造中心。注册资本人民币40亿元。上飞公司前身为始建于1950年的飞机修理队，后更名为上海飞机制造厂，2008年5月11日整建制进入中国商飞公司。2009年6月6日，实现公司制改造，由上海飞机制造厂改制成为上海飞机制造有限公司。现有从业人员4505人，培养和选拔了“大国工匠”胡双钱等一批全国劳动模范。2015年获得“全国文明单位”称号。

上飞公司现有两大基地：大场基地位于上海市静安区，面积489亩，主要承担ARJ21新支线飞机总装、交付和航空零部件转包生产等任务。浦东基地位于上海市浦东国际机场南侧上海航空产业基地内，面积4049亩，作为国产支线系列飞机、大型客机和未来双通道客机的制造基地，主要负责全机总装、系统集成和部分关键部件制造。

上飞公司从飞机修理起步，为空海军、中国民航修理和改装了30多种型号、3400多架飞机。20世纪70年代以来，研制了我国自行设计、拥有自主知识产权的运10飞机，与美国原麦道飞机公司合作生产MD82/83飞机，作为主制造商完成MD90－30干线飞机总装制造。目前承担着我国自主研制的C919大型客机和ARJ21新支线飞机的总装制造业务，以及面向波音、空客等全球领先航空制造企业的转包生产工作，具有大型飞机总装能力、先进的部件对接技术、国际规范的测试和校验设备、可靠的质量保证体系。主要经营民用飞机等航空器及相关产品的研制、生产、改装、交付、销售、维修、仓储、服务业务，承接飞机零部件加工生产业务，经营本公司或代理单位生产所需原辅材料、设备、仪器、备配件、技术进出口业务及相关技术开发与技术咨询业务。

上飞公司的发展战略是：围绕“一个目标”，即创建世界民机领域一流总装制造中心；运行“两大基地”，即大场基地和浦东基地；发展“三大主业”，即总装集成、关键零部件制造、飞机维修与改装；做优“四个体系”，即成本管理体系、质量适航安全管理体系、技术管理体系和创新管理体系；做强“五种能力”，即装配测试能力、核心关键零部件制造能力、供应链构建与管理能力、飞机维修与改装能力、新材料新技术新工艺研发应用能力。

二、生产经营情况

2015年，全年总收入人民币41.4亿元，工业总产值人民币48.6亿元，工业增加值人民币4.7亿元，出口创汇8415万美元。

三、主要产品

（一）C919大型客机

2015年11月2日，首架机在浦东基地总装下线。年内，克服新材料、新工艺、新技术挑战，完成平尾交付，提升复合材料制造和应用能力；攻克中机身、中央翼零件加工难题，降低零件加工制造成本与周期；取得部件自动化装配及全机自动化对接技术应用技术创新。

（二）ARJ21新支线飞机

2015年11月29日，首架机交付成都航空公司。年内，完成航线演示飞行、体验飞行等保障任务，积累航线运营保障经验；完成试验试飞保障任务，开展零件配套和机上贯彻工作；与福克公司推进公务机改装准备工作；取得中国民用航空局颁发的维修许可证。

（三）转包生产

年内，按期交付波音777飞机背鳍、波音737MAX飞机水平安定面首架产品，形成完整的新品开发流程。全年交付波音 737NG 飞机、波音 737MAX 飞机水平安定面 331 架；交付波音 787 飞机着陆灯整流罩 127 架；发运空客 A320 飞机货舱门门框 276 架；与波音完成波音 787 飞机着陆灯整流罩合同谈判，订单从 1050 架增加至 1425 架。

合资合作：定期召开合资公司董事会，加强合资公司管控，确保公司运营按照可研报告有序推进。伊顿上飞（上海）航空管路制造有限公司完成 C919 大型客机 GAMAH 旋压项目（燃油系统）制造交付，突破燃油导管制造技术，分别向 C919 飞机、ARJ21 飞机交付管路。上海赛飞航空线缆制造有限公司完成 C919 飞机全机线缆图样发放，开始线缆交付。

四、产品开发与技术进步

C919 大型客机研保厂房及配套设施完成建设，进入项目验收和生产运行并行阶段。制造工程技术大楼、整机喷漆厂房、环控试验厂房、复合材料厂房、金属胶接厂房投入使用，满足搬迁入驻工作需求。浦东基地支线飞机部装厂房等完成立项审批。新增各类设备，复材厂房自动铺带机、大型热压罐等大型设施设备首次投入使用，提升复材零件加工能力。年内，完成浦东基地整体入驻，企业管理中心由大场向浦东转移，各项工作有序衔接，“一司两地”平稳运行，累计 1755 人入驻办公。

2015 年，申报课题 66 项，立项 20 项，申请专利 33 项，获授权 25 项。梳理民机制造技术专业，确定五大制造专业大类，建立制造技术图谱。召开第五届科技大会，组建上海民用航空复合材料结构制造工程技术研究中心。ERP 项目（一期）上线运行，基本实现业财一体化、物料计划集成。

五、企业改革改制

2015 年，适应企业发展需要，及时调整部分组织机构，撤销原安全保障部，组建安全环保部、行政保障部；撤销阎良保障队，整体划入飞机维修中心。

（上海飞机制造有限公司）

空中客车（天津）总装有限公司

一、企业基本情况

空客（天津）总装有限公司（简称空客天津总装线）由法国空中客车公司与天津保税区、中国航空工业集团公司组成的中方联合体共同建设的合资企业，坐落在滨海新区保税区空港经济区内，占地面积约60万米^2，建筑面积约11.4万米^2，总投资70亿元。空客天津总装线是继法国图卢兹和德国汉堡之后的第三条空客单通道飞机总装线，同时也是欧洲以外的第一条空客飞机总装线，是依照空中客车德国汉堡最先进的单通道飞机总装线进行建设的总装线。

二、生产经营情况

空客天津总装线自2009年交付首架飞机以来，截至2015年底已累计交付飞机249架，达到月产4架的设计生产能力。2015年全年共交付飞机49架。

三、主要产品

空客天津总装线主要组装空客A320系列飞机，目前机型为A319和A320，二期转产后将生产A320neo。

四、产品开发与技术进步

空客天津总装线二期合作计划正式确认，合作期延长至2025年，空客天津总装线将提高产能并将于2017年转产空客A320neo。空客A320neo系列飞机是现款A320系列飞机的改进机型，安装新型高效发动机并配备空客最新的鲨鳍小翼，相比现款A320，A320neo能耗降低约15%左右。

五、国际经济技术合作

2015年，空客A330完成与交付中心项目落户天津，该项目位于目前的空客A320系列飞机总装线厂区附近，一期工程包括飞机机库、喷漆车间等建设，建成后将负责完成A330系列飞机客舱内饰装配、喷漆、发动机试车、飞机试飞和交付等工作。同时，该项目还将对空客天津交付中心进行扩建，使其能够同时满足A320和A330飞机交付任务的需求。A330项目是空客在欧洲以外的首个宽体飞机合作项目，合作期限10年，自2017年9月至2027年底，预计2017年第一架“天津产”A330飞机将向客户交付。

（空中客车（天津）总装有限公司）

通用电气航空（苏州）有限公司

一、企业基本情况

通用电气航空（苏州）有限公司是由通用电气（GE）投资的全资子公司。GE 公司是全球最大的跨行业经营的科技、制造和服务型企业之一，在全球 100 多个国家开展业务，员工超过 30 万人，被美国《财富》杂志连续 6 年票选为“全球最受推崇的企业”之一。2007 年 1 月 8 日，通用电气集团在苏州工业园区投资设立了通用电气航空（苏州）有限公司，投资总额 6 千多万美元，注册资本 2200 万美元，主要从事生产航空发动机零部件、飞机结构件和操控系统以及售后服务。

二、生产经营情况

2007 年初正式投产以来，业务量不断提升，产品的种类不断增加；产品的附加值、生产工艺的难度和广度、产品生产所涉及的物料品种的计划性和复杂性都有大幅度的提高。2015 年实现销售收入 81310 万元，比去年同期增长 9%，2015 利润总额达到 7674 万元，公司业务稳步发展。

三、主要产品

公司主要从事以下产品的生产和制造：航空发动机零部件（主要用于 CF34，CFM，GE90，GEnx 和 leap 发动机）；驱动器部门的产品（主要用于 A320，A380 和波音 787 飞机的起落架系统）；复合材料部门的产品（主要用于 A320 的机身和机翼部分）。

四、产品开发与技术进步

公司非常重视技术进步和产品质量提升。专门引进六西格玛、精益生产等管理工具和质量管理体系，每年不断加大项目改进力度，生产技术水平国际领先。

五、重大设施建设

2015 年公司固定资产投入 6500 万元，其中 80% 用于生产的设备投入，主要是投入复合材料 A350/A320 项目。

（通用电气航空（苏州）有限公司）

厦门太古飞机工程有限公司

一、企业基本情况

厦门太古飞机工程有限公司（简称厦门太古飞机）成立于1993年7月，目前拥有超过5000名员工。主要股东包括香港飞机工程有限公司、厦门航空工业公司、香港国泰航空公司、日本航空公司、波音商用飞机集团等。

厦门太古飞机同时参股一系列飞机零部件维修企业：厦门霍尼韦尔太古宇航有限公司、厦门豪富太古宇航有限公司、厦门太古起落架维修服务有限公司、厦门太古发动机服务有限公司、晋江太古势必锐复合材料有限公司和晋江邓禄普太古飞机轮胎有限公司。厦门太古飞机还在济南和成都两地控股建立了专精于窄体飞机维修及改造的合资企业：山东太古飞机工程有限公司和四川太古飞机工程服务有限公司。

厦门太古飞机拥有可同时容纳1000名学员进行技术培训的中国最大的飞机工程技术培训中心，已先后取得中国、香港、欧共体民航局的培训及考试中心资质，同时面向中国及亚洲地区的维修机构和航空公司，开设一系列根据客户自身要求量身定做的课程。

厦门太古飞机和香港飞机工程有限公司均为太古集团下属企业。

二、生产经营情况

截至2015年年底，厦门太古飞机拥有总资产26.41亿元，全年完成工业总产值55.71亿元，实现出口交货值54.6亿元，实现利润1.55亿元。

三、主要产品

（一）航空维修

厦门太古飞机拥有6座双宽体机位机库，大修及改装能力涵盖波音737、波音747、波音757、波音767、波音777、波音787和波音747-8，空客A320系列、A330/340及麦道MD-11机型。拥有最高级别（D检）的大型检修、飞机结构改装、客舱内部翻新及改装、航电系统升级、褪漆及喷漆、客机改货机能力。

厦门太古飞机目前分别在厦门、上海、北京、天津、南京、重庆和郑州7地为80多家海内外的航空公司提供航线维修服务，也是中国第一家为A380飞机提供航线维修服务的维修机构。

（二）航空零部件制造

厦门太古飞机同时发展了零部件制造的能力，其中包括机加部件、钣金部件、捆装电线、波音747-400BCF客改货复式地板梁制造等。逐渐形成集航空零部件开发、数控加工、钣金加工、热表处理加工、复合材料加工、零部件装配、航空线束电缆组装、无损探伤检测与专业人才培训、计量与校准服务、航空维修及改装制造能力配套为一体的飞机零部件制造产业基地。

（三）飞机客舱整装

民航客机整装中心：可提供项目管理、工程设计、适航取证、供应商管理、车间客舱改装包的制造等“一站式”服务的能力。

公务机及私人飞机客舱整装中心：厦门太古飞机建立了亚洲首个获得波音和空客批准的公务机及私人飞机客舱整装中心，填补了国内此项业务的空白，是目前亚洲第一家也是唯一一家同时获得空客公司和波音公司认证的公务机及私人飞机客舱整装中心。具备了从工程设计、供应商网络管理、实施改装到售后服务的“一站式”客舱改装服务的能力。

（四）维修技术培训

厦门太古飞机是国内第一家，也是目前唯一一家引进了波音787培训套装的航空维修机构。在2015年厦门太古飞机购置价值

2800 多万元的波音最新机型波音 787 的虚拟模拟机设备，并拟于 2016 年将继续投入，向空客购置 A350 新型机型培训设备，建立培训能力，为全球新机型飞机维修培训提供服务。厦门太古飞机培训中心已经由针对单个学员的培训扩大到与飞机制造公司合作、与航空公司签约，为新机型维修提供团队培训。太古培训中心同时计划借着目前日益完善的设备设施发展航空维修相关的国际会务和进入民航维修研究的领域，并努力将厦门打造成中国乃至亚洲的航空维修技术培训枢纽。

四、产品开发与技术进步

客改货开发：厦门太古飞机与美国波音公司紧密合作，攻克了众多技术型难关，取得美国联邦航空局（FAA）和波音 BQMS 的认证。与合作伙伴一起参与了波音 737－700/－800 和波音 767－300 等新的改装机型的开发。客改货科研成果主要有：地板梁整装、货舱门切口定位、货舱门整装、改装流程的改进等，至今共完成了 62 架次的改装工作。下一步还将参与波音 767－300、波音 737－700/－800 等机型客改货的开发。

客舱整装：厦门太古飞机客舱整装服务可以提供完整的一揽子客舱解决方案，包括项目管理、工程设计、供应商管理、零部件制造、安装以及取证（FAA/EASA/HKCAD/CAAC）。到目前为止，客舱整装科研成果主要有：波音 737/A319 客舱构型设计改装、波音 747－400 PTV 改装、747－400 LOPA 设计等。

（厦门太古飞机工程有限公司）

威海广泰空港设备股份有限公司

一、企业基本情况

威海广泰空港设备股份有限公司成立于1991年，位于山东省威海市，是从事空港地面设备及专用装备研发与制造的专业公司。

威海广泰于2007年1月在深圳证券交易所上市，公司现已通过了质量体系认证、环境体系认证等，是国家级火炬计划重点高新技术企业、国家创新型企业，拥有“国家认定企业技术中心”及“国家空港地面设备工程技术研究中心”，设立博士后科研工作站。

目前公司拥有员工总数1000余人，其中“泰山学者”1人，高级职称人员30名，中级职称人员138名，硕士以上学位人员43名。公司占地57万米^2，下属主要子公司有：威海广泰空港电源设备有限公司、威海广泰特种车辆有限公司、威海广泰科技开发有限公司、广泰空港设备香港有限公司等。

二、生产经营情况

2015年，公司围绕“站在新常态，创新思维，全面推进四化战略，打造广泰升级版”的年度经营方针，在市场开拓、技术创新、四化建设、资本运作等方面又上了一个新台阶，主要运营指标取得了新的突破，签订合同94807万元。

其中，国内市场年内共签订合同61193万元，同比增长1.08%。民用航空方面，一是重点抓好新建、扩建机场市场策划和营销工作，全国11个新建、扩建机场，全部成功中标；二是加大电动产品的市场销售力度；三是开展北京、东北等5个地区的通用航空和通勤机场的市场调研，为进一步开拓市场奠定基础。

国际市场方面，年内共签订合同21043万元，同比增长103%。民用航空方面，主要针对香港机场培育新市场，并在南美地区抓住重点市场和重点项目。

三、主要产品构成情况

2015年，公司完成航空产业营业收入74103万元，主要航空产品包括机务设备、客舱服务设备、货运设备、机场消防设备、报警设备等。

四、产品开发与技术进步

2015年，公司重点抓好设计精细化工作，技术中心按照先元器件标准化再产品精细化的思路进行设计精细化，元器件种类降低了18%；完成重点新产品开发35项，改型产品30项，合同产品1147项；2015年12月通过CNAS现场评审，公司实验室将列入CNAS认可实验室名录，具备了对外提供相关检测服务的能力。

空港地面设备行业，公司拥有行业唯一的“国家空港地面设备工程技术研究中心”，公司技术中心为“国家认定企业技术中心”，公司是“国家火炬计划重点高新技术企业”“国家创新型企业”。截至2015年末，公司拥有专利135项，其中发明专利29项，实用新型专利123项，外观专利12项；年内新取得专利41项，其中发明专利5项，实用新型专利33项，外观专利3项；专利申请37项，其中发明专利9项、实用新型专利28项。参与起草或修订国家标准5个、行业标准2个。

五、重大设施建设

2015年度再融资募集资金项目“高端空港装备及专用装备制造羊亭基地项目”已经完工，开始投入生产。

（威海广泰空港设备股份有限公司）

武汉航达航空科技发展有限公司

一、企业基本情况

武汉航达航空科技发展有限公司（简称武汉航达）创建于2000年（前身襄樊航达），于2004年12月在武汉建立开业，是一家专业是主要从事民用飞机机载附件、机场加油设备研发、生产、维修的高新技术企业，是我国兼具规模与成长性的飞机附件维修企业之一。

武汉航达总部坐落于武汉东西湖区，厂房面积约21000米^2。起落架大修厂位于安陆市工业园，厂房面积约23000米^2。长沙分公司位于湖南省长沙县经济开发区，厂房面积约1800米^2。

武汉航达重视技术积累和研发投入，目前已经成为多种中国造飞机的系统供应商，为各类运输机、直升机，以及ARJ21和C919等国产商用飞机提供系统与零部件。

武汉航达为湖北省高新技术企业，是CAAC（D300023）、FAA（X0WY477Y）、EASA（EASA.145.0434）批准的维修站，并得到美国、欧盟、印尼（145/43200）、越南（VN－245NN/CAAV）、泰国（398/2550）、韩国、印度、马来西亚等国家和地区批准以及中国内地、香港、澳门民航当局三地联合认可（JMM010）。

武汉航达保持与时俱进，不断开拓新能力，随着通航的发展，航达开发了不少通航附件的大修能力如螺旋桨、发电机、作动器等关键部件，其中飞机螺旋桨能力已取得MT－propeller授权。

武汉航达积极与OEM合作，目前已经同各主要的OEM厂商如：UTCS、霍尼韦尔、美捷特公司、赛峰集团、利渤海尔集团、优尼森、派克、伊顿公司、波音公司等分别建立了备件供应与技术支持以及授权维修等全方位的合作关系。

二、生产经营情况

2015年武汉航达飞机附件承修36000件，起落架大修厂承修54套起落架，产值7.42亿元，较2014年的产值6.49亿元增长14.33%。

三、主要产品

武汉航达已有5000多项附件维修项目以及表面处理、焊接、NDT的特种工艺能力。武汉航达在液压、气动、燃油、飞行操纵、机载应急设备、起落架、机轮/刹车、仪表、发电机、电气和发动机等附件的维修方面积累了丰富的经验，业务范围涉及波音系列、空客系列、CRJ、ERJ、俄制飞机等多个机型的各类附件。

安陆飞机起落架大修厂建设有全套的电镀线、喷漆、吹砂、蒸汽除油、喷丸、NDT、三坐标计量等特种工艺能力和车、铣、磨、珩以及数控加工等完整的机加工能力，能够为波音737NG/CL、波音757、波音777、A320系列、A330等机型提供场内一站式大修服务。

长沙分公司辐射长沙周边机场，为客户提供就地保障性项目全方位的服务和技术支持。

武汉航达运用飞机燃油技术研制了FR系列栓式机场地面加油设备，包括成套的地井、地井阀、软管接头和飞机压力加油接嘴等系列产品，产品性能达到了国际先进水平。

武汉航达为ARJ21、“新舟”60、C919配套生产系列拉杆、制冷冲压风门、应急冲压风门等部件，成为国内少数几家独立为C919配套的民营企业之一。

四、产品开发和技术进步

武汉航达以航空技术为依托，发挥多专业优势，加快核心技术向生产力转化步伐，公司研制、开发的系列拉杆、制冷冲压风门、应急冲压风门等部件已为国家民用大飞机配套，目前武汉航达已正式立项为未来宽体大飞机（C929）进行电环控系统大功率发电机（250千瓦）等项目的预研工作。

武汉航达目前已取得各类专利项目25项，其中飞机主燃油泵测试系统、转液压阻尼器性能测试平台、直升机电动绞车恒载荷控制性能试验平台、可换丝杠的气动加载滚珠丝杠副动态效率试验台和传动轴旋转扭矩加载测试平台均代表国内领先水平。

五、重大设施建设

2015年5月份中博会期间，武汉东西湖区政府与武汉航达签约成立航空产业园，占地320余亩，项目总投资30亿元，一期项目投资12亿元。项目建设包括：研发中心、测试中心、生产基地、民航培训学校等。建成后年产值将达到50亿元。

（武汉航达航空科技发展有限公司）

珠海保税区摩天宇航空发动机维修有限公司

一、公司基本情况

珠海保税区摩天宇航空发动机维修有限公司（简称珠海摩天宇），是中国南方航空公司与德国 MTU 航空发动机公司（MTU Aero Engines AG）各出资 50% 共同组建的中外合资企业。公司落户于珠海保税区，总投资 1.89 亿美元，合资期限为 30 年。自 2003 年 1 月正式营运以来，已先后获得中国民用航空局（CAAC）、欧洲航空安全局（EASA）、美国联邦航空局（FAA）、日本民航局（JCAB）以及巴西、沙特阿拉伯、印度尼西亚、印度、越南、泰国、菲律宾、智利、卡塔尔、新加坡和马来西亚等国家的适航维修许可证。公司的客户遍布中国、亚洲以及欧美各国。珠海摩天宇占地总面积达 156000 米^2，建筑面积为约 42000 米^2，为国内迄今为止投资规模最大、维修等级最高的民用航空发动机维修基地，截至 2015 年 12 月 31 日，公司在册员工共 722 名。

最近几年，公司不断深化全球化市场布局和资源整合，关注中东、美洲、东亚和东南亚等市场的扩张机会，力推企业战略和战术层面的工作协同，从“组织、资源、效率”入手，推进公司组织架构、产品、生产流程的优化，提升了公司的业务管理和资源运营效率；稳步推进发动机的租赁业务，开展发动机小时保修的服务新模式，加大科技创新和投入，进一步推进公司国际化进程。

二、主要产品和服务

珠海摩天宇的主要产品包括 V2500－A5 和 CFM56－3、CFM56－5B、CFM56－7B 4 个型号发动机的维护、修理和翻修。除了发动机的修理和翻修外，珠海摩天宇还向客户提供多种附加服务，如备用发动机租赁、现场及在翼维修、航线可更换件支持（LRU）和 24 小时航线应急支援（AOG）。公司提供的服务包括：V2500 和 CFM56 系列发动机的改装、升级、修理和大修；向原 OEM 保修索赔（新发动机保修期内）；发动机零部件修理；现场技术支持；工程技术支持；24 小时/365 天航线应急支援（AOG）；备用发动机租赁；AOG 备件服务；量身定制的维修方案；发动机在翼服务；EGT 裕度、固定价格担保；固定价格/发动机飞行小时包修。

三、产品开发和技术进步

珠海摩天宇于 2001 年 4 月 6 日取得营业执照，同年 5 月工程正式动工并于 2002 年 11 月主体工程竣工；2003 年，第一台 V2500 及第一台 CFM56－3 发动机相继进厂维修，标志着工厂正式投产营运。2006 年，第一台 CFM56－5B 及第一台 CFM56－7B 的进厂维修，使公司具备了维修 CFM 全系列发动机的能力。2008 年中，公司迎来了第 500 台发动机的进厂。2012 年 11 月完成厂房二期扩建工程项目，目前产能达到年维修 300 台发动机。2014 年，公司开发了 CFM34－10 发动机的在翼维修能力。

2013 年到 2015 年，公司分别修理了 202 台、215 台和 242 台航空发动机，发动机维修的产量和产值均为国内第一。

珠海摩天宇秉承“多修理少换件”的理念，在兼顾客户成本的利益同时，提供高水准的维修质量，不断创新维修工艺，向客户提供尖端的维修服务。除了高速磨削先进高效的标准化加工处理技术之外，珠海摩天宇提供的特殊处理技术包括：各种数控检查与制造、发动机零部件清洗、无损探伤、机械加工、钣金及焊接、真空热处理、喷丸、等离子/火焰喷涂，包括高速氧助燃喷涂、喷漆、电镀及涂层剥离、转子叶尖高速磨削、高压水剥离、钎焊和钨极惰性气体保护焊接。

珠海摩天宇具备 V2500 - A5 和 CFM56 - 3/5B/7B 所有单元体、零配件的拆装和 80% ~85% 的发动机零部件的深度维修能力，维修项目达 4000 多项，能够出具发动机整体及 14413 个发动机部件（件号）的产品合格证明。

四、国际技术合作

为突破发动机维修的技术壁垒，提高珠海摩天宇的维修能力，珠海摩天宇与 MTU 集团旗下的 6 家企业在资源、能力、技术、管理、营销、服务、人力资源等方面开展广泛合作，通过与 MTU 各维修基地之间进行全面的技术交流和技术项目转让，珠海摩天宇在零部件清洗、高压水剥离、无损探伤检测、表面处理、焊接、机加工、等离子喷涂、热处理、电镀、涂层剥离和高速磨削等方面具备了行业内最高标准的技术能力，能够为客户提供 MTU 全球标准的维修质量和创新服务。

五、重大设施建设

珠海摩天宇公司的试车台是当今世界上最大、最先进的试车台之一。试车台长 100 米、中部宽高均为 13 米、进气道和排气道高 30 米，适用于推力在 15 万磅①范围内所有类型商务航空发动机的测试，测试能力可达每年 500 台。珠海摩天宇公司在 2015 年购买并安装了第三台立式车床，目前已经完全投入使用，使得公司能够有效地为客户提供优秀的发动机翻修技术服务。

（珠海保税区摩天宇航空发动机维修有限公司）

① 1 磅 =0.454 千克。

广州飞机维修工程有限公司

一、本企业基本情况

广州飞机维修工程有限公司（GAMECO）是目前国内排名前列的大型综合性民航维修企业，公司成立于1989年10月28日，总部位于广州白云国际机场，注册资本6500万美元，是由中国南方航空股份有限公司（简称南航）、和记黄埔飞机维修投资（香港）有限公司以及南华国际飞机工程（香港）有限公司共同合资经营，其中中国南方航空股份有限公司持有50%的股份，南华国际飞机工程有限公司、香港和记黄埔飞机维修投资有限公司各持25%的股份。公司现有员工人数4724人，其中大专学历以上员工约占79%。

GAMECO拥有中国民用航空局（CAAC）、美国联邦航空局（FAA）、欧洲航空安全局（EASA）等20个国家和地区适航当局批准的民用航空器维修许可证，具备飞机大修及改装、航线维修、附件维修、工程技术服务、航材管理服务和培训服务等全面的维修服务能力。

GAMECO在广州的维修设施主要分成三个部分：位于广州市区（旧机场）2万米^{2}的附件维修中心；位于广州白云国际机场候机楼约2000米^{2}的航线维修设施；位于广州白云国际机场北区约16.2万米^{2}的公司总部设施（包括两座飞机大修机库及相关设施）。

一期飞机维修机库为中国跨度最大的桁架结构机库，机库总跨度350米，总建筑面积9.6万米^2，可同时容纳4架宽体飞机（波音747和空中客车A380）和5架窄体飞机（波音737、波音757和空中客车A320）在内维修。同时拥有一个独立的全天候（可调节温度和湿度）喷漆机库，可容纳一架A380或波音747飞机。此外，还包括约4000米^{2}拥有先进环境控制系统的航材仓库和2000米^{2}的公共保税仓。二期机库建筑面积6.6万米^2，可以同时为8架窄体飞机开展定检维修。

除广州总部以外，于2014年7月GAMECO重庆分公司正式成立，分公司承接重庆公司、南航及第三方航空公司的航线维修业务。

二、生产经营情况

2015年，GAMECO完成100多架次C检，同比增长10%左右，平均准时出厂率达到88.29%；平均停厂时间同比下降2%。GAMECO通过提前工作准备时间，优化工艺进程，大力推行定检前飞机客舱预检工作，减少进厂后客舱项目订货时间，提高客舱项目工作效率。2015年通过持续关注和监控飞机吻合律、完成率，为APS的“施工有序”“工作有标准”服务，实现对整架飞机定检工作的全程跟踪和效率控制。

2015年，公司国际客户飞机房维修架次创新高，业务涉及包括韩亚航空、冰岛航空、菲律宾航空等多家全球航空公司，维修机型涵盖波音、空客各系列飞机。

三、主要产品

GAMECO的主要业务是为中外航空公司提供高质量、快捷及经济的飞机维修服务，经营范围包括：航线和周期性维护及特种检查；结构修理及零件翻修；APU及发动机热部件、冷部件检修以及单元体更换和检修；适航及服务改装；飞机损伤修理；飞机翻新、喷漆、内部装修；提供特种车辆服务和维修，地面设备修理、制造及零备件加工；外来加工，外来咨询，外来培训及其他技术工程；航空器材进出口销售（涉及许可证管理和专项规定的按有关规定经营）；航空器材仓储、工具设备租赁及自制专用工具设备销售。

GAMECO飞机维修业务所涵盖的机型包

括：波音737、波音747、波音757、波音767、波音777，空中客车A300、A310、A319、A320、A321、A330、A380，EMB145和ERJ190等目前国内常见机型。

GAMECO附件维修能力覆盖液压、气动、燃油、飞行操纵、机载应急设备、起落架、机轮/刹车、无线电、机载计算机、仪表、娱乐系统、发电机、电气附件等几乎全部附件种类，拥有国内最完备的飞机附件维修能力。

四、产品开发与技术进步

2015年公司科技创新方面，全年立项开展的各类科技创新项目30余项，新申报专利申请28项，获得发明专利授权6项。

中国民用航空中南地区管理局向清远分公司颁发了盈富厂区维修能力许可。

GAMECO首次完成波音757－200飞机WIFI改装；完成A380国内首次C2检。此次定检是A380机型引进以来最大的一次定检，也是国内首次C2检。

五、重大设施建设

GAMECO在清远市清新区太平镇盈富工业园区的清远分公司落成。清远分公司起落架大修基地项目首期投资2.5亿元，分盈富厂区和龙湾厂区，其中盈富厂区与2014年12月奠基，龙湾厂区于2015年5月奠基，预计将于2016年终落成。

（广州飞机维修工程有限公司）

深圳市大疆创新科技有限公司

一、企业基本情况

深圳市大疆创新科技有限公司（简称大疆创新）总部位于中国深圳，公司致力于成为全球飞行影像系统先驱。2006 年创立至今，大疆创新的客户遍布全球 100 多个国家和地区，占据国内及全球半数以上的市场份额，成为全球顶尖的无人机飞控系统的研发和生产商。

大疆创新从商用自主飞行控制系统起步，填补了国内多项技术空白，逐步推出了飞行控制系统、云台系统、多旋翼飞行器、小型多旋翼一体机等产品系列，其中全球首款可用于控制拍摄的一体化小型多旋翼飞行器已成功走向市场。

目前，除在北京、上海、香港、美国、德国、日本、荷兰设有分公司外，大疆创新已着手在海外成立研发团队，位于硅谷的研发团队吸引了诸多世界一流的技术经营加盟。

截至 2015 年底，大疆创新全球员工数量已超 4800 人，其中在深圳总部办公 1800 人，比上年末增长 1.82 倍；研发人员约 2000 人，占比在 40% 左右；员工平均年龄 26 岁。

二、生产经营情况

2015 年，大疆创新实现产值达 63.5 亿元，是 2014 年产值的 2.33 倍，产品 80% 以上销往海外。累计申请专利 1142 件，其中 PCT 专利 390 件，位列全国前十。

目前大疆创新已占据国内及全球半数以上的市场份额，国际市场方面：2015 年 1 月，美国联邦航空局颁布商业飞行解禁令，截至 2015 年 7 月，在进入解禁名单的 742 家企业中，有 71% 使用的是大疆创新的产品。

三、主要产品

飞行控制系统，云台系统，多旋翼飞行器，小型多旋翼一体机等产品系列。

四、产品开发与技术进步

2015 年，大疆创新推出的新产品包括：发布新一代产品大疆“精灵”（Phantom）3 系列，推动全球消费级无人机市场变革；推出 Ronin－M 三轴手持云台系统，赋予全世界摄影师更多的创作空间；正式发布全新的 Onboard SDK 以及两款硬件产品：开发者平台经纬 Matrice 100 与视觉传感导航系统 Guidance，为无人机软硬件应用创新打开了广阔的空间；推出一体化手持云台相机 Osmo“灵眸”以及大疆 MG－1 农业植保机。

其中，经纬 Matrice 100 是一个专为二次开发推出的四轴飞行器。配备了多个通信接口、电源和扩展架。用户可以在该平台上安装如处理单元、传感器等各类设备。开发者可在 M100 上研发和测试全新的无人机软硬件解决方案。DJI Guidance 是全球首个量产无人机视觉传感导航系统。Guidance 配备 5 组视觉超声波组合传感器和立体视觉系统，能感知 20 米范围内的物体，实时检测多个方向的环境信息，并帮助飞行器避免碰撞。目前，经纬 M100 和 Guidance，与英特尔处理器结合，已被研发成一套监测违章停车的无人机解决方案。

大疆 MG－1 农业植保机是智能农业喷洒防治无人机——标志着大疆创新正式进入农业无人机领域。实现防尘、防水、防腐蚀，载荷达到 10 千克的同时推重比高达 1:2.2，每小时作业量可达 40 至 60 亩，作业效率是人工喷洒的 40 倍以上。作业过程中实时扫描植物表面的高低起伏，自动保持与农作物间的距离，确保均匀喷洒。用户可根据不同地形条件选择智能、辅助及手动三种作业模式，无需事先绘测农田，在飞行期间直接规划路线即可进行自动喷洒。具备航线断点智能记忆功能，无药时自动记忆坐标点，添加药剂后可一键返回到记忆点继续喷洒作业，确保作业的连续性。

随着市场的不断升温，飞行的安全有序与合法性成为亟待解决的问题。在12月9日由中国航空学会主办的遥控航空器系统安全管理平台和技术交流会上，大疆创新首次展示了最新的遥控航空器安全管理服务系统的技术和理念，填补了国内遥控航空器飞行安全管理技术的空白。用户可通过手机应用程序与航空器进行联网，提前申报飞行计划，亦可在操控飞行的过程里实时获取限制飞行空域等飞行情报信息，建立与管理部门的有效沟通。遥控航空器飞行的相关数据，例如起飞与降落的时间、地点、高度、航向、速度等将通过无线网络实时上传，为空域管理和执法提供措施。管理部门可通过该平台实时掌握空域态势，为用户及遥控航空器定向推送飞行情报并执行相应的空域管理，如添加、修改限制飞行空域、审批飞行计划等，提高信息透明度，以避免安全隐患。

五、国际经济技术合作

2015年11月，大疆创新与在航空影像领域久负盛名的高品质专业相机厂商哈苏（Hasselblad）建立战略伙伴关系，对哈苏公司进行战略投资，成为哈苏公司少数股东并进入哈苏董事会。

2015年12月，大疆与全球热成像技术先驱、美国菲力尔公司建立合作关系，双方共同研制为无人机行业应用服务的热成像技术，比如农业用户能清楚了解农作物长势、消防员在火场能快速掌握火势蔓延情况等。

（深圳市大疆创新科技有限公司）

深圳中集天达空港设备有限公司

一、企业基本情况

深圳中集天达空港设备有限公司（简称中集天达）成立于 1992 年 7 月 18 日，注册资本为 1350 万美元，隶属于中国国际海运集装箱（集团）股份有限公司（简称中集集团），是一家专门从事空港设备和现代物流设备开发、设计、制造、咨询及维修的专业化公司。主要产品有全系列旅客登机桥、港口旅客登船桥、机场航空货物处理系统、旅客行李处理系统、飞机泊位引导系统、站坪特种车辆（摆渡车、食品车和升降平台车等）、自动化仓储物流系统、自动化立体停车系统等。

截至目前，中集天达已为全球 80 多个国家的 200 多个机场提供了 4000 多台品质优良的登机桥产品及众多航空货物处理系统设备，登机桥国内市场占有率达 90% 以上，并成为中国第一个出口大型空港设备的厂家，在世界行业排名综合实力第一，全球市场份额近 40%。

在航空货物处理系统领域，中集天达也承接了国内外数十个机场的航空货物处理系统项目，其中包括全球规模第二大、近十年世界最大的上海浦东机场货运处理系统和全球规模第三大的广州新机场南航货物处理系统，经过多年的发展，中集天达保持了在这一领域内全球前三的市场地位。

在机场特种车辆领域，机场摆渡车销量全球第二、中国第一，飞机升降平台车、除冰雪车、食品车等也取得了良好的市场业绩，并在大型机场设备的国际市场竖起了中国的民族品牌。

除机场地面设备外，凭借丰富经验和综合技术实力，中集天达将业务延伸至自动化物流集成系统、立体停车系统等领域，取得了一定的市场业绩，打造了良好的品牌形象。

二、生产经营情况

公司总部在深圳蛇口工业区四路 4 号，总面积超过 50000 米^2，生产中心位于深圳宝安福永街道福园二路 9 号，占地面积超过 130000 米^2。

公司以为全球机场提供优质的地面设备和服务，成为登机桥最主要的供应商，并向相关领域拓展，公司通过了质量管理体系 ISO 9001、环境管理体系 ISO 14001、职业健康安全管理体系 OHSAS 18001 的认证。

2015 年末，公司总资产 16.01 亿元，产品销售收入为 11.31 亿元，净利润 9689 万元。近三年纳税总额超过 1.2 亿元。

三、主要产品

深圳中集天达空港设备有限公司的主要产品有旅客登机桥、空港自动化物流处理系统、行李处理系统、旅客登船桥、航空货物处理系统、现代物流仓储系统、自动化立体停车系统、航空食品车和军用货物装卸运输平台、消防车等。

四、产品开发与技术进步

中集天达具有丰富的开发经验和较强的技术创新能力，研发中心是深圳市级技术中心。

截至 2015 年 12 月，累计申请专利 323 项，其中发明专利 222 项；获得专利授权累计 199 项，其中发明专利 108 项。拥有软件著作权 8 项。在世界同行业中遥遥领先。中集天达的旅客登机桥、登船桥、航空货物处理系统及智能停车系统产品均被评为各个年度的国家重点新产品。

中集天达重视研发投入，其技术研发中心拥有世界上最先进的大型机场及港口研制设备，技术研发中心在 2008 年度进一步完善了研发项目的立项、费用管理的制度。2008 年以来，公司每年投入的研发费用的投入总额逐年增加，2015 年度年，研发费用的投入总额为 4239 万元，占销售收入的 3.75%。中集天达现有研发人员 180 人，其中硕士学位的占 25%，本科以上学历占 94%。

中集天达技术研发中心成立于 2005 年，是经过深圳市认定的市级技术中心，拥有完善的组织架构，主要包括技术委员会、PBB 技术部、工程技术部、技术管理部、工艺部、质量和认证部、信息部、研究发展部等重要部门，职能齐全。技术中心实行主任负责制，由总经理担任中心主任；成立了技术委员会，成员包括：公司总经理、总工程师等共 11 人。该委员会负责研究产品技术开发方向、重点课题和经费预算等重大问题的决策，制定年度计划，并对技术中心的工作绩效进行评估。

在自主创新的同时，公司与武汉理工大学、兰州交通大学、电子科技大学、华中科技大学等国内顶级科研单位合作，进行关键技术联合攻关和产品试运行，形成了从需求采集、模型设计、开发实现到实践应用的成熟、稳健的技术研发体系。

公司拥有一个电气开发的实验室，该实验室由中集天达技术研发中心、日本三菱电气公司（MITSUBUSHI）、德国西门子电气公司（SIEMENS）、法国施耐德电气公司（Schneider Electric）、日本 DIGITAL 电气公司（Pro – face）和美国组态软件 Intellution 公司共同组建。先后开发出各种登机桥的控制系统，A380 高桥四轮驱动控制系统，双桥/三桥防撞控制系统等世界领先技术。在机电控制、自动控制系统、工业通信系统等方面有着近 20 年的科研经验。同时采用“ANSYS/ ANSYS WORKBENCH V11”“ROBOT MILLENNIUM V. 20. 1”等先进结构分析软件，为设计工作提供了强有力的支持。

五、企业改革改制

近年来，中集天达大力拓展空港板块业务，从 2012 年起，已成功收购民航协发机场设备有限公司（国内机场摆渡车龙头制造企业）、法国 Air Marrel 公司（全球第四大飞机舱装载平台车制造商）、德国 Ziegler 集团（全球前五大消防救援车辆及器材供应商）、新加坡德利国际有限公司（亚洲第一航空物流设备制造商）。

（深圳中集天达空港设备有限公司）

广州航新航空科技股份有限公司

一、本企业基本情况

广州航新航空科技股份有限公司（简称航新）创建于1994年，是一家专业提供军民用航空设备和技术服务的高新技术企业，致力于为客户提供优质航空产品和全方位满意服务。

航新总部位于广州科学城，占地面积20亩，旗下有广州、上海、哈尔滨、天津、香港五家子公司，并设有省级企业技术中心、省级工程中心，主要业务涵盖机载设备研制、自动测试设备（ATE）研制及系统集成、航空维修支持、飞机加改装及军民一体化保障。

作为拥有包括中国CAAC、美国FAA、欧洲EASA等多项全球主要适航体系认证的MRO企业，并作为波音公司在华首批授权维修服务商，航新具备涵盖波音、空客等40多种民机和各种军用飞机及通航飞机电子、机械部附件的维修能力。同时，由于在质量、维修周期和服务方面表现优异，英国BAE系统公司、赛科阀门有限公司（CIRCOR）、KIDDE AEROSPACE、UNIVERSAL AVIONICS等多家国际知名原始设备制造商（OEM）授权航新为其维修中心，为中国及周边国家提供一站式服务。

二、主要产品

目前，航新主导产品包括综合维修检测系统和飞行参数记录系统，其中，综合维修检测系统的市场占有率达60%，飞行参数记录系统的市场占有率达近20%，全国排名领先。从核心技术角度看，航新在该行业领域处于领先地位。

（一）航空维修

在ATE产品研制方面已成功开发了上百套高性能的专用测试设备、综合测试设备、自动测试设备、原位检测设备、通用检测设备及测试程序集。同时，ATE产品广泛吸纳国际先进总线、虚拟仿真、嵌入式计算机、综合诊断和完好性设计等技术，在技术方面具备有很强的优势。

航新在通航飞机维修领域有十多年的维修经验，拥有覆盖各种通航飞机电子、机械部附件的维修能力，并成为米-26直升机在国内唯一具备维修能力且符合中国民用航空局（CAAC）适航要求的企业。

凭借机载设备研制和维修的雄厚实力，航新为多家用户完成了空中防撞计算机、近地警告计算机、应答机、甚高频电台、应急定位发射机、飞行参数记录系统等加改装任务，可为用户提供整套工程解决方案。

（二）机载设备和检测设备

机载设备：多型号、不同系列飞行参数记录系统；飞行管理数据打印机；闭锁铰链控制盒；声频控制面板。

检测设备：专用测试设备、综合测试设备、自动测试设备、原位检测设备、通用检测设备及测试程序集。

三、产品开发与技术进步

航新始终坚持技术创新战略，把开发一代、经营一代、储备一代作为公司的技术发展指导思想。

（一）研发人员

航新设有省级企业技术中心，公司技术研发团队具备多项专业经验，例如：计算机类技术专业经验、电子电气工程类专业经验、测控相关技术专业经验、航空类技术专业经验。

（二）研发设备

航新具有雄厚的技术设备基础。多年来，航新一直从事航空部附件的维修、机载电子设备、自动检测设备的研制和产品的制造生产。公司自主研发了多种国内先进的自动检测设备，还成功研制了飞行数据打印机、声频控制板、飞行参数记录系统、高压电源组件、振动测量仪、声频记录器、娱乐系统液晶监视器等机载设备。先进的自动检测设备，及机载产品研制过程中累计的大量仪器设备，为项目研发提供强有力的设备保障。

（三）研发经费投入

近三年，公司大力加强了技术创新投入力度和强度，研发投入均占销售收入 8.5% 以上。2015 年 4 月，航新股份成功在创业板上市，公司通过发行股票上市融资，为项目的研发经费投入提供了资金保障。

（四）承担项目

2009 年，承担广州经济技术开发区重点科技攻关计划项目（米－171 系列直升机机载设备综合维修检测系统），已顺利通过验收。

2010 年，承担广州市经贸委 2010 年度广州市技术创新专项资金项目（广播式自动相关监视（ADS－B）系统）。

2011 年，承担国家火炬计划项目（机载设备综合维修检测系统）。

2011 年，承担中央地方特色产业中小企业发展资金项目（雷电探测预警系统）。

2011 年，承担广东省科技厅战略性新兴产业核心技术攻关专项。

2013 年，承担广州市发改委战略性新兴产业示范工程专项。

（五）研究成果

公司自 2008 年以来相继申请了 70 多项知识产权，其中包括近 20 余项专利，自动测试系统、自动测试软件、无线电罗盘测试软件、塔康精密测距机载设备测试软件，全自动数字开调测试软件、无线电高度表测试软件、模块化通用测试系统、无线电高度收发机测试软件等综合检测领域 50 多项软件著作权。

（广州航新航空科技股份有限公司）

中国民用航空工业企事业单位名单

单位名称	所属集团	登记注册类型	控股情况	主要民用航空产品
总计（145 家）				
北京（12）				
北京青云航空仪表有限公司	中航工业	国有独资公司	国有控股	航空仪表
北京航空材料研究院	中航工业	国有	国有控股	铝合金及铸件，橡胶制件，涂料产品
北京航科发动机控制系统科技有限公司	中航工业	其他有限责任公司	国有控股	航空摇臂系列
中航复合材料有限责任公司	中航工业	其他有限责任公司	国有控股	AG600 复合材料部件
北京民用飞机技术研究中心	中国商飞	国有	国有控股	民用飞机关键技术研究，民用飞机基础技术研究，相关技术服务
海鹰航空通用装备有限责任公司	航天科工	其他有限责任公司		HW－110 无人机，HW－210 无人机，HW－310 无人机
北京科源轻型飞机实业有限公司		私营有限责任公司	私人控股	AD200 轻型飞机设计制造，航空电子通信技术开发，AD 系列轻型飞机技术知识培训
北京北摩高科摩擦材料有限责任公司		其他有限责任公司	私人控股	波音飞机刹车盘，空客系列飞机刹车盘，麦道飞机刹车盘，伊尔飞机刹车盘
北京金轮坤天特种机械有限公司		其他有限责任公司	国有控股	飞机牵引车
北京浩天翼航空技术有限公司		其他有限责任公司	私人控股	HW13 小型无人机系统，HW18 小型无人机系统，HW30 海事无人机系统，HW86 船导无人机系统
北京安达维尔科技有限公司		私营有限责任公司	私人控股	部、附件的维修，测试设备的研制
北京中航智科技有限公司		其他有限责任公司	私人控股	TA 无人直升机，TC 无人直升机，TD220 无人直升机，机场设备
天津（10）				
天津航空机电有限公司	中航工业	其他有限责任公司	国有控股	断路器，继电器
航天精工股份有限公司	航天科工	股份有限公司	国有控股	承力快卸锁，高锁螺栓，高锁螺母，六角头螺栓，沉头螺栓
中国航天科工集团第三研究院第八三五七研究所	航天科工	国有	国有控股	云宏观成像系统，任务管理系统，机载北斗设备，航空部附件综合保障设备
PPG 航空材料（天津）总装有限公司		港澳台商独资		涂料，密封胶
天津全华时代航天科技发展有限公司		其他有限责任公司	股份合作	无人机
古德里奇航空结构服务中国有限公司		外资企业	外商控股	飞机短舱和反推力器维修

续表

单位名称	所属集团	登记注册类型	控股情况	主要民用航空产品
西飞国际航空制造（天津）有限公司		国有独资公司	国有控股	A320 机翼总装
空中客车（天津）总装有限公司		外资企业	外商控股	空客 A320、A319
天津华翼蓝天科技有限公司		私营有限责任公司	私人控股	飞行模拟训练设备，工程模拟设备，科普体验设备
天津航天中为数据系统科技有限公司		其他有限责任公司	国有控股	四旋翼无人机，六旋翼无人机，光电吊舱，云台，数据链
河北（2）				
华北飞机工业有限公司	中航工业	其他有限责任公司	国有控股	运 5B 飞机，“小鹰”500 飞机，赛斯纳 208B 飞机，“空中国王”350 飞机
惠阳航空螺旋桨有限责任公司	中航工业	其他有限责任公司	国有控股	直升机动部件
山西（3）				
太原航空仪表有限公司	中航工业	国有独资公司	国有控股	航空仪表，敏感元件
太原太航科技有限公司	中航工业	国有独资公司	国有控股	气压仪动静压监测仪，数字压力计，大气传感器，压力校验仪
山西微风思普瑞无人系统有限公司		其他有限责任公司	私人控股	WH30 无人机，WH80 无人机，WX04 无人机，WX06 无人机，WX08 无人机，MG－1 无人机
辽宁（3）				
沈阳黎明航空发动机（集团）有限责任公司	中航工业	其他有限责任公司	国有控股	航空零部件转包生产
沈阳飞机工业（集团）有限公司	中航工业	其他有限责任公司	国有控股	波音 767 项目，波音 747 口框，SSJ100 C 系列后桶段
沈飞民用飞机有限责任公司	中航工业	其他有限责任公司	国有控股	Q400 机身段，波音 787 垂尾前缘，A320 机翼前缘，C 系列机身段，ARJ21 大部件，C919 大部件
吉林（2）				
吉林航空维修有限责任公司	中航工业	其他有限责任公司	国有控股	运 5 飞机修理
吉林省国遥博诚科技股份有限公司		其他有限责任公司	私人控股	海斯特“工程兵”无人机系统
黑龙江（2）				
哈尔滨东安发动机（集团）有限公司	中航工业	其他有限责任公司	国有控股	直升机传动系统
哈尔滨飞机工业集团有限责任公司	中航工业	其他有限责任公司	国有控股	直 9 民用直升机，运 12 民用飞机
上海（8）				
中航商用航空发动机有限责任公司	中航工业	国有	国有控股	CJ1000 商用涡扇发动机
中国航空无线电电子研究所	中航工业	国有	国有控股	网络交换机，综合显示系统，显示器与控制器
上海航空测控技术研究所	中航工业	国有	国有控股	C919 飞机客舱管理接口子系统，C919 飞机客舱娱乐系统，C919 飞机信息系统
上海航空工业（集团）有限公司	中国商飞	国有独资公司	国有控股	航空零配件、航空设备的销售，计算机软件，信息技术，网络工程，物业管理，信息系统集成服务

续表

单位名称	所属集团	登记注册类型	控股情况	主要民用航空产品
上海飞机制造有限公司	中国商飞	国有独资公司	国有控股	飞机制造，航空零部件转包生产
上海飞机客户服务有限公司	中国商飞	国有独资公司	国有控股	民机客服相关业务
中国商飞上海飞机设计研究所	中国商飞	国有	国有控股	大型客机研制，ARJ21 新型涡扇支线飞机研制，宽体客机前期论证
中国商用飞机有限公司（本部）	中国商飞	其他有限责任公司	国有控股	C919 大型客机，ARJ21 新支线飞机，航空零部件转包生产
江苏（15）				
金城南京机电液压工程研究中心	中航工业	国有	国有控股	航空机载机电液压综合控制系统
宏光空降装备有限公司	中航工业	国有独资公司	国有控股	热气球，牵引升空伞，山坡伞
中国电子科技集团公司第 28 研究所	中国电科	国有	国有控股	空中交通管理系统，ADS－B 监视设备
无锡翼龙航空设备有限公司		私营有限责任公司	私人控股	翻新航空轮胎 再制造汽车轮胎
新宇航空制造（苏州）有限公司		外资企业	外商控股	飞机发动机叶片及叶片隔框，飞机发动机吊架类机械产品
昆山新宇航航空器材有限公司		私营有限责任公司	私人控股	航空机载设备维修
南京长江电子信息产业集团有限公司		国有独资公司	国有控股	航管雷达
南京航申航空科技有限公司		股份有限公司	私人控股	飞机燃油系统零件
南京大桥机器有限公司		其他有限责任公司	私人控股	高空气象探测雷达，卫星云图接收设备，数字式电子探空仪
江苏金陵机械制造总厂		国有	国有控股	民用飞机修理
江苏希西维轴承有限责任公司		中外合资经营	外商控股	铝合金 OGV 导叶、发动机低空压气机盘
无锡透平叶片有限公司		其他有限责任公司	国有控股	铝合金叶片，发动机低压压气机盘件
无锡压缩机股份有限公司		中外合资经营		飞机充氧车，飞机气源车，飞机空调车
南京全信传输科技股份有限公司		股份有限公司	私人控股	QLA 系列传输线
通用电气航空系统（苏州）有限公司		外资企业	外商控股	飞机引擎部件，飞机复合材料
浙江（17）				
浙江圣翔机械有限公司		其他有限责任公司	私人控股	直升机停机坪
浙江圣奇运动器械制造有限公司		私营有限责任公司	私人控股	波音 737 平尾数控半成品零件，空客互换性包数控半成品零件，空客 A320 门框数控半成品零件
浙江中欣动力测控技术有限公司		私营有限责任公司	集体控股	润滑油金属屑在线监测器
宁波市鄞州金鑫轴承五金有限公司		私营有限责任公司		微型深沟球轴承
宁波捷德航空技术有限公司		私营独资		民用飞行器销售，任务设备销售，航材销售，航空器维修，通用航空咨询服务
杭州天扬机械有限公司		私营有限责任公司	私人控股	发动机固定环，起落架防扭臂，涡轮机匣，整体叶盘

续表

单位名称	所属集团	登记注册类型	控股情况	主要民用航空产品
七丰精工科技股份有限公司		私营股份有限公司	私人控股	航标螺钉，航标螺母
嘉善永鑫紧固件有限公司		私营有限责任公司		不锈钢孔用弹性挡圈，不锈钢轴用弹性挡圈，不锈钢鞍形弹性垫圈，不锈钢波形弹性垫圈，不锈钢内锯齿锁紧垫圈，不锈钢外锯齿锁紧垫圈
浙江金马逊机械有限公司		其他有限责任公司	私人控股	数控弯管机，六工位管端成型机
浙江日发航空数字装备有限责任公司		其他有限责任公司	股份合作	飞机数字化精加工平台，蜂窝高速加工中心，螺旋铣加工设备，舱门制孔生产线，航空零部件
浙江智天科技有限公司		私营有限责任公司	私人控股	消费级多旋翼航拍无人机，六/八旋翼农用植保无人机，六/八旋翼水稻播种机（试验阶段，已基本成熟），多旋翼工业级巡查机，机臂折叠件，无刷电机螺旋桨
雅港（嘉兴）复合材料有限公司		港澳台商独资	港澳台商控股	蜂窝芯材
浙江高端紧固件有限公司		私营有限责任公司		高端紧固件
宁波沥高复合材料有限公司		其他有限责任公司	集体控股	机身板件，机翼板件
浙江西子航空工业有限公司		私营有限责任公司		起落架舱，舱门
宁波缔一宝盛航空机械有限公司		私营有限责任公司		飞机窗，飞机座椅，机翼配件
海宁红狮宝盛科技有限公司		其他有限责任公司		航空设备配件
安徽（1）				
中航工业合肥江航飞机装备有限公司	中航工业	国有独资公司	国有控股	波纹管，飞机副油箱，航空仪表
福建（1）				
厦门太古飞机工程有限公司		与港澳台商合资经营	港澳台商投资	维修
江西（3）				
江西昌河航空工业有限公司	中航工业	国有独资公司	国有控股	AC313 直升机，A109 直升机
江西洪都航空工业股份有限公司	中航工业	股份有限公司	国有控股	C919，波音 747 转包，波音 787 转包
昌河飞机工业（集团）有限责任公司	中航工业	国有独资公司	国有控股	AC311 直升机，AC311A 直升机，S76 直升机，S92 尾斜梁
山东（8）				
济南特种结构研究所	中航工业	国有	国有控股	雷达罩，复合材料结构件
山东翔宇航空技术服务有限责任公司		其他有限责任公司	私人控股	飞机部分部附件修理
威海广泰空港设备股份有限公司		股份有限公司	私人控股	升降平台车，客梯车，电源车，清水车，除冰车，除雪车
山东滨奥飞机制造有限公司		中外合资经营	股份合作	DA40D 飞机
山东太古飞机工程有限公司		与港澳台商合资经营	国有控股	民用飞机及部件维修，飞机工程管理软件开发，自制产品及软件销售，飞机零部件及相关航材的进出口，民用航空器机型培训，航空工程服务

续表

单位名称	所属集团	登记注册类型	控股情况	主要民用航空产品
山东艾诺仪器有限公司		私营有限责任公司	私人控股	飞机地面静变电源
山东中航和辉航空标准件有限责任公司		私营有限责任公司	其他有限责任公司	铝合金铆钉
东方蓝天钛金科技有限公司		国有	国有	紧固件，结构件
河南（1）				
新乡航空工业（集团）有限公司	中航工业	国有独资公司	国有控股	增压泵，单向活门
湖北（8）				
中国特种飞行器研究所	中航工业	国有	国有控股	A2C 超轻型水上飞机，观光系留气球
航宇救生装备有限公司	中航工业	国有	国有控股	航空座椅，飞行器，航空内饰
武汉航空仪表有限责任公司	中航工业	国有独资公司	国有控股	轮胎压力表，微型压力表，结冰探测系统，温度传感器，迎角传感器
湖北易瓦特科技有限公司		私营独资		民用无人直升机，民用八旋翼无人机，民用固定翼无人机
武汉航达航空科技发展有限公司		股份有限公司	私人控股	航空液压附件，航空气动附件，航空机电附件，机场加油设备
凌云科技集团有限责任公司		国有	国有控股	民用飞机维修，其他民用航空产品机零部件修理
洛克希德（武汉）无人机科学研究院有限公司		私营有限责任公司	私人控股	天网遥控多旋翼植保无人机
湖北超卓航空技术有限公司		私营有限责任公司		航空部附件（不含发动机）的维修
湖南（4）				
国营长江动力机械厂	中航工业	国有		飞机零部件，航空发动机零部件
中航飞机起落架有限责任公司	中航工业	其他有限责任公司	国有控股	防扭臂
长沙中传机械有限公司	中航工业	国有独资公司	国有控股	H175 尾传动部件，转包齿轮
中国南方航空工业（集团）有限公司	中航工业	国有独资公司	国有控股	航空零部件转包生产，民用航空发动机
广东（11）				
中航通飞研究院有限公司	中航工业	国有	国有控股	通用飞机
汕头市西北航空用品有限公司		其他有限责任公司	私人控股	飞机客舱零部件和材料，飞机货舱零部件和材料，飞机钢刹车副，飞机碳刹车副
广州航新航空科技股份有限公司		股份有限公司	私人控股	飞行参数记录系统，综合维修检测系统，民用飞机修理（不含发动机），其他民用航空产品及零部件修理
深圳市多尼卡电子技术有限公司		私营有限责任公司	私人控股	快速获取驾驶舱语音记录仪，舱内无线局域网娱乐系统，LTE ATG 上网解决方案，声视频点播系统，数字媒体播放器，驾驶舱视频监控系统

续表

单位名称	所属集团	登记注册类型	控股情况	主要民用航空产品
珠海保税区摩天宇航空发动机维修有限公司		中外合资经营	股份合作	V2500发动机及附件的维修，CFM56－3发动机及附件维修，CFM56－5B发动机及附件维修，CFM56－7B发动机及附件维修
深圳中集天达空港设备有限公司		与港澳台商合资经营	港澳台商控股	登机桥，食品车，平台车，摆渡车
深圳市大疆创新科技有限公司		港澳台商独资	港澳台商控股	Phamton 系列，Inspire 1，Spreading Wings 系列，Flame Wheel 系列
广州飞机维修工程有限公司		与港澳台商合资经营	国有控股	飞机维修，零附件维修
中航通飞华南飞机工业有限公司	中航工业	其他有限责任公司	国有控股	大型灭火/水上救援水陆两栖飞机，5座单发涡桨轻型公务机，"“奖状”xls＋，西锐SR2X
深圳雷柏科技股份有限公司		股份有限公司	港澳台商控股	消费级无人驾驶航空器，专业级无人机航拍
深圳一电科技有限公司		私营有限责任公司	私人控股	无人机
四川（7）				
成都凯天电子股份有限公司	中航工业	股份有限公司	国有控股	民机机载产品生产及维修转包生产地面宽带
成都发动机（集团）有限公司	中航工业	其他有限责任公司		GEAE项目，罗罗项目，霍尼韦尔项目，PWC项目
四川凌峰航空液压机械有限公司	中航工业	其他有限责任公司	国有控股	起落架，阻尼器，助力器，蓄压器，作动器，前轮转弯防摆系统
四川泛华航空仪表电器有限公司	中航工业	其他有限责任公司	国有控股	油耗量测控系统，发动机点火系统，通信引线
成飞民用飞机有限责任公司	中航工业	其他有限责任公司	国有控股	航空零部件
成都飞机工业（集团）有限责任公司	中航工业	国有独资公司	国有控股	转包项目，ARJ机头
中电科航空电子有限公司	中国电科	国有	国有控股	民用机载航电系统，民用机载航电分系统，相关地面系统与设备软件、硬件，民用航空电子设备维修与服务
贵州（7）				
贵州黎阳航空发动机（集团）有限公司	中航工业	其他有限责任公司	国有控股	民用航空发动机零部件，叶片
贵州华烽电器有限公司	中航工业	国有独资公司	国有控股	飞行员操纵装置
贵州云马飞机制造厂	中航工业	国有	国有控股	波音737垂尾接头、肋零件数控加工
贵州安大航空锻造有限责任公司	中航工业	其他有限责任公司	国有控股	锻件
贵州红林机械有限公司	中航工业	其他有限责任公司	国有控股	民用转包
中航力源液压股份有限公司	中航工业	股份有限公司	国有控股	柱塞泵、柱塞马达
贵阳航空电机有限公司	中航工业	国有独资公司	国有控股	二次电源电器

续表

单位名称	所属集团	登记注册类型	控股情况	主要民用航空产品
云南（1）				
昆明电缆股份有限公司		其他有限责任公司	私人控股	航空导线，耐高温导线
陕西（18）				
西安航空发动机（集团）有限公司	中航工业	其他有限责任公司	国有控股	航空发动机零部件
国营长空精密机械制造公司	中航工业	国有	国有控股	齿轮
西安航空制动科技有限公司	中航工业	其他有限责任公司	国有控股	“新舟”60 飞机及刹车附件，波音 737、A320 碳刹车盘
陕西航空电气有限责任公司	中航工业	其他有限责任公司	国有控股	航空零部件转包生产
陕西千山航空电子有限责任公司	中航工业	国有独资公司	国有控股	飞参系统
庆安集团有限公司	中航工业	其他有限责任公司	国有控股	航空转包生产
西安航空计算技术研究所	中航工业	国有	国有控股	C919 飞机通用信息处理计算机，C919 飞机 A664 光电转换器，AC311A 飞机发参显示器，AC311A 飞机发参采集器，“小鹰”500 飞机综合航电系统，“海鸥”300 飞机综合航电系统
西安航空动力控制科技有限公司	中航工业	其他有限责任公司	国有控股	轴类航空产品，叠轴类航空产品
陕西飞机工业（集团）有限公司	中航工业	其他有限责任公司	国有控股	运 8 出口机，运 8 邮政机
西安飞机工业（集团）有限责任公司	中航工业	其他有限责任公司	国有控股	“新舟”系列飞机，航空零部件转包产品
陕西东方航空仪表有限责任公司	中航工业	国有独资公司	国有控股	航空仪表
中国飞机强度研究所	中航工业	国有	国有控股	飞机强度设计与试验
陕西宏远航空锻造有限责任公司	中航工业	其他有限责任公司	国有控股	航空锻铸件
陕西宝成航空仪表有限责任公司	中航工业	其他有限责任公司	国有控股	民用飞机零部件
陕西长岭电子科技有限责任公司		其他有限责任公司	国有控股	142#无线电高度表，14#多普勒导航雷达，5#气象雷达
宝鸡北方科技照明电器有限公司		其他有限责任公司	私人控股	航空照明光源
陕西凌云电器集团有限公司		国有	国有控股	无线电罗盘，塔康，测距器，组合导航接收设备，信标机
陕西中航气弹簧有限责任公司		私营有限责任公司	私人控股	气弹簧
甘肃（1）				
兰州万里航空机电有限责任公司	中航工业	国有独资公司	国有控股	电动机构，着陆灯，襟翼操纵系统

第四部分

中国民用航空工业统计数据

1　综合情况

1.1　全国民用航空工业企业综合情况（见表1-1）

表1-1　全国民用航空工业企业综合情况

指标	计量单位	2015年	2014年	指标	计量单位	2015年	2014年
单位数	个	**145**	**147**	**工业总产值**	万元	**23566703**	**23453204**
国有企业	个	25	28	**民用航空产品产值**	万元	7405784	6013803
有限责任公司	个	71	68	民用飞机（不含无人机）产值	万元	3720078	2788283
股份有限公司	个	10	13	民用飞机零部件产值	万元	1127226	1088758
私营公司	个	24	22	民用航空发动机产品产值	万元	18379	1511
港澳台商投资、外商投资	个	15	16	民用航空发动机零部件产值	万元	342391	317328
全部从业人员人数	万人	32.8	35.7	其他民用航空产品及零部件产值	万元	271578	245530
民用飞机（不含无人机）累计交付数量	架	1353	1213	民用飞机修理产值（不含发动机）	万元	884006	872080
民用飞机（不含无人机）本年交付数量	架	140	179	民用航空发动机修理产值	万元	445249	390726
民用飞机（不含无人机）本年交付金额	万元	3195785	2466567	其他民用航空产品及零部件修理产值	万元	93018	91250
无人机本年交付数量	架	612250	312150	民用飞机机载系统和设备产值	万元	1609	10812
无人机本年交付金额	万元	638330	284541	无人机产品产值	万元	502250	207526
民用飞机（不含无人机）新增确认订单	架	142	160	资产合计	万元	43652981	44484908
民用飞机（不含无人机）新增意向订单	架	168	62	营业收入	万元	22857720	25734992
无人机新增确认订单	架	610334	472603	**民用航空产品收入**	万元	6133831	5937269
无人机新增意向订单	架	30268	84776	营业成本	万元	18375798	21587676
民用飞机（不含无人机）储备确认订单	架	401	447	利润总额	万元	1304740	1287870
民用飞机（不含无人机）储备意向订单	架	606	440	经济效益综合指数		163.1	166.7
无人机储备确认订单	架	10064	34783	总资产贡献率	%	5.8	5.4
无人机储备意向订单	架	30120	35695	资本保值增值率	%	87.1	155.8
民用航空产品转包生产	—	—	—	资产负债率	%	62.5	58.2
民用航空产品转包生产交付金额	万美元	156149	169776	流动资产周转次数	次/年	1.0	1.0
民用飞机零部件交付金额	万美元	98824	104045	成本费用利润率	%	6.0	5.0
民用发动机零部件交付金额	万美元	52192	50567	全员劳动生产率	元/人年	136407	142959
其他民用航空产品交付金额	万美元	5133	15164	产品销售率	%	97.3	95.5

表 1－1（续）

指标	计量单位	2015 年	2014 年	指标	计量单位	2015 年	2014 年
民用航空产品转包生产新增订单	万美元	104700	103541	民用航空产品固定资产投资	万元	928548	615216
民用飞机零部件新增订单	万美元	44236	50912	民用航空产品（R&D）经费支出	万元	462201	672174
民用发动机零部件新增订单	万美元	57115	47192				
其他民用航空产品新增订单	万美元	3349	5437				
民用航空产品转包生产储备订单	万美元	350679	278188				
民用飞机零部件储备订单	万美元	309820	245066				
民用发动机零部件储备订单	万美元	37682	30461				
其他民用航空产品储备订单	万美元	3177	2661				

注：为保持统计延续性，将民用飞机和无人机数据分开统计，整套表中的民用飞机指不包含无人机的民用飞机。

1.2　2015 年全国民用航空工业企业主要经济指标（见表 1－2）

表 1－2　2015 年全国民用航空工业企业主要经济指标

指标	单位数/个	全部从业人员人数/人	民用航空产品产值/万元	民用航空产品销售收入/万元	利润总额/万元
全国总计	**145**	**328370**	**7405784**	**6133831**	**1304740**
按注册登记类型分					
内资企业	130	314001	2450155	2287566	803247
国有企业	25	45190	117842	263430	174208
有限责任公司	71	243878	2010230	1642768	580916
股份有限公司	10	21368	222096	248250	35745
私营企业	24	3565	99988	133119	12377
港澳台商投资企业	7	11800	1381173	715258	101178
外商投资企业	8	2569	3574456	3131006	400314
按三大经济地带分					
东部地区	87	100238	6049753	4876167	769553
中部地区	24	80344	293690	344168	234416
西部地区	34	147788	1062340	913495	300770
总计中					
中国航空工业集团公司	63	274809	1569748	1403133	715464
中国商用飞机有限责任公司	6	10359	485825	472321	1234
中国电子科技集团公司	2	603	32553	12651	－4369
中国航天科工集团公司	3	3135	12840	12107	28576
地方民用航空工业企业	71	39464	5304817	4233618	563834

1.3　2015 年各地区民用航空工业企业主要经济指标（见表 1－3）

表 1－3　2015 年各地区民用航空工业企业主要经济指标

地区	单位数/个	全部从业人员人数/人	民用航空产品产值/万元	民用航空产品销售收入/万元	利润总额/万元
全国总计	**145**	**328370**	**7405784**	**6133831**	**1304740**
北　京	12	10265	72817	80612	49950
天　津	10	5878	3019037	3037327	440475
河　北	2	3856	60261	59805	8678
山　西	3	1919	409	498	7182
辽　宁	3	33225	180142	143987	58380
吉　林	2	2275	302	705	2356
黑 龙 江	2	12762	38006	136009	56070
上　海	8	14073	503623	430838	39960
江　苏	15	11177	152001	129179	75791
浙　江	17	2188	35375	34641	122
安　徽	1	2503	478	502	3634
福　建	1	4684	557146	140094	15540
江　西	3	17291	92163	68678	74307
山　东	8	3842	123955	136402	19455
河　南	1	11523	3611	3611	13919
湖　北	8	16650	116741	96609	45644
湖　南	4	15421	41981	37556	31305
广　东	11	11050	1345396	683282	61201
四　川	7	32136	187758	170431	89484
贵　州	7	22782	29125	46670	17574
云　南	1	1331	130	90	6
陕　西	18	90075	845085	696062	185133
甘　肃	1	1464	242	242	8573
总计中					
中国航空工业集团公司	63	274809	1569748	1403133	715464
中国商用飞机有限责任公司	6	10359	485825	472321	1234
中国电子科技集团公司	2	603	32553	12651	－4369
中国航天科工集团公司	3	3135	12840	12107	28576
地方民用航空工业企业	71	39464	5304817	4233618	563834

1.4 2015年全国民用航空工业企业分布（见表1-4）

表1-4 2015年全国民用航空工业企业分布

个

地区	企业数	按注册登记类型分类					
		国有	有限责任公司	股份有限公司	私营	港澳台	外资
全国总计	**145**	**25**	**71**	**10**	**23**	**7**	**9**
北京	12	3	7	0	2	0	0
天津	10	1	4	1	1	1	2
河北	2	0	2	0	0	0	0
山西	3	1	2	0	0	0	0
辽宁	3	0	3	0	0	0	0
吉林	2	0	2	0	0	0	0
黑龙江	2	0	2	0	0	0	0
上海	8	4	4	0	0	0	0
江苏	15	3	4	2	2	0	4
浙江	17	0	5	0	11	1	0
安徽	1	0	1	0	0	0	0
福建	1	0	0	0	0	1	0
江西	3	0	2	1	0	0	0
山东	8	2	1	1	2	1	1
河南	1	0	1	0	0	0	0
湖北	8	3	1	1	3	0	0
湖南	4	1	3	0	0	0	0
广东	11	1	2	2	1	3	2
四川	7	1	5	1	0	0	0
贵州	7	1	5	1	0	0	0
云南	1	0	1	0	0	0	0
陕西	18	4	13	0	1	0	0
甘肃	1	0	1	0	0	0	0

表 1－4（续）

个

地区	总计中					按从业人员数量分类			
	中航工业	中国商飞	中国电科	航天科工	地方民用航空	300 人以下	300～1000 人	1000～2000 人	2000 人以上
全国总计	**63**	**6**	**2**	**3**	**71**	**40**	**30**	**23**	**52**
北　京	4	1	0	1	6	6	2	1	3
天　津	1	0	0	2	7	5	3	1	1
河　北	2	0	0	0	0	0	0	1	1
山　西	2	0	0	0	1	1	0	1	1
辽　宁	3	0	0	0	0	0	0	0	3
吉　林	1	0	0	0	1	1	0	0	1
黑龙江	2	0	0	0	0	0	0	0	2
上　海	3	5	0	0	0	0	2	1	5
江　苏	2	0	1	0	12	3	7	2	3
浙　江	0	0	0	0	17	14	2	0	1
安　徽	1	0	0	0	0	0	0	0	1
福　建	0	0	0	0	1	0	0	0	1
江　西	3	0	0	0	0	0	1	0	2
山　东	1	0	0	0	7	5	1	2	0
河　南	1	0	0	0	0	0	0	0	1
湖　北	3	0	0	0	5	2	2	0	4
湖　南	4	0	0	0	0	0	1	1	2
广　东	2	0	0	0	9	2	4	3	2
四　川	6	0	1	0	0	0	3	2	2
贵　州	7	0	0	0	0	0	0	3	4
云　南	0	0	0	0	1	0	0	1	0
陕　西	14	0	0	0	4	1	2	3	12
甘　肃	1	0	0	0	0	0	0	1	0

2　产品交付、新增和储备订单及转包生产情况

2.1 全国民用航空产品交付情况（见表2－1）

表2－1 全国民用航空产品交付情况

产品名称	计量单位	2015年	2014年	2013年	2012年	2011年	2015年同比增长/%
民用飞机交付金额总计	**万元**	**6604559**	**5672844**	**4166471**	**3351760**	**1764124**	**16.4**
民用飞机（不含无人机）整机	万元	3195785	2466567	1934515	1368878	122506	29.6
其中：引进总装线生产飞机	万元	3000000	2159949	1736879	1182800		38.9
民用航空发动机整机	万元	4948	1511	660	0	1217	227.5
民用飞机零部件	万元	832889	987871	829306	744606	578846	－15.7
民用航空发动机零部件	万元	350957	347960	311176	341448	270955	0.9
其他民用航空产品及零部件	万元	167040	282193	221385	212042	171253	－40.8
民用飞机修理（不含发动机）	万元	792817	779003	376995	324881	308586	1.8
民用航空发动机修理	万元	445249	390779	326826	260709	252959	13.9
其他民用航空产品及零部件修理	万元	176543	132419	165608	99197	57802	33.3
无人机产品	万元	638330	284541	—	—	—	124.3
民用飞机交付数量	—	—	—	—	—	—	—
（一）干线飞机系列	架	49	47	44	36	0	4.3
A320（引进总装生产飞机）	架	49	47	44	36		4.3
（二）支线客机系列	架	7	14	6	13	9	－50.0
“新舟”60	架	6	14	6	11	6	－57.1
“新舟”600	架				2	1	
ERJ145	架					2	
ARJ21－700	架	1					
（三）通用飞机系列	架	74	101	73	57	66	－26.7
运12IV	架		3	10	2	5	－100.0
运12E	架	1	5		3	2	
“小鹰”500飞机	架	18	13	5		20	38.5
运5B飞机	架	8	12	15	12	5	－33.3
DA 40 TDI	架	18	25	16	17	23	－28.0
赛斯纳208B飞机	架	18	14	5			28.6
赛斯纳“奖状”xls＋	架	2					
轻型飞机SA60L	架		8	9	11		－100.0
A2C超轻型水上飞机	架	7	21	13	12	11	－66.7
“空中国王”350飞机	架	2					
（四）直升机系列	架	10	17	26	8	2	－41.2
AC312直升机	架	9	16	12	7	2	－43.8
410G直升机	架			1	1		
H425直升机	架			5			
AC313直升机	架		1	4			－100.0
AC311直升机	架	1		4			
民用飞机（不含无人机）数量小计	**架**	**140**	**179**	**149**	**114**	**77**	**－21.8**
（五）无人机系列	架	612250	312150	96	6	7	—
Phantom无人机	架	600000	300000				100.0
一电民用无人机	架	12000	12000				0.0
V750无人直升机	架					5	
HW13小型无人机	架	2			6	2	
TD200无人机	架	21	10	1			110.0
EWZ－I无人直升机	架		10	12			－100.0
EWG－I固定翼无人机	架		20	12			－100.0
EWZ－S8多旋翼无人机	架		30	41			－100.0
全华时代无人机	架	7	77				－90.9

表 2-1（续）

产品名称	计量单位	2015 年	2014 年	2013 年	2012 年	2011 年	2015 年同比增长/%
HW-210	架	1	0	11			
HW-220	架		3	18			-100.0
HW-230	架		0	1			
HW-310	架	2					
天网遥控多旋翼植保机 3WDM8-12	架	195					
天网遥控多旋翼植保机 3WDM8-20	架	5					
山西微风无人机	架	17					

2.2 各地区民用航空产品交付情况（见表 2-2）

表 2-2 各地区民用航空产品交付情况

万元

地区	2015 年交付金额	2014 年交付金额	2013 年交付金额	2012 年交付金额	2011 年交付金额	2015 年同比增长/%
全国总计	**6604559**	**5672844**	**4166471**	**3351760**	**1764124**	**16.4**
北 京	33486	70832	27899	43971	19729	-52.7
天 津	3021324	2181973	1738396	1190184	4060	38.5
河 北	60217	41922	23441	14005	7639	43.6
山 西	640	4682	3968	2312	670	-86.3
辽 宁	176196	165894	154937	208960	164158	6.2
吉 林	641	111	346	685	1083	477.5
黑龙江	73241	112011	126822	56585	51920	-34.6
上 海	53112	51409	45395	43652	43775	3.3
江 苏	71566	136705	100954	101393	35509	-47.6
浙 江	40756	10782	3879	2820		278.0
安 徽	485	1161	3319			-58.2
福 建	557146	509261	148777	135755	130534	9.4
江 西	37469	63526	43218	15967	48376	-41.0
山 东	50259	112357	101357	108934	90479	-55.3
河 南	3611	5372	523	258		-32.8
湖 北	106659	103317	103569	5791	12770	3.2
湖 南	43846	29337	20238	21042	19541	49.5
广 东	1401585	1032434	648071	534219	485923	35.8
四 川	203235	230126	157444	210432	88632	-11.7
贵 州	57418	59993	57236	48202	50050	-4.3
云 南	91	131	90	159		-30.6
陕 西	611334	749284	655821	606154	509032	-18.4
甘 肃	242	224	770	280	243	8.0
总计中						
中国航空工业集团公司	1290074	1507632	1232829	1160861	912973	-14.4
中国商用飞机有限责任公司	52251	50978	44558	43609	43775	2.5
中国电子科技集团公司	39781	30770	29913			29.3
中国航天科工集团公司	11474	7266	6055			57.9
地方民用航空工业企业	5210979	5066867	2853115	2147290	807376	2.8

2.3　各单位民用飞机交付情况（见表2－3）

表2－3　各单位民用飞机交付情况

架

单位名称	民用飞机型号	累计交付	2015年	2014年	2013年	2012年	2011年	2010年
民用飞机交付数量								
（一）干线飞机系列		**249**	**49**	**47**	**44**	**36**		
空中客车（天津）总装有限公司	A320（引进总装生产飞机）	249	49	47	44	36		
（二）支线客机系列		**233**	**7**	**14**	**6**	**13**	**9**	**24**
西安飞机工业（集团）有限责任公司	运7系列	89						
	“新舟”60	98	6	14	6	11	6	18
	“新舟”600	4				2	1	
哈尔滨安博威飞机工业有限公司	ERJ145	41					2	6
中国商用飞机有限公司	ARJ21－700	1	1					
（三）通用飞机系列		**742**	**74**	**101**	**73**	**57**	**66**	**42**
哈尔滨飞机工业集团有限责任公司	运12Ⅰ、运12Ⅱ、运12Ⅲ	117						
	运12Ⅳ	42		3	10	2	5	2
	运12E	20	1	5		3	2	
北京科源轻型飞机实业有限公司	“蓝鹰”AD200	21						
华北飞机工业有限公司	“小鹰”500飞机	95	18	13	5		20	15
	运5B飞机	138	8	12	15	12	5	6
	赛斯纳208B飞机	37	18	14	5			
	“空中国王”350飞机	2	2					
江西洪都航空工业股份有限公司	“海燕”机	7						
	农5A	18						
山东滨奥飞机制造有限公司	DA 40 TDI	122	18	25	16	17	23	13
湖南山河智能装备股份有限公司	轻型飞机SA60L	28		8	9	11		
中国特种飞行器研究所	A2C超轻型水上飞机	93	7	21	13	12	11	6
中航通飞华南飞机工业有限公司	赛斯纳“奖状”xls＋	2	2					
（四）直升机系列		**108**	**10**	**17**	**26**	**8**	**2**	**4**
哈尔滨飞机工业集团有限责任公司	AC312直升机	71	9	16	12	7	2	4
	410G直升机	3			1	1		
	H425直升机	6		1	5			

表 2－3（续）

单位名称	民用飞机型号	累计交付	2015 年	2014 年	2013 年	2012 年	2011 年	2010 年
民用飞机交付数量								
上海西科斯基飞机有限公司	斯瓦泽 269 型直升机	16						
昌河飞机工业（集团）有限责任公司	AC313 直升机	4			4			
	AC311 直升机	5	1		4			
江西昌河航空工业有限公司	CA109	3						
（五）货运飞机系列		**21**						
陕西飞机工业（集团）有限公司	运 8 系列	21						
民用飞机（不含无人机）数量小计		1353	140	179	149	114	77	70
（六）无人机系列		**1082513**	**612250**	**312150**	**96**	**6**	**7**	**4**
深圳市大疆创新科技有限公司	Phantom 无人机	1050000	600000	300000				
深圳一电科技有限公司	一电民用无人机	32000	12000	12000				
潍坊天翔航空工业有限公司	V750 无人直升机	6					5	1
北京浩天翼航空技术有限公司	HW13 小型无人机	13	2			6	2	3
北京中航智科技有限公司	TD200 无人机	32	21	10	1			
湖北易瓦特科技有限公司	EWZ－I 无人直升机	22		10	12			
	EWG－I 固定翼无人机	32		20	12			
	EWZ－S8 多旋翼无人机	71		30	41			
天津全华时代航天科技发展有限公司	全华时代无人机	84	7	77				
海鹰航空通用装备有限责任公司	HW－210	12	1	0	11			
	HW－220	21		3	18			
	HW－230	1		0	1			
	HW－310	2	2					
洛克希德（武汉）无人机科学研究院有限公司	天网遥控多旋翼植保机 3WDM8－12	195	195					
	天网遥控多旋翼植保机 3WDM8－20	5	5					
山西微风思普瑞无人系统有限公司	山西微风无人机	17	17					

注：累计交付指 2007 年以来统计的交付数量。

2.4　全国民用航空产品新增订单和储备订单（见表2－4）

表2－4　全国民用航空产品新增订单和储备订单

民用飞机型号	计量单位	2015年新增		2015年储备	
		确认	意向	确认	意向
民用飞机数量					
（一）干线飞机系列	**架**	**0**	**84**	**196**	**318**
C919	架	0	84	196	318
（二）支线客机系列	**架**	**38**	**52**	**179**	**256**
“新舟”60	架	38	8	59	54
“新舟”600	架				
ARJ21－700	架	0	44	120	202
（三）通用飞机系列	**架**	**98**	**29**	**21**	**29**
运12IV	架	0	0	2	0
运12E	架	6	29	12	29
运12F	架			1	
“小鹰”500飞机	架	18			
运5B飞机	架	8			
赛斯纳208B飞机	架	18			
“空中国王”350飞机	架	2	0	0	0
DA 40 TDI	架	35			
轻型飞机SA60L	架				
轻型飞机SA60L（舒适版）	架				
A2C超轻型水上飞机	架	9	0	4	0
“奖状”xls＋	架	2	0	0	0
西锐SR2X	架	0	0	2	0
（四）直升机系列	**架**	**6**	**3**	**5**	**3**
AC313直升机	架	2	0	2	0
AC311直升机	架	2	0	1	0
AC311A直升机	架	2	0	2	0
AC312直升机	架				
H425直升机	架	0	3	0	3
民用飞机（不含无人机）数量小计	**架**	**142**	**168**	**401**	**606**
（五）无人机系列	**架**	**610334**	**30268**	**10064**	**30120**
Phantom无人机	架	600000	0	0	0
一电民用无人机	架	10000	30000	10000	30000
HW13小型无人机	架	1	1	0	0
EWZ－I无人直升机	架	20	40		
EWG－I固定翼无人机	架	10	20		
EWZ－S8多旋翼无人机	架	30	60		
TD200无人机	架	13	0	15	0
HW－210	架	1	2	0	0
HW－220	架				
HW－230	架				
HW－310	架	2	0	0	0
全华时代无人机	架	7	15	0	0
天网遥控多旋翼植保机3WDM8－12	架	240	100	45	100
天网遥控多旋翼植保机3WDM8－20	架	8	20	3	20
山西微风无人机	架	2	10	1	
民用飞机零部件	万元	1406893	84034	1170527	1759587
民用航空发动机零部件	万元	350625	1421	185424	872
其他民用航空产品及零部件	万元	125312	56580	44074	14772
民用飞机修理（不含发动机）	万元	231496	59535	231	0
民用航空发动机修理	万元	445171	3	0	1598900
其他民用航空产品及零部件修理	万元	744019	13252	12706	0

2.5 各单位民用飞机新增和储备订单（见表2-5）

表2-5 各单位民用飞机新增和储备订单

架

企业名称	民用飞机型号	2015年新增		2015年储备	
		确认	意向	确认	意向
民用飞机数量					
（一）干线飞机系列		**0**	**84**	**196**	**318**
中国商用飞机有限责任公司	C919	0	84	196	318
（二）支线客机系列		**38**	**52**	**179**	**256**
西安飞机工业（集团）有限责任公司	“新舟”60	38	8	59	54
	“新舟”600				
中国商用飞机有限责任公司	ARJ21-700	0	44	120	202
（三）通用飞机系列		**98**	**29**	**21**	**29**
哈尔滨飞机工业集团有限责任公司	运12IV	0	0	2	0
	运12E	6	29	12	29
	运12F			1	
华北飞机工业有限公司	“小鹰”500飞机	18			
	运5B飞机	8			
	赛斯纳208B飞机	18			
	“空中国王”350飞机	2	0	0	0
山东滨奥飞机制造有限公司	DA 40 TDI	35			
湖南山河智能装备股份有限公司	轻型飞机SA60L				
	轻型飞机SA60L（舒适版）				
中国特种飞行器研究所	A2C超轻型水上飞机	9	0	4	0
中航通飞华南飞机工业有限公司	“奖状”xls+	2	0	0	0
	西锐SR2X	0	0	2	0
（四）直升机系列		**6**	**3**	**5**	**3**
昌河飞机工业（集团）有限责任公司	AC313直升机	2	0	2	0
	AC311直升机	2	0	1	0
	AC311A直升机	2	0	2	0
哈尔滨飞机工业集团有限责任公司	AC312直升机				
	H425直升机	0	3	0	3
民用飞机（不含无人机）数量小计		**142**	**168**	**401**	**606**
（五）无人机系列		**610334**	**30268**	**10064**	**30120**
深圳市大疆创新科技有限公司	Phantom无人机	600000	0	0	0
深圳一电科技有限公司	一电民用无人机	10000	30000	10000	30000
北京浩天翼航空技术有限公司	HW13小型无人机	1	1	0	0

表2－5（续）

企业名称	民用飞机型号	2015年新增		2015年储备	
		确认	意向	确认	意向
湖北易瓦特科技有限公司	EWZ－I无人直升机	20	40		
	EWG－I固定翼无人机	10	20		
	EWZ－S8多旋翼无人机	30	60		
北京中航智科技有限公司	TD200无人机	13	0	15	0
海鹰航空通用装备有限责任公司	HW－210	1	2	0	0
	HW－220				
	HW－230				
	HW－310	2	0	0	0
天津全华时代航天科技发展有限公司	全华时代无人机	7	15	0	0
洛克希德（武汉）无人机科学研究院有限公司	天网遥控多旋翼植保机3WDM8－12	240	100	45	100
	天网遥控多旋翼植保机3WDM8－20	8	20	3	20
山西微风思普瑞无人系统有限公司	山西微风无人机	2	10	1	

2.6　全国民用航空产品转包生产情况（见表2－6）

表2－6　全国民用航空产品转包生产情况　　万美元

项目	2015年	2014年	2013年	2012年	2011年	2015年同比增长/%
交付金额	**156149**	**169776**	**158461**	**134511**	**103985**	**－8.0**
民用飞机零部件	98824	104045	94907	71400	59018	－5.0
民用发动机零部件	52192	50567	49349	46684	42142	3.2
其他民用航空产品及零部件	5133	15164	14205	16427	2826	－66.1
新增订单金额	**104700**	**103541**	**158812**	**73607**	**139337**	**1.1**
民用飞机零部件	44236	50912	105148	26453	81464	－13.1
民用发动机零部件	57115	47192	46510	39007	53089	21.0
其他民用航空产品及零部件	3349	5437	7154	8147	4784	－38.4
储备订单金额	**3349**	**278188**	**320527**	**326690**	**322379**	**26.1**
民用飞机零部件	309820	245066	283147	292541	283488	26.4
民用发动机零部件	37682	30461	33498	30308	38244	23.7
其他民用航空产品及零部件	3177	2661	3882	3841	646	19.4

2.7 各地区民用航空产品转包生产交付情况（见表 2－7）

表 2－7 各地区民用航空产品转包生产交付情况

万美元

地区	2015 年	2014 年	2013 年	2012 年	2011 年	2015 年同比增长/%
全国总计	**156149**	**169776**	**158461**	**134511**	**103985**	**－8.0**
北 京	608	653	7167	1943	1700	－6.8
天 津	15	7682	7672			－99.8
山 西	79					
辽 宁	38445	33791	33974	29191	25602	13.8
黑龙江	3827	2842	1496	2183	296	34.7
上 海	8416	8296	7197	7020	6635	1.4
江 苏	1075	1342	1253	1271	173	－19.9
浙 江	1258	1461	1071	336		－13.9
安 徽	42	36	69	51	39	16.0
江 西	1000	1608	642	832	2236	－37.8
山 东	4395				168	
湖 北	278	6859	5082	55	109	－95.9
湖 南	5336	4665	4082	3750	3157	14.4
广 东	742					
四 川	25255	28399	20451	29546	13378	－11.1
贵 州	8883	9451	8723	7073	6171	－6.0
陕 西	56495	58947	59581	51259	44322	－4.2
总计中						
中国航空工业集团公司	140232	140356	129026	110733	94476	－0.1
中国商用飞机有限责任公司	8415	8296	7179	6912	6635	1.4
中国电子科技集团公司	235		13			
中国航天科工集团公司	15	10				
地方民用航空工业企业	7251	21114	22243	16866	2874	－65.7

2.8　各地区民用航空产品转包生产新增情况（见表2－8）

表2－8　各地区民用航空产品转包生产新增情况　　万美元

	2015年	2014年	2013年	2012年	2011年	2015年同比增长/%
全国总计	**104700**	**103541**	**158812**	**74907**	**139337**	**1.1**
北　京	612	658	5940	2804	3009	－6.9
天　津	17	137	125		3016	－87.7
山　西	75					
辽　宁	30805	27314	22038	16729	9180	12.8
黑龙江	7104	5524	1000	1000	92	28.6
上　海	0	4		3738	60704	－100.0
江　苏	1431	677	954	1817		111.3
浙　江	1055	1649	1140	324		－36.0
江　西	1116	1571	814	832	2532	－29.0
山　东	6144				95	
湖　北	20	117	1381	55	109	－83.2
湖　南	4427	1587	1275	3316	3370	178.9
广　东	1004			29514		0.0
四　川	20731	30657	19889	1777	20881	－32.4
贵　州	7273	7834	7344	13000	2078	－7.2
陕　西	22886	23419	96911		34271	－2.3
总计中						
中国航空工业集团公司	95293	98951	149802	58994	72126	－3.7
中国商用飞机有限责任公司	0			3738	60704	
中国电子科技集团	120					
中国航天科工集团公司	17	12				40.8
地方民用航空工业企业	9270	4578	9010	12174	6507	102.5

2.9 各地区民用航空产品转包生产储备情况（见表 2-9）

表 2-9 各地区民用航空产品转包生产储备情况 万美元

地区	2015 年	2014 年	2013 年	2012 年	2011 年	2010 年	2009 年	2015 年同比增长/%
全国总计	**350679**	**278187**	**320527**	**327190**	**322379**	**264286**	**232610**	**26.1**
北　京	4	4	1986	3368	1309	360		0.3
天　津	20	49						-59.2
山　西	52							
辽　宁	23565	13000	12100			12498		81.3
黑龙江	15976	8682	6000	6000		300	150	84.0
上　海	47639	56018	64309	71488	74662	20593	26870	-15.0
江　苏	303	999	1016	864		2493	9045	-69.7
浙　江	762	150	210	330		15		408.0
江　西	110						150	
山　东	2787				31		80	
湖　北	259	233	58	50				11.0
湖　南	141	104	3417	164	328	120		35.7
广　东	1000					9330		
四　川	127194	32364	30693	82307		11134	10765	293.0
贵　州	0	35	316	348	4096	3591	3039	-100.0
陕　西	130868	165325	200421	162271	199178	203852	182511	-20.8
总计中								
中国航空工业集团公司	297451	219576	253076	247990	246273	231495	196615	35.5
中国商用飞机有限责任公司	47598	56013	64309	71488	74662	20593	26870	-15.0
中国电子科技集团	932							
中国航天科工集团公司	20	49						-59.2
地方民用航空工业企业	4679	2549	3142	7712	1444	12198	9125	83.6

3　生产销售总值

3.1　全国民用航空工业企业生产销售总值（见表3－1）

表3－1　全国民用航空工业企业生产销售总值

指标名称	计量单位	2015年	2014年	2013年	2012年	2011年	2015年同比增长/%
工业总产值（当年价格）	万元	23566703	23453204	20784418	15267563	13654738	0.5
其中：新产品产值	万元	10038016	7172462	7027918	4590997	4599560	40.0
民用航空产品产值	万元	7405784	6013803	4517460	3928970	2001430	23.1
其中：民用飞机（不含无人机）产品产值	万元	3720078	2788283	2119578	1807910	349556	33.4
民用飞机零部件产品产值	万元	1127226	1088758	1010140	762678	578800	3.5
民用航空发动机产品产值	万元	18379	1511	800			1116.3
民用航空发动机零部件产品产值	万元	342391	317328	312500	330363	254005	7.9
其他民用航空产品及零部件产值	万元	271578	245530	226657	318006	190093	10.6
民用飞机修理产值	万元	884006	872080	371904	334607	308572	1.4
民用航空发动机修理产值	万元	445249	390726	342063	260709	251257	14.0
其他民用航空产品及零部件修理产值	万元	93018	91250	131705	80911	63319	1.9
民用飞机机载系统和设备产值	万元	1609	10812	2112	33786	5828	－85.1
无人机产品产值	万元	502250	207526				142.0
工业销售产值（当年价格）	万元	22921001	22343528	19678030	14511240	13275650	2.6
其中：出口交货值	万元	5754874	4796408	3271816	3007297	1857809	20.0
全部从业人员年平均人数	人	401904	338251	327654	291490	293666	18.8
工业增加值	万元	5501828	4958951	4470084	3240972	3036938	10.9

3.2 2015年各地区民用航空产品产值（见表3－2）

表3－2 2015年各地区民用航空产品产值

地区	单位数/个	民用航空产品产值/万元	各地占总计/%	民用航空产品产值比上年增长/%	民用飞机产品产值（不含无人机）/万元	民用飞机零部件产品产值/万元	民用航空发动机产品产值/万元
全国总计	**145**	**7405784**	**100.0**	**23.1**	**3720078**	**1127226**	**18379**
北 京	12	72817	1.0	0.0	34064	23260	0
天 津	10	3019037	40.8	38.4	3000206	11303	0
河 北	2	60261	0.8	46.0	51200	3505	0
山 西	3	409	0.0	－90.0	45	364	0
辽 宁	3	180142	2.4	11.7	0	110813	0
吉 林	2	302	0.0	－30.6	69	0	0
黑龙江	2	38006	0.5	－70.4	14467	23015	0
上 海	8	503623	6.8	23.9	434124	51826	16931
江 苏	15	152001	2.1	12.1	0	81310	0
浙 江	17	35375	0.5	247.6	1656	27519	0
安 徽	1	478	0.0	－58.8	0	478	0
福 建	1	557146	7.5	9.4	0	0	0
江 西	3	92163	1.2	28.4	72812	19351	0
山 东	8	123955	1.7	13.4	4838	6258	0
河 南	1	3611	0.0	－28.0	0	2676	0
湖 北	8	116741	1.6	－2.7	16765	9399	0
湖 南	4	41981	0.6	36.7	0	22869	1448
广 东	11	1345396	18.2	42.0	14254	8344	0
四 川	7	187758	2.5	－10.8	0	104308	0
贵 州	7	29125	0.4	3.6	0	1017	0
云 南	1	130	0.0	0.0	0	0	0
陕 西	18	845085	11.4	0.7	75578	619369	0
甘 肃	1	242	0.0	8.0	0	242	0
总计中							
中国航空工业集团公司	63	1569748	21.2	0.1	263398	932597	18379
中国商用飞机有限责任公司	6	485825	6.6	19.7	433444	51819	0
中国电子科技集团公司	2	32553	0.4	－2.4	0	342	0
中国航天科工集团公司	3	12840	0.2	79.4	0	9159	0
地方民用航空工业企业	71	5304817	71.6	32.6	3023236	133310	0

表3－2（续）

地区	民用航空发动机零部件产品产值/万元	其他民用航空产品及零部件产值/万元	民用飞机修理产值（不含发动机）/万元	民用航空发动机修理产值/万元	其他民用航空产品及零部件修理产值/万元	民用飞机机载系统和设备产值/万元	无人机产品产值/万元
全国总计	**342391**	**271578**	**884006**	**445249**	**93018**	**1609**	**502250**
北　京	4345	2132	0	42	8974	0	
天　津	283	1391	0	0	4585	1269	
河　北	0	4700	848	0	8	0	
山　西	0	0	0	0	0	0	
辽　宁	69329	0	0	0	0	0	
吉　林	0	233	0	0	0	0	
黑龙江	0	0	524	0	0	0	
上　海	0	743	0	0	0	0	
江　苏	44278	22015	0	0	4398	0	
浙　江	801	5385	14	0	0	0	
安　徽	0	0	0	0	0	0	
福　建	0	0	557146	0	0	0	
江　西	0	0	0	0	0	0	
山　东	0	69593	34993	0	8273	0	
河　南	63	872	0	0	0	0	
湖　北	0	1930	83973	0	4674	0	
湖　南	16757	0	0	860	47	0	
广　东	0	135869	192971	444347	47361	0	502250
四　川	64268	5308	13538	0	336	0	
贵　州	16782	11326	0	0	0	0	
云　南	0	130	0	0	0	0	
陕　西	125485	9951	0	0	14362	340	
甘　肃	0	0	0	0	0	0	
总计中							
中国航空工业集团公司	297029	36075	3269	902	17760	340	
中国商用飞机有限责任公司	0	562	0	0	0	0	
中国电子科技集团公司	0	20570	11641	0	0	0	
中国航天科工集团公司	283	2129	0	0	0	1269	
地方民用航空工业企业	45079	212242	869096	444347	75258	0	502250

3.3 2015年各地区民用航空工业企业销售情况（见表3-3）

表3-3 2015年各地区民用航空工业企业销售情况

地区	工业总产值/万元	工业销售产值/万元	同比增长/%	出口交货值/万元	同比增长/%	工业产品产销率/%
全国总计	**23566703**	**22921001**	**2.6**	**5754874**	**20.0**	**97.3**
北　京	580968	541964	-31.7	5367	-70.5	93.3
天　津	3261403	3265982	38.8	3036059.03	37.0	100.1
河　北	122336	123178	-80.7	0		100.7
山　西	59234	52162	1.1	343	-49.8	88.1
辽　宁	2377911	2221285	4.5	208191	3.6	93.4
吉　林	46908	39526	18.8	0		84.3
黑龙江	1222643	1212049	7.3	35900	-70.9	99.1
上　海	796257	691804	9.6	56450	8.4	86.9
江　苏	655946	657840	-64.7	154578	-38.2	100.3
浙　江	109761	116275	127.3	32507	-0.5	105.9
安　徽	76469	73509	-4.0	1197	90.9	96.1
福　建	557146	557146	9.4	546003	9.4	100.0
江　西	2129100	1903455	-2.0	28012	-57.7	89.4
山　东	157409	154435	12.6	24210	14.3	98.1
河　南	417039	383683	1.6	7828		92.0
湖　北	874684	840851	9.9	42398	-3.5	96.1
湖　南	558729	540377	-27.6	30005	-57.6	96.7
广　东	1349168	1479350	46.3	808616	54.0	109.6
四　川	2274338	2240678	26.5	283040	12.1	98.5
贵　州	1161264	1088352	11.4	72541	2.0	93.7
云　南	113703	109694	0.0	0		96.5
陕　西	4621258	4582582	8.9	381542	8.7	99.2
甘　肃	43029	44824	8.7	87	-87.4	104.2
总计中						
中国航空工业集团公司	16238064	15612562	8.9	1083560	-4.9	96.1
中国商用飞机有限责任公司	489869	402460	2.3	52488	1.1	82.2
中国电子科技集团公司	11983	12651	-99.3	314		105.6
中国航天科工集团公司	172484	171480		0		99.4
地方民用航空工业企业	6654303	6721848	21.2	4618512	32.3	101.0

4　主要经济指标

4.1　全国民用航空工业企业主要经济指标（见表4－1）

表4－1　全国民用航空工业企业主要经济指标

指标名称		计量单位	2015年	2014年	2013年	2012年	2011年	2015年同比增长/%
一、年末资产负债	流动资产合计	万元	26971311	27210951	26380959	20110985	21346513	－0.9
	流动资产年平均余额	万元	23593117	25201795	22710623	18471070	19767431	－6.4
	固定资产合计	万元	9632114	10642350	9231838	7155934	8510861	－9.5
	固定资产原价	万元	13292373	14734754	12298288	10399580	9359047	－9.8
	其中：生产经营用	万元	10651571	9497774	7857609	8084083	7105557	12.1
	固定资产净值年平均余额	万元	7028146	6445392	6027899	6323669	5305975	9.0
	资产总计	万元	43652981	44484908	41480470	31058560	32190411	－1.9
	负债合计	万元	27282056	25869375	24661985	19668032	19804859	5.5
	所有权益合计	万元	16360662	18780128	17091052	11462236	12886279	－12.9
	其中：实收资本	万元	8406729	8026330	7152481	4209980	5388514	4.7
二、损益及分配	营业收入	万元	22857720	25734992	24320878	18403975	15961673	－11.2
	其中：民用航空产品收入	万元	6133831	5937269	4870780	3777288	1964813	3.3
	营业成本	万元	18375798	21587676	19871796	15443107	13525952	－14.9
	主营业务税金及附加	万元	65954	71175	66014	8704	62098	－7.3
	其他业务利润	万元	85290	104269	107211	85714	47858	－18.2
	营业费用	万元	251020	315191	306797	346862	263310	－20.4
	管理费用	万元	2670937	2156865	2093522	1603910	1529087	23.8
	财务费用	万元	310199	328403	314736	311645	256729	－5.5
	其中：利息支出	万元	341923	336840	328415	291962	262138	1.5
	营业利润	万元	1062676	1094327	1048706	737737	547662	－2.9
	补贴收入	万元	177363	193032	171647	151378	150191	－8.1
	利润总额	万元	1304740	1287870	1336471	990563	797564	1.3
	应交所得税	万元	136939	142239	189147	161327	106009	－3.7
三、其他	本年应交增值税	万元	376434	430068	297137	152940	172600	－12.5
	工业中间投入合计	万元	10450143	8542960	7417958	7082817	2451571	22.3
	本年固定资产投资额	万元	1784715	2039004	1484133	1336828	1364747	－12.5
	其中：民用航空产品	万元	462201	615216	389608	362393	210867	－24.9
	全部从业人员人数	人	328370	357402	342136	331551	300253	－8.1
	其中：工程技术人员	人	77824	86293	72096	60522	63052	－9.8
	其中：研究与试验发展人员	人	50017	59180	44934	43869	54647	－15.5
	研究与试验发展经费支出	万元	2277623	2046562	1364604	1467249	1346798	11.3
	其中：民用航空产品	万元	928548	672174	395422	310770	344738	38.1

4.2 2015 年各地区民用航空产品收入（见表 4－2）

表 4－2 2015 年各地区民用航空产品收入

地区	民用航空产品收入/万元	各地占总计/%	营业收入/万元	同比增长/%	民用航空产品销售收入占营业收入比重/%
全国总计	**6133831**	**100**	**22857720**	**－11.2**	**26.8**
北 京	80612	1.3	746329.9	－23.6	10.8
天 津	3037327	49.5	3506150.62	41.4	86.6
河 北	59805	1.0	120163	－81.2	49.8
山 西	498	0.0	54673	－21.2	0.9
辽 宁	143987	2.3	1540820	－41.8	9.3
吉 林	705	0.0	48912	32.8	1.4
黑龙江	136009	2.2	1216345	－0.4	11.2
上 海	430838	7.0	797022.7	0.5	54.1
江 苏	129178	2.1	775450.92	－71.2	16.7
浙 江	34641	0.6	115005.11	99.9	30.1
安 徽	502	0.0	102759.78	18.0	0.5
福 建	140094	2.3	140094.16	－8.3	100.0
江 西	68678	1.1	2189487	9.5	3.1
山 东	136402	2.2	177274.9	5.7	76.9
河 南	3611	0.1	472137	22.5	0.8
湖 北	96609	1.6	859345.39	0.5	11.2
湖 南	37556	0.6	644224	－29.7	5.8
广 东	683282	11.1	1492440	36.5	45.8
四 川	170431	2.8	2082126	7.1	8.2
贵 州	46670	0.8	1033012	－2.2	4.5
云 南	90	0.0	13709	0.0	0.7
陕 西	696062	11.3	4687156	－13.5	14.9
甘 肃	242	0.0	43083	14.7	0.6
总计中					
中国航空工业集团公司	1403133	22.9	15747380.93	－6.1	8.9
中国商用飞机有限责任公司	472321	7.7	479406.34	－4.9	98.5
中国电子科技集团公司	12651	0.2	21523	－99.2	58.8
中国航天科工集团公司	12107	0.2	394927.62		3.1
地方民用航空工业企业	4233618	69.0	6214482	20.6	68.1

4.3　全国民用航空工业企业经济效益综合指数（见表4-3）

表4-3　全国民用航空工业企业经济效益综合指数

指标名称	单位	2015年	2014年	2013年	2012年	2011年	2010年	2009年	2015年比上年增减（+；-）
经济效益综合指数		**163.1**	**166.7**	**171.9**	**147.3**	**145.9**	**144.6**	**141.6**	**-3.6**
总资产贡献率	%	5.8	5.4	6.3	5.6	4.6	3.9	4.1	0.4
资本保值增值率	%	87.1	155.8	154.1	114.3	170.8	120.7	108.3	-68.7
资产负债率	%	62.5	58.2	59.9	63.7	61.5	65.6	65.1	4.3
流动资产周转率	次/年	96.9	100.8	103.6	1.0	0.8	0.8	1.2	-3.9
成本费用利用率	%	6.0	5.0	5.9	5.3	5.1	5.4	6.9	1.0
全员劳动生产率	元/人年	136407	142959	136427	112100	103415	112613	95046	-6552
产品销售率	%	97.3	95.5	94.7	95.0	97.2	97.5	91.7	1.8

4.4 2015年各地区民用航空工业企业收入成本及效益（见表4－4）

表4－4 2015年各地区民用航空工业企业收入成本及效益

地区	营业收入/万元	同比增长/%	营业成本/万元	同比增长/%	利润总额/万元	同比增长/%
全国总计	**22857720**	**－11.2**	**18375798**	**－14.9**	**1304740**	**1.3**
北京	746330	－23.6	576283	－25.1	49950	－42.9
天津	3506151	41.4	2857592	37.0	440475	23.9
河北	120163	－81.2	89799	－82.6	8678	－85.7
山西	54673	－21.2	35558	－28.1	7182	－10.2
辽宁	1540820	－41.8	1485950	－36.9	58380	－40.0
吉林	48912	32.8	39507	23.8	2356	442.9
黑龙江	1216345	－0.4	1038733	－4.4	56070	238.7
上海	797023	0.5	679042	－1.4	39960	27.0
江苏	775451	－71.2	600141	－73.0	75791	－31.7
浙江	115005	99.9	98216	108.4	122	－96.5
安徽	102760	18.0	83303	4.8	3634	－137.7
福建	140094	－8.3	95198	－6.2	15540	－20.5
江西	2189487	9.5	1822741	－2.4	74307	43.2
山东	177275	5.7	116375	－3.2	19455	－7.5
河南	472137	22.5	385951	22.6	13919	15.3
湖北	859345	0.5	728693	5.5	45644	107.6
湖南	644224	－29.7	538489	－29.8	31305	39.5
广东	1492440	36.5	341016	－40.5	61201	－56.2
四川	2082126	7.1	1782991	9.0	89484	－0.1
贵州	1033012	－2.2	862665	－4.7	17574	4.5
云南	13709	0.0	11493	0.0	6	0.0
陕西	4687156	－13.5	4083043	－12.1	185133	48.3
甘肃	43083		23018		8573	
总计中						
中国航空工业集团公司	15747381	－6.1	13417810	－7.2	715464	28.1
中国商用飞机有限责任公司	479406	－4.9	446843	－6.0	1234	－43.0
中国电子科技集团公司	21523	－99.2	16699	－99.3	－4369	－104.1
中国航天科工集团公司	394928		320557		28576	
地方民用航空工业企业	6214482	20.6	4173889	5.5	563834	－1.7

4.5 2015年各地区民用航空工业固定资产投资和研发投入（见表4-5）

表4-5 2015年各地区民用航空工业固定资产投资和研发投入

地区	民用航空产品研究与试验发展经费支出/万元	同比增长/%	民用航空产品固定资产投资/万元	同比增长/%
全国总计	**928548**	**38.1**	**462201**	**-24.9**
北 京	84347	283.9	16203	30.1
天 津	4476	174.9	2296	
河 北	4237	43.9	24104	-42.9
山 西		-100.0	0	
辽 宁	3744	-26.3	17440	37.6
吉 林	28		0	
黑龙江	37562	48.5	726	
上 海	547309	53.0	252349	-21.0
江 苏	9843	129.3	3846	-87.6
浙 江	2714	21.2	2404	-58.6
安 徽	68	41.7	0	
福 建			0	
江 西	13021	-66.5	0	
山 东	8021	6.9	17100	1477.5
河 南	2304	2.6	0	
湖 北	2428	-69.5	12845	-3.4
湖 南	7708	30.4	2981	136.2
广 东	24193	-39.4	27920	-67.8
四 川	28746	4.9	39864	27.1
贵 州	1135		107	-66.6
云 南			0	
陕 西	146664		42016	-25.0
总计中				
中国航空工业集团公司	301311	18.0	232714	77.3
中国商用飞机有限责任公司	583138	65.5	154497	-53.3
中国电子科技集团公司	14327		10052	
中国航天科工集团公司	789		2628	
地方民用航空工业企业	28984	-31.1	62310	-48.8

5 附　　录

民用航空工业统计报表制度

中华人民共和国工业和信息化部制定
中 华 人 民 共 和 国 国 家 统 计 局 批 准
2015 年 3 月

本报表制度根据《中华人民共和国统计法》的有关规定制定

《中华人民共和国统计法》的第七条规定：国家机关、社会团体、企业事业组织和个体工商户等统计调查对象，必须依照本法和国家规定，如实提供统计资料，不得虚报、瞒报、迟报，不得伪造、篡改。基层群众性自治组织和公民有义务如实提供国家统计调查所需要的情况。

《中华人民共和国统计法》第九条规定：统计机构、统计人员对在统计调查中知悉的统计调查对象的商业秘密，负有保密义务。

目　　录

一、总　说　明

（一）统计目的

为准确、及时了解中国民用航空工业企事业的科研、生产及经济运行情况，有效地实施行业管理，为各级领导、政府主管部门决策提供依据，为行业提供信息服务，依照《中华人民共和国统计法》的规定，特制定民用航空工业统计报表制度。

（二）统计范围

从事民用航空器、民用航空发动机、机载系统和设备、零部件、地面设备、随机工具等研发、制造和修理的规模以上企业单位和全部事业单位。地面设备指与飞机相连接的部件或设备。企事业单位包括工业企业、科研院所和大专院校等。事业单位研发活动情况按工业企业表式上报。

民用航空器指已取得民用航空适航型号合格证与生产许可证，和以取得民用航空适航型号合格证与生产许可证为研制目标的航空飞行器。包括干线飞机、支线飞机、通用飞机、民用直升机和无人机（固定翼和旋翼）、民用特种飞行器（包括地效飞机、水上飞机、飞艇）等。

（三）统计内容

1. 法人单位基本情况。
2. 民用航空产品交付情况。
3. 民用航空产品新增订单和储备订单。
4. 民用航空产品转包生产情况。
5. 生产、销售总值。
6. 主要经济指标。

（四）汇总上报要求

1. 各省、自治区和直辖市民用航空工业管理部门和中国航空工业集团公司、中国商用飞机有限责任公司为二级汇总单位。各省、自治区和直辖市民用航空工业管理部门负责审核本地区非中国航空工业集团公司、中国商用飞机有限责任公司下属单位的数据，中国航空工业集团公司、中国商用飞机有限责任公司负责审核集团内统计单位数据，审核后集中上报。

2. 年报上报时间：各单位应于2月28日前将报表在全国民用航空统计信息平台报送，二级汇总单位于4月20日前将汇总表报送至国防科工局信息中心。

3. 定期报表上报时间：各单位于季后10日前将报表报送至全国民用航空统计信息平台。

通信地址：北京市第8184号信箱　　　　邮政编码：100081
联系单位：国防科工局信息中心　　　　联系人：林丽　赵奕然
联系电话：010－88581252 88529312　　传　真：010－88529333
E－mail：cicdata@ sohu. com

（五）统计资料公布时间及方式：民用航空年报及有关行业整体数据于次年10月通过《中国民用航空年鉴》公布，可以与有需求的部委共享。

（六）本报表制度经国家统计局（国统制［2015］30号）审核批准。

二、报 表 目 录

表号	表名	报告期别	统计范围	报送单位	报送日期及方式	页码
工信航空年1表	法人单位基本情况	年报	各省、自治区、直辖市及中国航空工业集团公司、中国商用飞机有限责任公司下属从事民用航空器、民用航空发动机、机载系统和设备、零部件、地面设备、随机工具等研发、制造和修理的规模以上企业单位和全部事业单位。	各省、自治区、直辖市及中国航空工业集团公司、中国商用飞机有限责任公司下属从事民用航空器、民用航空发动机、机载系统和设备、零部件、地面设备、随机工具等研发、制造和修理的规模以上企业单位和全部事业单位。	2月28日前（二级汇总单位4月20日前）汇总报送	4
工信航空年2表	民用航空产品交付情况	年报	同上	同上	同上	5
工信航空年3表	民用航空产品新增订单和储备订单	年报	同上	同上	同上	6
工信航空年4表	民用航空产品转包生产情况	年报	同上	同上	同上	7
工信航空年5表	生产、销售总值	年报	同上	同上	同上	8
工信航空年6表	主要经济指标	年报	同上	同上	同上	9
工信航空定1表	生产、销售总值	季报	同上	重点民用航空产品生产企业	4月、7月、10月和1月10日前网上报送	10
工信航空定2表	民用航空产品生产经营情况	季报	同上	重点民用航空产品生产企业	同上	11
工信航空定3表	民用航空产品转包生产情况	季报	同上	重点民用航空产品生产企业	同上	12

三、调 查 表 式

（一）年报

法人单位基本情况

表　　号：工信航空年 1 表
制定机关：工业和信息化部
批准机关：国家统计局
批准文号：国统制［2015］30 号
有效期至：2017 年 3 月

201　年

01 组织机构代码 □□□□□□□□—□
02 法人单位名称：________________
03 法定代表人（负责人）：________________

04 单位所在地及行政区划
______省（自治区、直辖市）______地（区、市、州、盟）______县（区、市、旗）
______乡（镇）________________街（村）、门牌号

05 联系方式
区　　号 □□□□□
电话号码 □□□□□□□□□□□
分 机 号 □□□□□□
传真号码 □□□□□□□□
邮政编码 □□□□□□

电子信箱________________
网　　址________________

0601　行业类别 ________________；　行业代码 □□□□
0602　主要民用航空产品名称
1 ______；2 ______；3 ______
4 ______；5 ______；6 ______

07 登记注册类型

内资	149 其他联营	174 私营股份有限公司	290 其他港澳台商投资
110 国有	151 国有独资公司	190 其他	外商投资
120 集体	159 其他有限责任公司	港澳台商投资	310 中外合资经营
130 股份合作	160 股份有限公司	210 与港澳台商合资经营	320 中外合作经营
141 国有联营	171 私营独资	220 与港澳台商合作经营	330 外资企业
142 集体联营	172 私营合伙	230 港澳台商独资	340 外商投资股份有限公司
143 国有与集体联营	173 私营有限责任公司	240 港澳台商投资股份有限公司	390 其他外商投资

□□□

08 控股情况　110 国有控股　120 集体控股　210 私人控股　220 港澳台商控股　230 外商控股　□□□

09 企业主要出资人情况
公司名称：________________　出资比例：____%
公司名称：________________　出资比例：____%
公司名称：________________　出资比例：____%

10 企业境外投资情况　1 有　2 无　□
主要投资国别：________对境外投资额：________万元
主要投资国别：________对境外投资额：________万元

11 企业利用外资情况　1 有　2 无　□
外资公司名称：________利用外资额：________万元
外资公司名称：________利用外资额：________万元

12 特种行业许可证审批单位：________________

单位负责人：　　统计负责人：　　填表人：　　报出日期：201　年　月　日

说明：1. 本表由各省、自治区、直辖市民用航空工业管理部门、中国航空工业集团公司、中国商用飞机有限责任公司、中国电子科技集团公司、中国航天科工集团公司报送分单位数据。
2. 统计范围是各省、自治区、直辖市及中国航空工业集团公司下属从事民用航空器、民用航空发动机、机载系统和设备、零部件、地面设备、随机工具等研发、制造和修理的规模以上企业单位和全部事业单位。
3. 报送时间为 2 月 28 日前，报送方式为网上报送。

民用航空产品交付情况

表　　号：工信航空年2表
制定机关：工业和信息化部
批准机关：国 家 统 计 局
批准文号：国统制［2015］30号
有效期至：2017年3月

企业详细名称　　　　201　年

指标名称	代码	累计交付数量（含本年）（架/台）	本年交付		其中：本年出口（不含转包生产）	
			数量（架/台）	金额（万元）	数量（架/台）	金额（万元）
民用飞机合计	01					
按型号分：民用飞机1	02					
民用飞机2	03					
民用飞机3	04					
民用飞机4	05					
民用飞机5	06					
民用航空发动机整机合计	07					
按型号分：民用航空发动机1	08					
民用航空发动机2	09					
民用航空发动机3	10					
民用航空发动机4	11					
民用航空发动机5	12					
民用飞机零部件	13	—	—		—	
民用航空发动机零部件	14	—	—		—	
其他民用航空产品及零部件	15	—	—		—	
民用飞机修理（不含发动机）	16	—	—		—	
民用航空发动机修理	17	—	—		—	
其他民用航空产品及零部件修理	18	—	—		—	

单位负责人：　　　　统计负责人：　　　　填表人：　　　　报出日期：201　年　月　日

说明：1. 本表由各省、自治区、直辖市民用航空工业管理部门、中国航空工业集团公司、中国商用飞机有限责任公司、中国电子科技集团公司、中国航天科工集团公司报送分单位数据。

2. 统计范围是各省、自治区、直辖市及中国航空工业集团公司下属从事民用航空器、民用航空发动机、机载系统和设备、零部件、地面设备、随机工具等研发、制造和修理的规模以上企业单位和全部事业单位。

3. 报送时间为2月28日前，报送方式为网上报送。

民用航空产品新增订单和储备订单

表　　号：工信航空年 3 表
制定机关：工业和信息化部
批准机关：国家统计局
批准文号：国统制［2015］30 号
有效期至：2017 年 3 月

企业详细名称　　　　201　年

指标名称	代码	计量单位	新增订单		其中：出口（不含转包生产）		储备订单		其中：出口（不含转包生产）	
			确认订单	意向订单	确认订单	意向订单	确认订单	意向订单	确认订单	意向订单
民用飞机合计	01	架								
其中：民用飞机 1	02	架								
民用飞机 2	03	架								
民用飞机 3	04	架								
民用飞机 4	05	架								
民用飞机 5	06	架								
民用航空发动机整机合计	07	台								
其中：民用航空发动机 1	08	台								
民用航空发动机 2	09	台								
民用航空发动机 3	10	台								
民用航空发动机 4	11	台								
民用航空发动机 5	12	台								
民用飞机零部件	13	万元								
民用航空发动机零部件	14	万元								
其他民用航空产品及零部件	15	万元								
民用飞机修理（不含发动机）	16	万元								
民用航空发动机修理	17	万元								
其他民用航空产品及零部件修理	18	万元								

单位负责人：　　　　统计负责人：　　　　填表人：　　　　报出日期：201　年　月　日

说明：1. 本表由各省、自治区、直辖市民用航空工业管理部门、中国航空工业集团公司、中国商用飞机有限责任公司、中国电子科技集团公司、中国航天科工集团公司报送分单位数据。

2. 统计范围是各省、自治区、直辖市及中国航空工业集团公司下属从事民用航空器、民用航空发动机、机载系统和设备、零部件、地面设备、随机工具等研发、制造和修理的规模以上企业单位和全部事业单位。

3. 报送时间为 2 月 28 日前，报送方式为网上报送。

民用航空产品转包生产情况

表　　号：工信航空年4表
制定机关：工业和信息化部
批准机关：国家统计局
批准文号：国统制［2015］30号
有效期至：2017年3月

企业详细名称　　　　201　年　　　　计量单位：万美元

指标名称	本年交付金额	本年新增订单金额	储备订单金额
民用飞机零部件			
民用发动机零部件			
其他民用航空产品及零部件			

单位负责人：　　　　统计负责人：　　　　填表人：　　　　报出日期：201　年　月　日

说明：1. 本表由各省、自治区、直辖市民用航空工业管理部门、中国航空工业集团公司、中国商用飞机有限责任公司、中国电子科技集团公司、中国航天科工集团公司报送分单位数据。
2. 统计范围是各省、自治区、直辖市及中国航空工业集团公司下属从事民用航空器、民用航空发动机、机载系统和设备、零部件、地面设备、随机工具等研发、制造和修理的规模以上企业单位和全部事业单位。
3. 报送时间为2月28日前，报送方式为网上报送。

生产、销售总值

表　　号：工信航空年5表
制定机关：工业和信息化部
批准机关：国家统计局
批准文号：国统制［2015］30号
有效期至：2017年3月

企业详细名称　　　　201　年

指标名称	代码	计量单位	本年实际
工业总产值（当年价格）	01	万元	
其中：新产品产值	02	万元	
其中：民用飞机产品产值	03	万元	
民用飞机零部件产品产值	04	万元	
民用航空发动机产品产值	05	万元	
民用航空发动机零部件产品产值	06	万元	
其他民用航空产品及零部件产值	07	万元	
民用飞机修理产值（不含发动机）	08	万元	
民用航空发动机修理产值	09	万元	
其他民用航空产品及零部件修理产值	10	万元	
民用飞机机载系统和设备产值	11	万元	
工业销售产值（当年价格）	12	万元	
其中：出口交货值	13	万元	
全部从业人员年平均人数	14	人	

单位负责人：　　　　统计负责人：　　　　填表人：　　　　报出日期：201　年　月　日

说明：1. 本表由各省、自治区、直辖市民用航空工业管理部门、中国航空工业集团公司、中国商用飞机有限责任公司、中国电子科技集团公司、中国航天科工集团公司报送分单位数据。
2. 统计范围是各省、自治区、直辖市及中国航空工业集团公司下属从事民用航空器、民用航空发动机、机载系统和设备、零部件、地面设备、随机工具等研发、制造和修理的规模以上企业单位和全部事业单位。
3. 报送时间为2月28日前，报送方式为网上报送。

主要经济指标

表　　号：工信航空年6表
制定机关：工业和信息化部
批准机关：国家统计局
批准文号：国统制［2015］30号
有效期至：2017年3月

企业详细名称　　　　　　　　　　201　年

指标名称	代码	计量单位	本年实际
一、年末资产负债	—	—	
流动资产合计	01	万元	
流动资产余额	02	万元	
固定资产合计	03	万元	
固定资产原价	04	万元	
其中：生产经营用	05	万元	
固定资产净值余额	06	万元	
资产总计	07	万元	
负债合计	08	万元	
所有者权益合计	09	万元	
其中：实收资本	10	万元	
二、损益及分配	—	—	
营业收入	11	万元	
其中：民用航空产品收入	12	万元	
营业成本	13	万元	
营业税金及附加	14	万元	
其他业务利润	15	万元	
营业费用	16	万元	
管理费用	17	万元	
财务费用	18	万元	
其中：利息支出	19	万元	
营业利润	20	万元	
补贴收入	21	万元	
利润总额	22	万元	
应交所得税	23	万元	
三、其他	—	—	
本年应交增值税	24	万元	
本年固定资产投资额	26	万元	
其中：民用航空产品	27	万元	
全部从业人员人数	28	人	
其中：工程技术人员	29	人	
其中：研究与试验发展人员	30	人	
研究与试验发展经费支出	31	万元	
其中：民用航空产品	32	万元	

单位负责人：　　　　　　统计负责人：　　　　　　填表人：　　　　　　报出日期：201　年　月　日

说明：1. 本表由各省、自治区、直辖市民用航空工业管理部门、中国航空工业集团公司、中国商用飞机有限责任公司、中国电子科技集团公司、中国航天科工集团公司报送分单位数据。

2. 统计范围是各省、自治区、直辖市及中国航空工业集团公司下属从事民用航空器、民用航空发动机、机载系统和设备、零部件、地面设备、随机工具等研发、制造和修理的规模以上企业单位和全部事业单位。

3. 报送时间为2月28日前，报送方式为网上报送。

（二）定期报表

生产、销售总值

表　　号：工信航空定1表
制定机关：工业和信息化部
批准机关：国家统计局
批准文号：国统制［2015］30号
有效期至：2017年3月

企业详细名称：　　　　　　　201　年　季

指标名称	代码	计量单位	本季止累计	上年同期止累计
一、工业总产值（当年价格）	01	万元		
其中：民用飞机产品产值	02	万元		
民用飞机零部件产品产值	03	万元		
民用航空发动机产品产值	04	万元		
民用航空发动机零部件产品产值	05	万元		
其他民用航空产品及零部件产值	06	万元		
民用飞机修理产值（不含发动机）	07	万元		
民用航空发动机修理产值	08	万元		
其他民用航空产品及零部件修理产值	09	万元		
民用航空机载系统和设备产值	10	万元		
二、工业销售产值（当年价格）	11	万元		
其中：出口交货值	12	万元		
三、营业收入	13	万元		
其中：民用航空产品收入	14	万元		
四、利润总额	15	万元		

单位负责人：　　　　统计负责人：　　　　填表人：　　　　报出日期：201　年　月　日

说明：1. 本表由各省、自治区、直辖市民用航空工业管理部门、中国航空工业集团公司、中国商用飞机有限责任公司、中国电子科技集团公司、中国航天科工集团公司报送分单位数据。

2. 统计范围是重点民用航空产品生产企业。

3. 报送时间为季后10日前，报送方式为电子邮件。

民用航空产品生产经营情况

表　　号：工信航空年 2 表
制定机关：工业和信息化部
批准机关：国家统计局
批准文号：国统制［2015］30 号
有效期至：2017 年 3 月

企业详细名称：　　　　201　年　季

指标名称	计量单位	交付数量				新增订单					
		本季止累计	其中：出口	上年同期止累计	其中：出口	本季止累计		其中：出口		上年同期止累计	
						确认订单	意向订单	确认订单	意向订单	确认订单	意向订单
甲	乙	1	2	3	4	5	6	7	8	9	10
民用飞机合计	架										
根据本企业生产飞机型号（例如“新舟”60、ARJ21 等）分别填报	架										
民用航空发动机整机合计	台										
根据本企业生产发动机型号（例如涡扇 8A 航空发动机等）分别填报	台										

指标名称	计量单位	新增订单上年同期		储备订单							
		其中：出口		本季止累计		其中：出口		上年同期止累计		其中：出口	
		确认订单	意向订单	确认订单	意向订单	确认订单	意向订单	确认订单	意向订单	确认订单	意向订单
甲	乙	11	12	13	14	15	16	17	18	19	20

补充资料：

本季止交付飞机（发动机）合同金额＿＿＿＿＿＿＿＿万元　　其中：出口　　万元

本季止新增确认订单飞机（发动机）合同金额＿＿＿＿＿＿万元　　其中：出口　　万元

本季止储备确认订单飞机（发动机）合同金额＿＿＿＿＿＿万元　　其中：出口　　万元

单位负责人：　　统计负责人：　　填表人：　　电话：　　报出日期：20　年　月　日

民用航空产品转包生产情况

表　　号：工信航空定3表
制定机关：工业和信息化部
批准机关：国家统计局
批准文号：国统制［2015］30号
有效期至：2017年3月

企业详细名称　　　　201　年　季　　　　计量单位：万美元

指标名称	交付金额		新增订单金额		储备订单金额	
	本季止累计	上年同期止累计	本季止累计	上年同期止累计	本季止累计	上年同期止累计
民用飞机零部件						
民用发动机零部件						
其他民用航空产品及零部件						

单位负责人：　　　　统计负责人：　　　　填表人：　　　　报出日期：201　年　月　日

说明：1. 本表由各省、自治区、直辖市民用航空工业管理部门、中国航空工业集团公司、中国商用飞机有限责任公司、中国电子科技集团公司、中国航天科工集团公司报送分单位数据。

2. 统计范围是重点民用航空产品生产企业。

3. 报送时间为季后10日前，报送方式为电子邮件。

四、主要指标解释

（一）法人单位基本情况

1. 组织机构代码（01）：指根据中华人民共和国国家标准《全国组织机构代码编制规则》（GB 11714—1997），由组织机构代码登记主管部门给每个企业、事业单位、机关、社会团体和民办非企业颁发的在全国范围内唯一的、始终不变的法定代码。单位代码共 9 位，无论是法人单位还是产业活动单位，单位代码均由 8 位无属性的数字和一位校验码组成。所有单位均填写本项。

（1）法定代码填写规定

已经领取了法定代码的法人单位和产业活动单位必须使用法定代码，不得使用临时代码。在填写时，要按照技术监督部门颁发的《中华人民共和国组织机构代码证》上的代码填写，（也可参照税务部门颁发的税务登记证书上的税务登记号的后 9 位填写）。

（2）临时代码使用规定

尚未领到法定代码或不属于法定代码赋码范围的单位，一律由各级统计部门从临时码段中赋予代码。

★主要审核要求：

（1）所有单位均不能漏填；

（2）法人单位代码长度必须为 9 个字符；

（3）不能含有 0 ~ 9 或 A ~ Z（必须大写）之外的字符。

2. 法人单位名称（02）：指经有关部门批准正式使用的单位全称。所有单位均填写本项。

企业的详细名称按工商部门登记的名称填写；行政、事业单位的详细名称按编制部门登记、批准的名称填写；社会团体、民办非企业单位和基层群众自治组织的详细名称按民政部门登记、批准的名称填写。填写时要求使用规范化汉字填写，并与单位公章所使用的名称完全一致。

凡经登记主管机关核准或批准，具有两个或两个以上名称的单位，要求填写一个法人单位名称，同时用括号注明其余的单位名称。

★主要审核要求：

（1）所有单位均不能漏填；

（2）必须与单位公章所使用的名称完全一致；

（3）使用规范的汉字。

3. 法定代表人（单位负责人）（03）：指依照法律或者法人组织章程规定，代表法人行使职权的负责人。所有单位均填写本项。

企业法定代表人按《企业法人营业执照》法定代表人填写；事业单位法定代表人按《事业单位法人证书》填写；机关的法定代表人填写单位主要负责人；社团法定代表人按《社团法人登记证》填写；民办非企业单位按《民办非企业登记证书》填写；产业活动单位填写本单位的主要负责人。

★主要审核要求：

（1）所有单位均不能漏填；

（2）不能填写官称或职称。

4. 单位详细地址（04）：要求写明单位所在的省（自治区、直辖市）、地（区、市、州、盟）、县（区、市、旗）、乡（镇）以及具体街（村）的名称和详细的门牌号码，不能填写通讯号码或通讯信箱号码。所有单位均填写本项。

★主要审核要求：

（1）所有单位均不能漏填；

（2）街（村）、门牌号要详细填写。

5. 联系方式（05）：包括长途区号、电话号码、分机号、传真号码、邮政编码、电子信箱。所有单位均填写本项。

在填写电话号码时，将号码以左顶齐方式从左向右填写在方框内；号码超过所列空位时，向方框外右面扩充。电话号码以填写固定座机电话号码为主，对于确实没有座机电话号码的单位，可以填写主要负责人的移动电话号码。

★主要审核要求：

（1）所有单位均不能漏填；

（2）不能含有0~9之外的字符；

（3）长途区号首位必须为0。

6. 行业类别（06）：是根据其从事的社会经济活动性质对各类调查单位进行分类。填报时应统一按照国家统计局2002年制定的《国民经济行业分类与代码》（GB/T 4754—2002）的小类类别和代码填写。一个企业属于哪个工业行业，是按正常生产情况下生产的主要产品的性质（按其重要程度或总产值所占比重），把整个企业划入某一工业行业小类内。所有单位均填写本项。

7. 登记注册类型（07）：指企业或企业产业活动单位的登记注册类型，按其在工商行政管理机关登记注册的类型填写。所有单位均填报本项。

机关、事业单位和社会团体及其他组织的登记注册类型，按其主要经费来源和管理方式，根据实际情况，比照《企业登记注册类型与代码》确定。

工商行政管理部门对企业（单位）登记注册的类型分为以下几种：

（1）国有企业：指企业全部资产归国家所有，并按《中华人民共和国企业法人登记管理条例》规定登记注册的非公司制的经济组织。不包括有限责任公司中的国有独资公司。

（2）集体企业：指企业资产归集体所有，并按《中华人民共和国企业法人登记管理条例》规定登记注册的经济组织。

（3）股份合作企业：指以合作制为基础，由企业职工共同出资入股，吸收一定比例的社会资产投资组建，实行自主经营，自负盈亏，共同劳动，民主管理，按劳分配与按股分红相结合的一种集体经济组织。

（4）联营企业：两个及两个以上相同或不同所有制性质的企业法人或事业单位法人，按自愿、平等、互利的原则，共同投资组成的经济组织称为联营企业。联营企业包括国有联营企业、集体联营企业、国有与集体联营企业和其他联营企业。

国有联营企业：指所有联营单位均为国有。

集体联营企业：指所有联营单位均为集体。

国有与集体联营企业：指联营单位既有国有也有集体。

其他联营企业：指上述三种联营企业之外的其他联营形式的企业。

（5）有限责任公司：根据《中华人民共和国公司登记管理条例》规定登记注册，由两个以上，50个以下的股东共同出资，每个股东以其所认缴的出资额对公司承担有限责任，公司以其全部资产对其债务承担责任的经济组织称为有限责任公司。有限责任公司分为国有独资公司以及其他有限责任公司。

国有独资公司：指国家授权的投资机构或者国家授权的部门单独投资设立的有限责任公司。

其他有限责任公司：是国有独资公司以外的其他有限责任公司。

（6）股份有限公司：指根据《中华人民共和国公司登记管理条例》规定登记注册，其全部注册资本由等额股份构成并通过发行股票筹集资本，股东以其认购的股份对公司承担有限责任，公司以其全部资产对其债务承担责任的经济组织。

（7）私营企业由自然人投资设立或由自然人控股，以雇佣劳动为基础的营利性经济组织称为私营企业。包括按照《公司法》、《合伙企业法》、《私营企业暂行条例》以及《个人独资企业法》规定登记注册的私营独资企业、私营有限责任公司、私营股份有限公司、私营合伙企业和个人独资企业。

私营独资企业：指按《私营企业暂行条例》的规定，由一名自然人投资经营，以雇佣劳动为基础，投资者对企业债务承担无限责任的企业。

个人独资企业：指按《个人独资企业法》、《个人独资企业登记管理办法》的规定，由一个自然人投资，财产为投资人个人所有，投资人以其个人财产对企业债务承担无限责任的经营实体。个人独资企业填表时归入私营独资企业。

私营合伙企业：指按《合伙企业法》或《私营企业暂行条例》的规定，由两个以上自然人按照协议共同投资、共同经营、共负盈亏，以雇佣劳动为基础，对债务承担无限责任的企业。

私营有限责任公司：指按《公司法》、《私营企业暂行条例》的规定，由两个以上自然人投资或由单个自然人控股的有限责任公司。

私营股份有限公司：指按《公司法》的规定，由 5 个以上自然人投资，或由单个自然人控股的股份有限公司。

（8）其他内资企业：指上述第（1）条至第（7）条之外的其他内资经济组织。

（9）与港澳台商合资经营企业：指港澳台地区投资者与内地的企业依照《中华人民共和国中外合资经营企业法》及有关法律的规定，按合同规定的比例投资设立，分享利润和分担风险的企业。

（10）与港澳台商合作经营企业：指港澳台地区投资者与内地企业依照《中华人民共和国中外合作经营企业法》及有关法律的规定，依照合作合同的约定进行投资或提供条件设立，分配利润、分担风险和亏损的企业。

（11）港澳台商独资经营企业：指依照《中华人民共和国外资企业法》及有关法律的规定，在内地设立的由港澳台地区投资者在内地全额投资设立的企业。

（12）港澳台商投资股份有限公司：指根据国家有关规定，经商务部（原外经贸部）批准设立，并且其中港、澳、台商的股本占公司注册资本的比例达 25% 以上的股份有限公司。凡其中港、澳、台商的股本占公司注册资本的比例小于 25% 的，属于内资中的股份有限公司。

（13）中外合资经营企业：指外国企业或外国人与中国内地企业依照《中华人民共和国中外合资经营企业法》及有关法律的规定，按合同规定的比例投资设立，分享利润和分担风险的企业。

（14）中外合作经营企业：指外国企业或外国人与中国内地企业依照《中华人民共和国中外合作经营企业法》及有关法律的规定，依照合作合同的约定进行投资或提供条件设立，分配利润、分担风险和亏损的企业。

（15）外资企业：指依照《中华人民共和国外资企业法》及有关法律的规定，在中国内地设立的由外国投资者全额投资设立的企业。

（16）外商投资股份有限公司：指根据国家有关规定，经商务部（原外经贸部）批准设立，并且其中外资的股本占公司注册资本的比例达 25% 以上的股份有限公司。凡其中外资股本占公司注册资本的比例小于 25% 的，属于内资中的股份有限公司。

在具体填报时应注意：

（1）社区（居委会）、村委会的登记注册类型应选填“其他内资”；

（2）如单位登记注册类型改变，但未重新办理变更登记，应按原登记注册类型填写；

（3）对营业执照上的登记注册类型只填写“有限责任公司”的情况，统计人员要认真查询。首先，查看其《营业执照》上编码，区分是私营企业还是非私营企业。其识别方法为看营业执照上的编码左数第七位，为 1 的是非私营企业，为 2 的是私营企业；然后，再根据其是否为国家授权的投资机构或者国家授权的部门单独投资设立的公司来确定其登记注册类型是“国有独资公司”还是“其他有限责任公司”，并填写相应的代码。

★主要审核要求：

（1）所有单位均不能漏填；

（2）不能含有表中所列代码以外的任何字符。

8. 主要民用航空产品名称：指已取得民用航空适航型号合格证与生产许可证，和以取得民用航空适航型号合格证与生产许可证为研制目标的航空飞行器名称。

9. 企业境外投资情况（10）：填报本单位对外投资国别、金额情况。

10. 企业利用外资情况（11）：填报本单位利用外资国别、金额情况。

11. 特种行业许可证审批单位（12）：填报审批许可证机关名称。

（二）民用航空产品交付情况

1. 民用航空产品：民用航空器指已取得民用航空适航型号合格证与生产许可证，和以取得民用航空适航型号合格证与生产许可证为研制目标的航空飞行器。

2. 交付订单：是指报告期交付的全部有效合同订单，其中：本年出口不包括转包生产。

3. 累计交付数量：是指该产品自首次交付起至报告期止所有有效合同订单数量，即民用飞机累计交付架数、发动机整机个数。

（三）民用航空产品新增订单和储备订单

1. 民用航空产品：民用航空器指已取得民用航空适航型号合格证与生产许可证，和以取得民用航空适航型号合格证与生产许可证为研制目标的航空飞行器。

2. 新增订单合同：是指报告期内新增的全部合同订单，包括确认订单和意向订单，其中出口不包括转包生产。

3. 储备订单合同：是指报告期末尚未交付的全部合同订单，包括确认订单和意向订单，其中出口不包括转包生产。

（四）民用航空产品转包生产情况

转包生产：转包业务是航空制造业的一种贸易方式，是严格按照外国公司的图纸、工艺、质量及交付进度要求，由中国的航空制造企业为外国公司生产飞机和航空发动机等零部件或有关设备的工业生产行为，其包括飞机、航空发动机、航空机载设备及其衍生产品的零部件和航空地面设备等，在中国属于“加工贸易”范畴。

（五）生产、销售总值

1. 工业总产值（当年价格）（01）：指工业企业在本年内生产的以货币形式表现的工业最终产品和提供工业劳务活动的总价值量。

（1）工业总产值计算应遵循的原则

①工业生产的原则。即凡是企业在本年内生产的最终产品和提供的劳务，均应包括在内。其中的最终产品，不管是否在本年内销售，只要是本年内生产的，就应包括在内。凡不是工业生产的产品，均不得计入工业总产值。

②最终产品的原则。即企业生产的成品价值必须是本企业生产的，经检验合格不需再进行任何加工的最终产品。企业对外销售的半成品也应视为最终产品计入工业总产值。而在本企业内各车间转移的半成品和在制品只能计算其期末期初差额价值。

③“工厂法”原则。即以法人工业企业作为一个整体计算工业总产值，是其本年内生产的最终产品和提供劳务的总价值量。

（2）工业总产值的内容

包括三部分：生产的成品价值、对外加工费收入、自制半成品在制品期末期初差额价值。

①成品价值：指企业在本年内生产，并在本年内不再进行加工，经检验合格、包装入库的已经销售和准备销售的全部工业成品（包括半成品）价值合计。成品价值中包括企业生产的自制设备及提供给本企业在建工程、其他非工业部门和生活福利部门等单位使用的成品价值，但不包括用订货

者来料加工的成品（半成品）价值。

工业总产值是按现行价格计算的。成品价值按成品实物量乘以本年不含应交增值税（销项税额）的产品实际销售平均单价计算。会计核算中按成本价格转账的自制设备和自产自用的成品，按成本价格计算生产成品价值。

②对外加工费收入：指企业在本年内完成的对外承做的工业品加工（包括用订货者来料加工生产）的加工费收入和对外工业品修理作业所收取的加工费收入。对外加工费收入按不含应交增值税（销项税额）的价格计算，可根据会计“产品销售收入”科目的有关资料取得。

对于以对外加工生产为主，对外加工费收入所占比重较大的企业，如果对外加工费收入出现跨年度支付的情况，为保证总产值生产口径计算的准确性，则应将对外加工费收入按实际情况调整，记录本年应实际收取的对外加工费收入。

③自制半成品在制品期末期初差额价值。为了使工业总产值与工业中间投入中的物耗价值一致，以便同口径地计算工业增加值，规定本指标的计算原则是：凡是企业会计产品成本核算中计算半成品、在制品成本，则工业总产值中必须包括自制半成品在制品期末期初差额价值。反之则不包括。

自制半成品在制品期末期初差额价值等于自制半成品在制品期末价值减去期初价值后的余额，如果期末价值小于期初价值，该指标为负值，企业在计算产值时，应按负值计算，不能作为零处理。

（3）工业总产值计算的几种具体规定

①凡自备原材料，不论其加工繁简程度如何，一律按全价，即包括自备原材料的价值，计算工业总产值。

②凡来料加工，加工企业一律按财务上结算的加工费计算工业总产值，即不包括定货者来料的价值。一般分两种情况：a. 工业企业之间的来料加工，加工企业（即承包单位）按财务上结算的加工费计算工业总产值；委托加工的企业（即发包单位）按全价计算工业总产值。b. 工业企业与非工业企业之间的来料加工，当工业企业作为加工企业时一律按加工费计算工业总产值。

③自制半成品、在制品期末期初差额价值，原则上应计入工业总产值，但如果会计产品成本核算中不计算自制半成品、在制品成本，则不计入工业总产值；如果会计产品成本核算中计算自制半成品、在制品成本的，则计入工业总产值。

2. 新产品产值（02）：指报告期本企业生产的新产品的价值，既包括经政府有关部门认定并在有效期内的新产品，也包括企业自行研制开发，未经政府有关部门认定，从投产之日起一年之内的新产品。

3. 工业销售产值（当年价格）（12）：是以货币形式表现的，工业企业在本年内销售的本企业生产的工业产品或提供工业性劳务价值的总价值量。工业销售产值包括的内容为：

（1）销售成品价值：指企业在报告期内实际销售（包括本期生产和非本期生产）的全部成品、半成品的总价值，即按报告期产品的实际销售数量乘以不含增值税（销项税额）的产品实际销售平均单价计算。销售成品价值包括为本企业在建工程，生活福利部门等提供的成品和自制设备价值，不包括用定货者来料加工的成品和半成品价值。

（2）对外加工费收入：指企业在报告期内完成的对外承接的工业品加工（包括用定货者来料加工的产品）的加工费收入；对外工业品修理作业可收取的加工费收入和对内非工业部门提供的加工修理、设备安装等收入。对外加工费收入按不含增值税（销项税额）的价格计算。

4. 出口交货值（13）：指工业企业交给外贸部门或自营（委托）出口（包括销往香港、澳门、台湾），用外汇价格结算的产品价值，以及外商来样、来料加工、来件装配和补偿贸易等生产的产品价值。在计算出口交货值时，要把外汇价格按交易时的汇率折成人民币计算。

5. 从业人员（14）：指在企业工作并取得劳动报酬的全部人员数。包括在岗职工、再就业的离退休人员及在企业工作的外方人员和港澳台方人员、兼职人员、借用的外单位人员和第二职业者。不包括离开本单位担仍保留劳动关系的职工。该指标反映了一定时期内全部劳动力资源的实际利用情况。

从业人员平均人数＝报告期内每天平均拥有的从业人员人数。

从业人员年平均人数＝全年各月平均人数之和/12

（六）主要经济指标

1. 流动资产（01）：指企业可以在一年内或者超过一年的一个生产周期内变现或者耗用的资产，包括现金及各种存款、短期投资，应收及预付款项、存货等。根据会计“资产负债表”中“流动资产合计”项的期末数填列。

2. 流动资产平均余额（02）：指企业在报告期内全部流动资产的平均余额。计算公式为：

$$流动资产年平均余额=\frac{1至12月各月流动资产平均余额之和}{12}$$

或：

$$流动资产年平均余额=\frac{1至12月各月月初、月末流动资产之和}{24}$$

其中：

$$流动资产月平均余额=\frac{月初流动资产合计+月末流动资产合计}{2}$$

$$流动资产季平均余额=\frac{季内各月流动资产平均余额之和}{3}$$

3. 固定资产原价（04）：指企业在建造、购置、安装、改建、扩建、技术改造某项固定资产时所支出的全部货币总额。根据会计“资产负债表”中“固定资产原价”项的期末数填列。

4. 生产经营用固定资产（05）：固定资产按其经济用途和使用情况综合分为七大类：生产经营用固定资产、非生产经营用固定资产、租出固定资产、不需用固定资产、未使用固定资产、土地、融资租入固定资产。

生产经营用固定资产指直接服务于企业生产、经营过程的各种固定资产，包括生产经营用的房屋、建筑物、机器设备、器具、工具等。

5. 固定资产净值年平均余额（06）：固定资产净值指固定资产原价减去累计折旧后的净额，其平均余额指报告期内余额的平均数。计算公式为：

$$固定资产净值年平均余额=\frac{1至12月各月固定资产净值平均余额之和}{12}$$

或：

$$固定资产净值年平均余额=\frac{1至12月各月月初、月末固定资产净值之和}{24}$$

其中：

$$固定资产净值月平均余额=\frac{月初固定资产净值+月末固定资产净额}{2}$$

6. 资产总计（07）：指企业拥有或控制的能以货币计量的经济资源，包括各种财产、债权和其他权利。资产按其流动性（即资产的变现能力和支付能力）划分为：流动资产、长期投资、固定资产、无形资产、递延资产和其他资产。根据会计“资产负债表”中“资产总计”项的期末数填列。

7. 负债合计（08）：指企业所承担的能以货币计量，将以资产或劳务偿付的债务，偿还形式包括货币、资产或提供劳务。负债一般按偿还期长短分为流动负债和长期负债。根据会计“资产负债表”中“负债合计”的期末数填列。

8. 所有者权益合计（09）：指企业投资人对企业净资产的所有权。企业净资产为企业全部资产与企业全部负债的差额，包括实收资本、资本公积、盈余公积、未分配利润等。根据会计“资产负债表”中“所有者权益”项的期末数填列。

9. 实收资本（10）： 指企业投资者实际投入的资本（或股本），包括货币、实物、无形资产等各种形式的投入。实收资本按投资主体可分为国家资本、集体资本、法人资本、个人资本、港澳台资本和外商资本。根据会计“资产负债表”中“实收资本”项的期末数填列。

10. 营业收入（11）： 根据会计“利润表”中对应指标的本年累计数填列。未执行 2001 年《企业会计制度》的企业，用“产品销售收入”的本期累计数代替。

11. 营业成本（13）： 根据会计“利润表”中对应指标的本年累计数填列。未执行 2001 年《企业会计制度》的企业，用“产品销售成本”的本期累计数代替。

12. 主营业务税金及附加（14）： 根据会计“利润表”中对应指标的本年累计数填列。未执行 2001 年《企业会计制度》的企业，用“产品销售税金及附加”的本期累计数代替。

13. 营业费用（16）： 根据会计“利润表”中对应指标的本年累计数填列。未执行 2001 年《企业会计制度》的企业，用“产品销售费用”的本期累计数代替。

14. 管理费用（17）： 指企业行政管理部门为组织和管理生产经营活动而发生的各项费用。根据会计“利润表”中对应指标的本期累计数填列。

15. 财务费用（18）： 指企业为筹集生产经营所需资金等而发生的费用，包括利息支出、汇兑损失以及相关的金融机构手续费等。根据会计“利润表”中对应指标的本期累计数填列。

16. 利息支出（19）： 指企业在生产经营期间利息支出扣除利息收入后的净额。根据会计“财务费用”科目归纳计算本期累计数填列。

17. 补贴收入（21）： 指企业实际收到的补贴收入，包括实际收到的先征后返的增值税；企业按销量或工作量等，依据国家规定的补助定额计算并按期给予的定额补贴。根据“补贴收入”的发生额分析填列。

18. 利润总额（22）： 指企业在生产经营过程中各种收入扣除各种耗费后的盈余，反映企业在报告期内实现的亏盈总额，包括营业利润、补贴收入、投资净收益和营业外收支净额。根据会计“利润表”中的对应指标的本期累计数填列。

19. 应交所得税（23）： 指企业按税法规定，应从生产经营等活动的所得中交纳的税金。根据会计“利润表”中的对应指标的本期累计数填列。

20. 本年应交增值税（24）： 指企业按税法规定，从事货物销售或提供加工、修理修配劳务等增加货物价值的活动本期应交纳的税金。指企业在报告期应交增值税额。计算公式为：

本年应交增值税 = 销项税额 －（进项税额 － 进项税额转出）

－ 出口抵减内销产品应纳税额 － 减免税款 + 出口退税

21. 本年固定资产投资额（26）： 以货币形式表现的在一定时期内建造和购置固定资产的工作量以及与此相关的费用的总称。

22. 民用航空产品固定资产投资额（27）： 以货币形式表现的在一定时期内建造和购置生产民用航空产品的固定资产的工作量以及与此相关的费用。

23. 全部从业人员人数（28）： 指在企业工作并取得劳动报酬的全部人员数。包括在岗职工、再就业的离退休人员及在企业工作的外方人员和港澳台方人员、兼职人员、借用的外单位人员和第二职业者。不包括离开本单位但仍保留劳动关系的职工。该指标反映了一定时期内全部劳动力资源的实际利用情况。

24. 工程技术人员（29）： 指负担工程技术和工程技术管理工作并具有工程技术能力的人员，填报告期末人数。包括：①取得工程技术职务资格，已被聘或任命工程技术职务，并担任工程技术工作的人员；②无工程技术职务，但取得工程技术职务资格或从大学、中专理工科系毕业，并担任工程技术工作的人员；③未取得工程技术资格或学历，但实际担任工程技术工作的人员；④已取得工程技术职务资格或从大学、中专理工科系毕业，在企业中担任工程技术管理工作的人员。包括：总工程师、车间主任，以及在计划、生产、生产准备、检查、安全技术、设计、工艺、劳动定额、工具准备、动力、基建、环境保护等科室从事工程技术管理工作的人员。不包括已取得工程技术职务资格或从大学、中专理工科系毕业，但未担任任何工程技术和工程技术管理工作的人员。

25. 研究与试验发展（R&D）：指在科学技术领域，为增加知识总量、以及运用这些知识去创造新的应用进行的系统的创造性的活动，包括基础研究、应用研究和试验发展三类活动。在工业企业开展的研究与试验发展（R&D）活动中，较为普遍的和大量的活动属于试验发展活动。

26. 研究与试验发展（R&D）人员（30）：指企业科技活动人员中从事基础研究、应用研究和试验发展三类活动的人员。包括直接参加上述三类项目活动的人员及这三类项目的管理和服务人员。上述三类项目的管理和服务人员，可按研究与试验发展（R&D）项目人员占全部科技项目人员的比重进行推算。

27. 研究与试验发展（R&D）经费支出（31）：指报告年度在企业科技活动经费内部支出中用于基础研究、应用研究和试验发展三类项目以及这三类项目的管理和服务的费用支出。不论何种经费来源，只要实际用于上述三类项目的经费支出都应计算在内。具体计算办法：可将企业全部科技项目中确定为基础研究、应用研究和试验发展三类项目的经费支出加总，再加上按上述三类项目支出占全部科技项目经费支出比重计算分摊的科技管理和服务费用取得。上述三类项目经费支出包括的内容与科技活动经费内部支出按用途分组所列的支出项一致。

五、行业分类注释

3741　飞机制造

指在大气同温层内飞行的用于运货或载客，用于国防，以及用于体育运动或其他用途的各种飞机及其零件的制造，包括飞机发动机的制造。

包括对下列飞机的制造活动：

——航空器用发动机；

——活塞式发动机：星形发动机、水平对置型发动机、其他活塞式发动机；

——涡轮发动机：涡轮喷气发动机、涡轮风扇发动机、涡轮螺旋桨发动机、涡轮轴发动机、其他涡轮发动机；

——喷气发动机：冲压式发动机、脉冲式发动机、其他喷气发动机；

——飞机用活塞发动机零件；

——民用飞机、民用直升机；

——飞机及直升机零件：机身体段及内外部零件，螺旋桨、旋翼、尾桨及零件，起落架及其零件，机载设备及其零部件，其他飞机及直升机零件；

——其他未列明飞机制造。

不包括：

——轻于空气的飞行器、气球等，列入 3749（其他航空航天器制造）；

——航天飞机和航天飞机发射装置的制造，列入 3742（航天器制造）；

——飞机上使用的带有电阻器的粒子加速器、信号发电机以及其他发动机械和装置，列入 3899（其他未列明的电气机械及器材制造）。

4343　航空航天器修理

包括对下列航空航天器的修理活动：

——各种民用航空器及器材专业修理。

不包括：

——民用航空器及器材回生产厂修理，列入 374（航空、航天器及设备制造）相关类别中。